震災を乗り越えて

上：「バスが戻ってきてくれたから私たちここで生きていける」（山田町 2011.4）
下：がれきの山を見ながら仮設道路を走る岩手県交通の陸前高田市内無料バス（2011.10）

甦る路線バス

直後の各地の被災状況（1）

上：電柱が倒れ漁船が打ち上げられた石巻市内を走るミヤコーバス（2011.4）
左：広島県江田島市から提供されたフェリーにより大島航路が再開　島内路線のミヤコーバスも気仙沼から届けられた（2011.6）
右：すっかり市街地が流失してしまった陸前高田市　大船渡線の線路にもがれき（2011.6）
下：津波に自動車や船の燃料への引火が加わり火災を併発した山田町の市街地（2011.4）

直後の各地の被災状況（2）

上右：いわき市久ノ浜付近の津波と火災による被害現場（2011.3）提供＝新常磐交通㈱
上左：津波により家屋が流され　がれきに埋もれるいわき市豊間地区（2011.3）提供＝新常磐交通㈱
中右：家も車も樹木も折り重なる仙台市荒浜　自宅の状況を確認に来る人の姿も（2011.4）
中左：震災から半月後の仙台市荒浜は田んぼにがれきや自動車が積み重なっていた（2011.4）
下右：湾に面した低地に集積した市街地が津波に流された宮城県南三陸町志津川（2011.6）
下左：漁船が陸上に打ち上げられ　街中にその姿をさらす石巻市街地（2011.4）

津波により断たれた鉄路（1）

上：山田線津軽石では停車中の普通列車を津波が直撃 気動車２両が脱線した（2011.4）
左：女川駅停車中の石巻線気動車が丘の上の墓地まで津波で流された（2011.5）提供＝㈱クラッセ
右：跨線橋も駅舎も破壊されホーム上もがれきで埋まった山田線大槌駅（2011.6）
下：コンクリートの橋台が流出転倒した山田線鵜住居～大槌間の小槌川橋梁（2011.6）

津波により断たれた鉄路（2）

上：津波のすごさを物語る三陸鉄道島越のコンクリート高架橋の倒壊現場（2011.6）
左：周囲の田園とともに津波で道床を流された仙石線陸前小野～鹿妻間（2011.4）
右：市街地ともども津波の被害を受けた気仙沼線志津川付近　駅も築堤も流失（2011.6）
下：震動と液状化で架線柱が傾き線路が湾曲した仙石線陸前富山～陸前大塚間（2012.4）

バスも流され大破

上：センセーショナルな光景を見せる雄勝公民館の屋上に流された南三陸観光バス（2011.11）
左：津波に流されて工場の壁に押し付けられ大破した陸前高田市内の岩手県交通（2011.6）
右：車庫から流されて田園に転覆した気仙沼市の大谷交通貸切バス（2011.6）
下：震動被害は南の方が顕著　茨城交通勝田営業所では建物内部が大きく被災（2012.3）

仙台バスの津波被害

上：大型貸切バスが折り重なって転覆大破　津波の大きさ歴然（2011.3）提供＝仙台バス㈱
左：車庫に駐車中200m近く離れた工場に流された仙台バス（2011.3）提供＝仙台バス㈱
右：仙台空港に近く　当初液状化によって近づけなかった本社（2011.3）提供＝仙台バス㈱
下：津波が浸入し滅茶苦茶になった仙台バス本社事務室内（2011.3）提供＝仙台バス㈱

被害甚大なミヤコーバス

上：がれきの下で大破した気仙沼営業所のミヤコーバス　近寄ることもできない（2011.6）
左：津谷営業所に停車中のミヤコーバスが流されて民家に激突（2011.3）提供＝宮城交通㈱
右：津波により建物に乗り上げ大破したミヤコーバス（名取市閖上）提供＝宮城交通㈱
下：沿岸部で運行中に流失大破した名取営業所のミヤコーバス（2011.3）提供＝宮城交通㈱

ミヤコーバスと仙台市営岡田出張所の被害

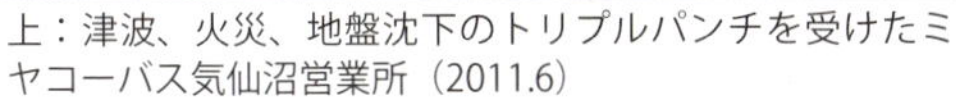

上：津波、火災、地盤沈下のトリプルパンチを受けたミヤコーバス気仙沼営業所（2011.6）
左：津波の直撃を受け無残な姿になった宮城県気仙沼市内のミヤコーバス（2011.6）
右：津波にのまれた仙台市交通局岡田出張所　建物の天井近くまで水に浸かった（2011.4）
下：受託する宮城交通乗務員の機転で岡田出張所のバスは全車避難し無事だった（2011.9）

廃車バスの仮事務所でバスの運行管理

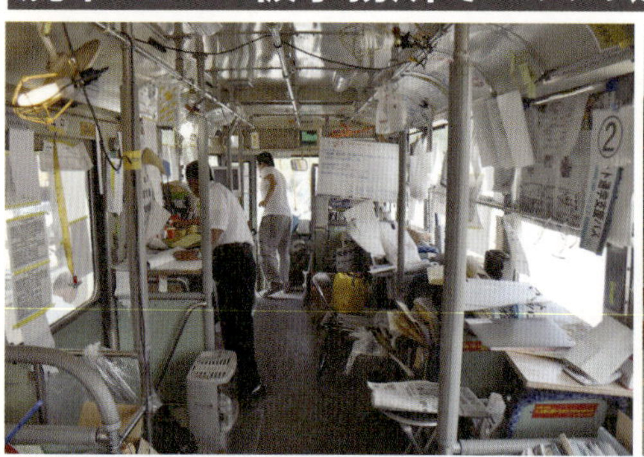

上：岩手県交通大船渡営業所では建物が流失し廃車バスを事務所代わりに据付け（2011.6）
左：バスの仮事務所で仕事を確認し点呼を受ける大船渡営業所の乗務員たち（2011.6）
右：建物が損壊した古川営業所でもバスを事務所代わりに使用（2011.3）提供＝宮城交通㈱
下：バスの仮事務所で点呼を受けるミヤコーバス古川営業所の乗務員（2011.3）提供＝宮城交通㈱

地域の命綱となった路線バス

上：重茂半島の石浜集落を行く岩手県北自動車　ここは震災後孤立集落となり無線を積んだバスが唯一の外部との窓口となった（2012.8）
左：道路が通れる状態になりいち早く再開した岩手県北自動車の宮古～船越間（2011.4）
右：がれきが残る宮古市内を行く岩手県北自動車　バス停上屋も大きく湾曲（2011.4）
下：ようやくがれきの片づけを終えた田老駅前を行く岩手県北自動車（2011.6）

爪痕残る中路線バスが復活（1）

上：何も残らない大槌市街地だが高台の人の足を岩手県交通バスが守る（2011.6）
左：被災したアーケード街を走る釜石市が岩手県交通に委託した市内無料バス（2011.6）
右：がれきの中に道路だけ残った気仙沼市片浜を走るミヤコーバス三陸線（2011.6）
下：地盤沈下した気仙沼市の国道を嵩上げし路線バスも再開　大型漁船の姿が津波の大きさを物語る（2012.4）

爪痕残る中路線バスが復活（2）

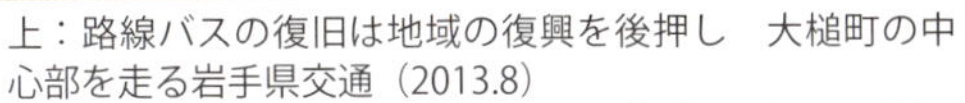

上：路線バスの復旧は地域の復興を後押し　大槌町の中心部を走る岩手県交通（2013.8）
左：三陸道の復旧が早かったため国道が通れない区間は三陸道経由で路線バスを復旧（岩手県交通大船渡～吉浜間 2011.6）
右：打ち上げられた第十八共徳丸を横目に更地となった鹿折地区を行くミヤコーバス（2012.4）
下：粉じんが舞い風景がかすむ宮古市役所付近を走る岩手県北自動車（2011.4）

直後の生活を守った路線バスと支援バス

上：津波で建物が失われたいわき市薄磯を再開した路線バスが行く（2011.3）提供＝新常磐交通㈱
左：青森市営バスが駆け付けて避難者を大船渡港に着岸した客船の浴場へ輸送（2011.4）　提供＝青森交通労働組合
右：救援輸送にリフト付特定車やノンステップバスを派遣した横浜市交通局（2011.4）
下：志津川と気仙沼を結び JR 気仙沼線の代わりを担うミヤコーバスの臨時バス　通学の高校生の頼りになる足だった（2011.6）

地域間の足を守ったミヤコーバス臨時路線

上：移動手段のなくなった南三陸町を救ったのはかつて同町内から撤退したミヤコーバスだった（2011.6）
左：歌津で高校生を乗せる臨時バス　当初は道路事情で中型バスを使用したため混雑が激しかった（2011.6）
右：志津川駅臨時バス停で高校生を乗せる気仙沼行臨時バス　ここまで親がマイカーで送ってくるケースが多い（2011.10）
下：半年が過ぎてもまだがれきがそのまま残る南三陸町を走る朝のミヤコーバス気仙沼行臨時バス（2011.10）

復活した鉄路で最大限の輸送

上：磐越西線を迂回ルートに石油輸送の臨時貨物列車が郡山へ　全国からDD51形ディーゼル機関車と運転士を集めた（2011.4）
左：復興支援列車を走らせ地域を勇気づけた三陸鉄道　手信号による運転だった（2011.4）
右：無料の復興支援列車運転を行った三陸鉄道　通学や通院の足が確保された（2011.4）
下：全線復旧を果たしたひたちなか海浜鉄道　国鉄型気動車による記念運転（2011.7）

資源を最大限活用した鉄道

上：東北新幹線の福島再開により仙台を結ぶ「新幹線リレー快速」が設定された　583系電車も使用された（2011.4）
左：「新幹線リレー快速」には〈あいづライナー〉485系電車も加わりフル回転（2011.4）
右：内陸と沿岸を結ぶ鉄道は順次復旧しボランティアなどの貴重な足に（釜石線 2011.6）
下：仙石線石巻～矢本間は電化設備復旧を見合わせて気動車による運転を再開（2011.9）

被災地と都市を結ぶバスの復活（1）

上：仮設の橋によって大型通行が可能となり　復興が進められる南三陸市街地をバックに走る気仙沼〜仙台間ミヤコーバス高速バス（2011.10）
左：初めて沿岸部と内陸の都市を結んで再開した岩手県北自動車の「106 急行」（2011.4）
右：被災地と都市を結び避難や安否確認を助けた石巻〜仙台間ミヤコーバス（2011.4）
下：福島交通は原発被災を免れた沿岸の南相馬・相馬と福島を結び臨時バス運行（2011.9）

被災地と都市を結ぶバスの復活（2）

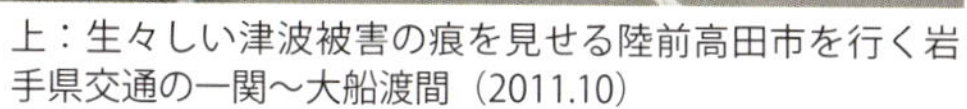

上：生々しい津波被害の痕を見せる陸前高田市を行く岩手県交通の一関～大船渡間（2011.10）
左：岩手県交通では盛岡と沿岸被災都市の間に多数の臨時バスを運行（2011.6）
右：高台の自動車学校が起終点用地を提供し陸前高田～盛岡間岩手県交通臨時バスが実現（2011.6）
下：陸前高田の気仙大橋の仮橋完成によって運行を再開した宮城交通の仙台～大船渡間高速バス（2012.4）

高速バス・都市間バスの活躍

上：仙石線再開までの間　ミヤコーバスの仙台～石巻間高速バスは通勤通学から生活の足まで多くのニーズを支えた（2014.9）
左：被災地と直結する臨時都市間バス　鉄道が被災した大槌町では唯一の手段となった岩手県交通の盛岡行（2012.8）
右：原発事故による警戒区域設定で唯一いわきと仙台を結ぶ手段となった新常磐交通の高速バス（2011.4）
下：岩手県交通が国道 343 号経由で一関と陸前高田・大船渡を結んだ臨時バスが大船渡線の振替輸送に（2011.6）

夜行高速バスの復旧と増強

上：東京からの夜行高速バス〈ドリーム盛岡号〉が続行便を連ねて続々と朝の盛岡駅前に到着（2011.4）
左：新幹線の不通によって需要が集中し　1便10台以上のバスを連ねてさばいた東京～盛岡間夜行高速バス（2011.4）
右：東京～盛岡間には臨時の昼行バスが設定され　国際興業はグループの国際興業観光バスが応援に入った（2011.3）
下：東北急行バスはグループの関越交通の貸切バスの応援を得て東京～仙台間の輸送力を確保した（2011.4）

幹線鉄道の機能を補完する臨時高速バス（1）

上：那須塩原まで復旧した東北新幹線をつなぐため福島交通が郡山を結んだ臨時高速バスに利用者が集中（2011.3）
左：那須塩原駅には緊急に設定された仙台や山形方面からの高速ツアーバスも集中した（2011.3）
右：常磐線をカバーする関鉄観光バスによる土浦～水戸間臨時高速バス　通勤通学にも利用された（2011.3）
下：地元からの依頼により不通の水戸線・常磐線をカバーする笠間～秋葉原間高速バスが茨城交通により運行（2011.3）

幹線鉄道の機能を補完する臨時高速バス（2）

上：東北・北関東と関西を直結する夜行高速バスを運行する近鉄バスは直後からフル回転で輸送（水戸～京都・大阪間 2011.5）
左：京成バスの千葉方面・上野から仙台への緊急支援バス　毎日多くの利用があって感謝された（2011.4）
右：避難や安否確認　ボランティアなど多様なニーズを少しでも担おうと京成バスでは緊急支援バスを仙台に向かわせた（2011.3）
下：茨城県内では常磐線再開まで大規模なバス輸送が行われた　水戸～土浦間の臨時高速バス（右）と水戸～日立間緊急支援バス（2011.3）

空港へアクセスするバス

上：仮復旧が予想以上に早く進んだ仙台空港には羽田からの臨時便が就航　ブリッジが未復旧のためランプバスを運行（2011.4）
左：仙台空港の仮復旧にともない　仙台空港と仙台駅を結ぶ直行シャトルバスが運行され各社の貸切バスが対応（2011.4）
右：仙台空港鉄道の不通が続いたため仙台駅直行バスは半年近く運行を続けた　便によっては続行運行（2011.9）
下：利用できる空港を活用するため被災地周辺から直行バスを運行　岩手県北自動車の盛岡～秋田空港間（2011.4）

鉄道の順次再開と振替輸送

上：1 年後の 2012 年 3 月に復旧した八戸線大浜川橋梁に「新しいスタート」の決意（2012.6）
左：貨物鉄道も被害が大きかったが各社懸命の努力により復旧（岩手開発鉄道 2012.8）
右：山田線は並行する既存路線バスを振替輸送に活用 流失した橋梁の向こうを岩手県交通のバスが釜石へ向かう（吉里吉里 2013.8）
下：山田線の振替輸送は釜石からの岩手県交通の路線を道の駅やまだまで延長し岩手県北自動車の宮古への路線と接続（2011.12）

仙石線代行バス

上：ギリギリで被災を免れた石巻駅前に集まった仙石線と石巻線の代行バス　後方は商業施設を活用した石巻市役所（2011.4）
左：最初の段階の仙石線代行バス　JRバス東北が運行し石巻と東北本線松島駅を結んだ（2011.4）
右：東塩釜までの運転再開により東塩釜～石巻間の運行となった仙石線代行バス　宮城交通が幹事会社となった（2011.4）
下：津波の痕跡がそのまま残る野蒜駅付近を走る仙石線代行バス　日本三景交通による運行便（2012.4）

鉄道代行バスと臨時バス（1）

上：被災して列車の走らない線路をバックに陸前富山付近を走る仙石線代行バス　時間帯によっては２～３台のバスを連ねる（2012.4）
左：人数は多くないが途中駅からの乗車も見られた　高齢者の生活の足となる仙石線代行バス（東名 2014.10）
右：鉄道の復旧に応じて区間を変更する臨時バス　東北本線松島駅に集まる鹿島台・松山町方面行ミヤコーバス（2011.4）
計画停電にともなうJR東海身延線の運休に対応し山交タウンコーチが甲府～身延・内船間に臨時バスを運行（2011.3）

石巻線・常磐線代行バス

上：錆びついた石巻線の線路に沿った国道 398 号浦宿付近を走る石巻線代行バス　石巻線代行バスは一貫して JR バス東北が運行（2013.7）
左：常磐線は亘理～岩沼間の再開を受けて代行バスが設定された　相馬～亘理間は JR バス東北が中心に運行（2011.9）
右：原ノ町～相馬間の常磐線代行バスははらまち旅行（現東北アクセス）が担当　落ち着きを見せるとともに需要が高まった（2011.9）
下：原発事故の警戒区域の変更にともなっていわき方にも久ノ浜～広野間に常磐線代行バスが設定され　浜通り交通が運行（2011.10）

鉄道代行バスと臨時バス（2）

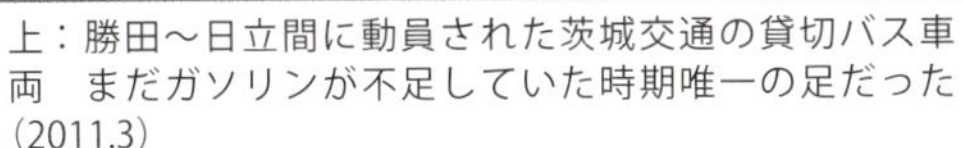

上：勝田～日立間に動員された茨城交通の貸切バス車両　まだガソリンが不足していた時期唯一の足だった（2011.3）
左：常磐線水戸～大甕間の各駅をカバーする緊急支援バス　勝田駅に到着した日立電鉄交通サービスの担当便（2011.3）
右：私鉄・第三セクターの被災線区でも代行バスが設定された　勝田駅で発車を待つ茨城交通のひたちなか海浜鉄道代行バス（2011.3）
下：自治体が貸切バスとタイアップして臨時バスを運行したケースも　タケヤ交通が運行する岩沼駅～船岡間（2011.4）

仙台都市圏の通勤輸送をカバーするバス

上：鉄道の不通区間をカバーするためミヤコーバスが仙台と主要駅を２点間輸送で結んだ　続行でも超満員の本塩釜線（2011.4）
左：仙台市営地下鉄は地上部分の被害で１か月半運休が続き台原以北は無料代行バスで輸送した（2011.4）
右：路線バスの復旧が進み路線バス車両が不足したため黒松線地下鉄代行無料バスに入ったみちのく観光（2011.4）
下：通勤通学需要が多い多賀城市では朝夕の仙台駅直行バスを貸切バスとの契約で運行（2011.4）

東日本大震災と公共交通 I

―震災を乗り越え甦る鉄路とバス―

鈴木文彦

KLASSE BOOKS

はしがき

2011年3月11日14時46分、東日本大震災が発生した。私自身も青森にいてその揺れと何度も襲った余震を体験、帰る手段をなくした。それから6年が経過した2017年3月までの警察庁発表のデータでは、死者15,893人、行方不明2,553人、建物被害は100万戸以上となっている。また復興庁発表によると、津波による家屋の流失や福島第1原発事故の影響などにより、2018年1月末現在、全国で約7万5千人が、なお避難生活を強いられ、うち約3万5千人が仮設住宅に暮らしている。さらに「震災関連死」と認められた死亡者も3,000人を超えているという。

学生時代を仙台で過ごし、当時東北地方のバス事情を現地に見て回ったことが現在の仕事につながり、友人知人の存在はもとより東北地方の交通事業者や行政との交流も深い私にとって、東日本大震災は黙って傍観してはいられない出来事であった。

震災からほぼ3週間後、福島・宮城・岩手の各県を訪れた。公共交通、特にバス交通の被害状況、復旧状況と、被災地の交通手段の確保及び復興支援にあたるバスの調査・記録、およびバス事業者や行政の交通担当者との意見交換を通して、情報提供や支援の仕組みづくりに向けての関係機関との橋渡しを、私の出来る範囲でしていこうというのが目的であった。特にそれまでのマスコミ報道を見るにつけ、津波被害のあまりの大きさと原発事故による被害に、報道のかなりの部分が裂かれ、かろうじて鉄道についてはその後の推移がわかる程度には報道されるかもしれないものの、バスやローカル鉄道に至っては、何もしなければその時々の記録さえ残らない恐れが強かった。そして多分、バス事業者や現場は、記録どころではなく、復旧作業と日々の輸送確保が精一杯のはずであった。

ならば私が震災後のバス・ローカル鉄道の復興への足取りをきちんと記録しておこうと思い立ち、あまり直後の、行っても迷惑になるだけの時期を過ぎたころに行動を開始したのであった。宿泊については沿岸の町はより必要な人を優先すべく、多少受け皿の大きい仙台や盛岡とし、車で回れば効率的ではあったが、余計な車を増やして邪魔にはなりたくなかったので、バスや一部復旧したローカル鉄道で現地を往復した。

それでも私の現地での行動をただ切り取って見ると、役目を負って派遣されている人たちや形に見えるボランティアと違ってただ写真を撮ってメモをしているだけで、野次馬か、よくてよそから来たマスコミと変わらぬようにしか映っていないだろうと思えるのがつらいところだった。

であればこそ、得てきたものをきちんと生かし、復興や将来に向けて私としての役割を果たしていかなければならないと決意を新たにし、その後幾度となく茨城県から青森県にかけての沿岸部を回った。気仙沼市や石巻市、宮古市、釜石市、大槌町、陸前高田市、大船渡市、いわき市など、それこそ何度も訪れた地域もある。交通が主目的ではありつつも、地域のいろいろな「今」に巡り合った。みんな懸命に平常の暮らしを取り戻そうとしているのだが、現地やバスの中での話を聞いていると、「何を、どんな風にすれば、いつごろ元に戻せるのか」先が読めないことが何よりも不安材料なのであった。

では７年が過ぎた今、それらはどう変わったのだろうか。たしかに復興、復旧は一生懸命に進められた。しかし現地を見るかぎり、がれきこそ取り除かれ、土地の嵩上げ・造成が順次完成しつつあるが、津波にさらわれた町は、一部に仮設の商店街を懸命に営む姿は見えるものの、そこに街や住宅や商店が戻る兆しはまだ見えない。復興公営住宅も建設されている様子は見えるが、大幅に遅れ、不足しているという。

それでもまだ宮城県や岩手県は、槌音は鈍いとはいえ“復興に向かって進んでいる”という表現が可能だが、福島県の原発周辺地域は、震災直後から何一つ進んでいない。ようやく帰還が始まって仮設の商店街などで頑張る人たちの姿に勇気づけられる一方で、まだ４万人以上の人達が避難生活を余儀なくされ、帰還率はどこも数％にとどまっている。先の読めない状況は一つも変わっていないのだった。

被災地にとって怖いのは二つの“風”である、という。「風化」と「風評」。災害を風化させないためには、きちんと記録を残し、それを伝えていくことが必要である。いわれなき風評に惑わされないためには、現実を直視し、真実を見極め、それを伝えて行かなければならない。そしてその役割は、多分私のような立場の者に課せられているのだろうと思う。

多くの人が被災地の、そして被災者の役に立ちたいと思っている。役目をもち、あるいは技術を活かして現地を支援するのも一つのあり方であるし、ボランティアにいそしむのも一つの手法である。だがそれだけではなく、一人ひとりが自分にできることをすればよいのだと思う。多分に営業戦略的な呼びかけであるとはいえ、被災地に旅行に行くことも、そこで現実を目にし、お金を落とすことは支援の一環であることに間違いない。そして私は、被災地の公共交通の現実と現場の頑張りをきちんと伝え、より良い形で復興に導くお手伝いをすることこそが「できること」と信じて、ずっと被災地とつながってきたつもりである。

鈴木文彦

目　次

第3章　震災直後の緊急輸送

第４章　復旧に向かう公共交通機関

第５章　鉄道に代わって基幹交通の役割を果たした高速バス

第６章　迂回ルートと航空

第7章　震災後の都市圏輸送

第8章　全国への波及～帰宅困難と計画停電および高速道路政策

第9章　不通となった鉄道の代替輸送

第10章　まとめと教訓Ⅰ

第1章　被害状況

1-1 東日本大震災による被害概況

●東日本大震災の発生

2011年3月11日14時46分。未曽有の大地震が発生した。震源地は三陸沖、牡鹿半島の東南東約130km付近、北緯38度6分12秒、東経142度51分36秒、震源の深さは約24kmとされる。震源の規模は直後にマグニチュード8.8と発表されたが、まもなく修正され、マグニチュード9.0とわが国観測史上最大の地震となった。当初、東北地方太平洋沖地震と名づけられ、のちに被害の大きさなどから「東日本大震災」と称されるようになった。宮城県栗原市、福島県いわき市、茨城県日立市などで最大震度7を観測、宮城県中部から茨城県・栃木県南部に至る広い範囲で震度6強を記録したほか、岩手県から群馬県、千葉県などの範囲で震度6弱、青森県や東京都内でも震度5強を観測するなど、揺れそのものも非常に大きかった。

震源地が沖合であったことから津波が想定され、3分後の14時49分に太平洋沿岸に津波警報が、15時14分に大津波警報が発表された。各市町村では災害対策本部を設置するとともに、沿岸部では15時05分ごろまでに避難指示を発令した。津波の到達は15時25分ごろから15時50分ごろにかけてであった。各地で観測された津波の高さは、岩手県釜石市で9.3mと最高値を記録したが、津波の痕跡から分析すると、岩手県大船渡市で11.8mと推定されたほか、斜面を遡上した痕跡からは宮古市で39.2mに及ぶ被害が確認されている。想定をはるかに超えた大きな津波の発生により、関東～東北地方の太平洋沿岸部は、かつてない大災害を被るに及んだ。

また、この津波による浸水によって、福島第一原子力発電所の1号機から4号機の電源が故障、原子炉建屋内で水素爆発が発生する事態となったことが、震災被害をさらに拡大させることとなった。

●東日本大震災の特性

東日本大震災の最大の特徴は、被害が非常に広域にわたったということである。当日震度5以上を記録した地域は青森県から神奈川県、長野県、新潟県に及び、とりわけ津波の発生によって被害を受けた地域は北海道渡島管内から千葉県にまで広がっている。これに福島第一原子力発電所の事故が加わったことにより、放射性物質の拡散が危惧され、周辺地域の住民生活を一変させたのみならず、その影響は広域に及んだ。さらにこれがその後の電力不足や“風評被害”に拡大し、日本の経済・社会にもたらされたマイナス要素は計り知れないものがある。

地震そのものによる建造物・構造物の被害は、宮城県南部から茨城・栃木県にかけての地域にむしろ大きく、宮城県北から北はそれほど甚大ではなかった。これは揺れの性質が南北で異なっていたことによると考えられる。また、地震の大きさの割にビルや橋梁・高架橋などに致命的な倒壊などの被害が少なかったのは、1995年1月に発生した阪神・淡路大震災以降、建築・構造物の耐震化が進んだ成果であると考えられる。

このほか宮城県北部や岩手県南部の沿岸で地盤沈下の被害が目立った。また津波被害と関連するが、流出した船舶や自動車の燃料に引火するなどにより、市街地に火災が広がった地域が宮城県気仙沼市、岩手県山田町など少なからず見られた。

また1都6県、96市区町村に及ぶ広範囲で液状化が発生し、家屋、道路、上下水道に甚大な被害をもたらした。なかでも東京都～宮城県沿岸で目立ち、千葉県浦安市では市域の約86%が液状化して被害を拡大した。

●沿岸部に集中した震災被害

マグニチュード9.0というかつてない激震と巨大津波は、沿岸部を中心に各地に大きな被害をもたらした。2011年12月の緊急災害対策本部の資料によると、死者15,844名、行方不明者3,468名、家屋の全壊12万7,130戸、半壊23万1,603戸、一部損壊65万2,154戸、避難者数は33万4,766名となっている。交通の被害にも大きく関係した、東日本大震災のいくつかの特性をあらためて整理してみよう。

一つは非常に広域にわたる被害があったということである。鉄道で見ると、当日JR東日本が全線で運転を見合わせたように、少なくとも状況を確認しなければならなかった地域は東日本全域に及び、その後もすぐに運転を再開できなかった線区は千葉県から青森県にわたる広域にまたがっていた。1995年の阪神・淡路大震災においても鉄道の被害は甚大であったが、阪神の場合被害が局地的に集中していたことが大きな違いといえる。

二つ目は、地震の揺れそのものによるインフラ被害は、広域の被災地の中でも比較的南の、宮城県南部から福島県内陸部、茨城県、栃木県にかけての地域のほうが大きかったことである。岩手県で見ると、北上・花巻地区、一関市の一部など県南部で地盤・建物などの被害が大きかったが、全県的にみると、振幅の大きな揺れだったためインフラ被害が小さく、震災後比較的短期間に外見的には元の状態に戻っている。それに比べて宮城県以南では、仙台市内のホテルの相当数や、水戸市役所、郡山市役所など大きな建物が数多く亀裂が入るなどにより使用不能となったほか、住宅の屋根瓦の崩落、道路の亀裂・陥没などはむしろ福島県、茨城県などに目立った。茨城県では水戸市の弘道館や土浦市のまちかど蔵など、歴史的建造物の被害も大きかった。

一方で津波被害を受けた沿岸部では、海に面した低地がことごとく壊滅的な被害を受け、多数の死者・行方不明者を出すにいたった。津波被害の特徴は、水が来たところは壊滅的な被害となるが、水が来なかったところはほとんど無傷で残ることで、わずか数十 m の違いでまったく光景が違っているケースがあった。同じ地区内でも海岸の見えない高台や山間地は全く普通の光景が広がっているという状況である。このため、住民の間でも意識や以後の復興の考え方などにさまざまな温度差があり、課題となっている。

三つ目に、津波によって原子力発電所の事故が併発されたことが、東日本大震災を特徴づける。このことで報道の多くが原発問題にとられ、政府もこちらの処理に多くの手をかけざるを得なくなった。それがすべての原因ではないにしろ、震災復興の推進が遅れをとったという見方もできる。

東日本大震災による四つ目の特徴は、原発事故に誘発された電力不足と、震災で輸送路が広域で寸断されたことによる燃料不足である。電力については原発の再稼働の問題が絡んで全国的かつ長期の課題となるが、燃料については震災後約 2 週間の間、全く供給のメドが立たず、福島・宮城・岩手県内を中心に路線バスの時間帯による全面運休やダイヤ数の少ない休日ダイヤでの運行などが行われたほか、かなり広域で燃料不足による高速バスなどの一部運休があった。鉄道についても気動車の燃料供給が難しい状況があった。東北自動車道を使ったタンクローリーによる広域輸送や港湾の復旧、鉄道の迂回ルート確保などによって、ようやく通常の燃料確保ができるようになったのは、3 月 25 日ごろであった。

仙台市宮城野区岡田付近の様子　田園は泥をかぶり自動車が散乱している（2011.4）

多くの家屋や店舗が倒壊してしまった仙台市若林区荒浜付近（2011.4）

もとの町の姿がわからないほどがれきと化した仙台市若林区井土付近（2011.4）

全く原形をとどめない津波被災地の惨状 仙台市若林区井土付近（2011.4）

がれきと流された樹木、自動車が混然一体となった仙台市若林区種次付近（2011.4）

大きな建物の外形のみ残してすっかり津波に洗われた南三陸町志津川の市街地（2011.6）

船や車が倒壊した家屋のがれきとともに散乱する気仙沼市片浜付近（2011.6）

地盤沈下によって水か引かないまま立入不可能な気仙沼市弁天町付近（2011.6）

津波の後市街地に拡大した火災により焼失した気仙沼市弁天町付近（2011.6）

地盤沈下と津波により流された車が折り重なる気仙沼市街地（2011.6）

見渡す限りがれきと化した気仙沼市松岩付近の住宅街（2011.6）

石巻市の河口付近の橋は橋脚は無事だったが流出物が引っ掛かり欄干は倒壊（2011.4）

気仙沼港周辺の倉庫や水産加工工場などはすべて津波をかぶって倒壊（2011.6）

火災によって広い区域が焼失した気仙沼港付近（2011.6）

津波を受けた気仙沼魚市場　岸壁の様子から地盤沈下も歴然（2011.6）

津波によって泥と塩水に覆われた東松島市牛網付近の田園（2011.4）

過去の大津波の教訓による 10m の防波堤を乗り越えた津波に襲われた田老（2011.6）

建物の倒壊は免れたが津波が到達しがれきが押し寄せた釜石市大町付近（2011.6）

市街地が更地と化した大槌町中心部　残ったビルもすべて使用不能（2011.6）

震動と津波のダブルパンチで倒壊した宮古市新町の住宅地（2011.4）

がれきに埋まった大槌町中心部　商店街の面影もない（2011.4）

3 階まで津波をかぶりすべての窓が割れた無残な姿を残す石巻市門脇小学校（2011.6）

地盤沈下がひどく岸壁が水没寸前の気仙沼市大島浦の浜港（2011.6）

まだ行方不明者も残る中捜索が続けられる気仙沼市大島（2011.6）

液状化で地盤が緩みマンホールだけが突出していた　仙台市宮城野区岩切（2011.4）

●東日本大震災による交通機関の被害概況

東日本大震災における鉄道の状況は、津波被害を受けた沿岸部の線区が壊滅的な被害となったのをはじめ、東北新幹線が300km以上にわたって長期不通になるなど、過去経験したことのない鉄道の震災被害であった。地震発生とともに、JR東日本が全線で運転を見合わせたのをはじめ、東海道新幹線、津軽海峡線など周辺各線区を含めて42社177路線で運転が休止された。地震発生時に駅間を走行していた列車は344本。うち137本は乗客を列車から降ろして徒歩で最寄駅まで誘導した。

道路は鉄道と違って、インフラといっても大がかりなものではなく、代替ルートの構築も容易であるため、とりあえずクルマが通れる状態に戻すには、それほどの期間を要していない。幸い東日本大震災においては、地震そのものによる橋梁、トンネルなどの大型構造物の被害は比較的軽度であり、道路も沿岸部を除けば、亀裂や多少のずれ・路肩崩壊はあったものの、致命的な損傷はわずかであったため、東北自動車道や主要国道、内陸と沿岸を結ぶ主要道路は、震災後1週間程度でとりあえず通行できるようになった。さらに4月末ごろまでには沿岸部も含めて大半の幹線道路が通れるようになり、津波による橋梁流失など被害が大きかったところも、8月ごろには仮橋が架けられて復旧が進んだ。

空港は仙台空港が津波被害によって長期間使用不能となった以外は、青森空港や秋田、山形空港などが震災翌日に再開、いわて花巻空港、三沢空港、福島空港、茨城空港なども1週間程度で復旧した。仙台空港も予想以上の早さで復旧が進み、4月13日には仮設ターミナルと滑走路で再開、新幹線より早く復旧したため、羽田～仙台間の臨時便就航などによって機能を果たした。

1-2 鉄道の被災（1）東北新幹線の被害

●東北新幹線（大宮〜新青森）の被害

東日本大震災では大動脈の東北新幹線が多大な被害を受け、長期不通を余儀なくされたのが特徴的であった。東北新幹線では大宮〜いわて沼宮内間 536km の広範囲で地震そのものによる被害を受けた。高架橋の倒壊や落橋、トンネル崩落といった阪神・淡路大震災時に山陽新幹線が被ったような致命的な構造物の被害はなかったが、電化柱が約 540 本折損（架線断線約 470 ヵ所）、高架橋の支柱がおよそ 100 ヵ所で損傷するなど、広範囲に数多くの被害が発生した。JR 東日本が 2011 年 3 月末にまとめたところによれば、被害箇所数は約 1,200 ヵ所に及んだという。区間ごとに見ると、福島〜仙台新幹線総合車両センター間の被害箇所数が約 390 ヵ所と最も多く、一ノ関〜盛岡間がこれに次ぐ約 230 ヵ所であったが、復旧に最も時間を要したのは新幹線総合車両センター〜一ノ関間であった。

駅については 5 駅で天井材等の破損被害があったが、仙台駅の被害が最も大きく、新幹線駅部分の天井上屋が数 10m にわたって崩落、柱の中を通る水道管破裂によりホームに水が流出した。仙台駅ビルおよび駅前ペデストリアンデッキも損傷が激しく、地震後すぐに閉鎖となった。

地震発生時に福島県以北を走行中の列車は 14 本あり、4 本は駅に停車中、残る 10 本は駅間で緊急停止した。仙台駅構内上り本線で、試運転列車が到着直前に前から 4 両目の前台車 2 軸が脱線した。車両と乗客計 4,442 人に被害はなかったが、集落から離れた駅間やトンネルなどで停車した列車については、当日は岩手〜青森県で雪となったこともあり、安全確保ができず、車中泊を余儀なくされたケースもあった。また救済のバスの手配ができなかったり、できても道路事情から現地になかなかたどり着かなかったりしたことにより、車内からの避難に長時間を要した。救済（避難所への移動）の完了はおおむね翌 3 月 12 日の昼過ぎであった。

震動による被害が大きかった仙台駅ビル 内外の修復には長期間かかった（2011.4）

●山形新幹線・秋田新幹線の被害

山形新幹線は震動にともない、主に福島～米沢間で軌道変位が約 20 ヵ所発生したほか、庭坂～赤岩間で道床が流失、赤岩～板谷間では土留めが変形するなど線路や地上設備の損傷が激しかった。米沢以北については線路の変位等の損傷は見られたが、致命的な被害は受けていない。福島～奥羽本線釜淵間には普通列車を含む 12 本が運行中で、うち 6 本が駅間を走行していたが、脱線等の被害はなかった。

秋田新幹線（田沢湖線）は軌道、構造物への大きな被害はなく、運転中であった〈こまち 25 号〉と普通 835M は駅間に停車、脱線等の被害はなかった。

1-3 鉄道の被災（2）沿岸部 JR 線の被害状況

●常磐線（取手～岩沼）の被害

常磐線は福島県から宮城県にかかる駒ヶ嶺～亘理間で津波の被害を受け、線路約 15km と新地、坂元の各駅が完全に流失した。新地駅では停車中の 244M 列車が津波の直撃を受けて脱線転覆し、車両が大きく変形する被害を受けたが、乗務員と乗り合わせた相馬警察署の警察官らの的確な避難誘導によって人的被害はなかった。地震による被害は軌道変状が 326 ヵ所と記録された。しかし、原発 20km 圏にあたる広野～磐城太田間では、爆発事故後すぐに立入禁止区域となり、被害の状況確認すらできなくなってしまった。いわき以南では磯原～大津港間の約 4km で津波による浸水があり、通信機器が塩害を受けた。なお、常磐線は勿来付近でも海岸線を走るが、茨城・福島県境付近は津波被害がほとんどなく、常磐線への被害もなかった。

茨城県内は地震そのものによる被害が大きく、常磐線でも地盤の大きな変形により、石岡、岩間、常陸多賀などでホーム損傷・擁壁倒壊などの大きな被害が生じたほか、水戸、勝田などの橋上駅舎も損傷が目立った。水戸駅南北のペデストリアンデッキではずれや損傷が激しく、しばらく通行禁止となった。また水戸～勝田間などで盛土の崩壊、線路の変形などの被害も見られた。

ホームを残して周りのすべてを失った常磐線坂元駅　電柱もくの字に折損（2011.9）

常磐線坂元駅　がれきを整理した後の更地に雑草が生い茂る（2011.9）

常磐線坂元駅　簡易駅舎が津波通過の痕跡を残したまま残骸となって残る（2011.9）

信号機が傾き　架線が切れて垂れ下がる常磐線山下駅付近（2011.9）

警戒区域の南端に迫る常磐線広野駅の先はこの時点では一切の立入禁止（2011.10）

むしろ地震そのものによりホームにずれや段差が生じた常磐線石岡駅（2011.7）

修繕工事中の常磐線石岡駅　ホームにも大きな亀裂が入っていた（2011.7）

●仙石線（あおば通～石巻）の被害

仙石線は東塩釜以東で津波被害を受け、線路約5kmが流失した。特に東名～野蒜間、陸前小野～矢本間の津波被害が大きかった半面、陸前浜田・松島海岸付近や陸前大塚付近は海岸線を走る割に、震動にともなう電化柱の傾斜・損傷は多数あったものの流失を免れている。石巻では駅まで津波が遡上し、駅構内が浸水した。

あおば通～東塩釜間では、苦竹駅のホーム損傷など、苦竹付近と本塩釜付近の高架区間で震動による被害があったほか、電化柱の傾斜・損傷114ヵ所、信号・

通信設備の故障8ヵ所などの被害があった。多賀城付近で津波にともなうがれきの流入などがあったが、あおば通～陸前原ノ町間の地下区間の被害はほとんどなかった。

全線では11本の列車が運転中であったが、野蒜～東名間で緊急停車した1426S列車は乗客50人を高台へ避難誘導後、津波に遭って線路から流出、民家に衝突した。また野蒜～陸前小野間を走行中の3353S列車は比較的高い位置で停車したため、被害は免れたが、その後孤立することとなった。

震動と地盤沈下により線路が波打ち架線柱が傾斜した仙石線陸前富山付近（2012.4）

架線柱が倒れ架線が切れて垂れ下がった仙石線陸前富山～陸前大塚間（2012.4）

津波にすっかり流された仙石線東名駅　ホームだけが原型をとどめる（2012.4）

ホームに亀裂が入った仙石線陸前大塚駅　ここは津波被害はなかった（2012.4）

大きな津波被害を受けた仙石線野蒜駅　架線柱もすべて倒壊した（2011.9）

約1年が過ぎてもほぼ手つかずの状態の野蒜駅　線路は泥をかぶったまま（2012.4）

野蒜駅周辺　家屋は津波を受けて多くが倒壊し修復困難な建物が多かった（2011.9）

津波を受けたところも夏になれば雑草が茂り青い草木は惨状を和らげる（2011.9）

ホーム上から見た野蒜駅　ホーム自体も損傷がひどい（2011.9）

比較的早期に東松島市によって内陸移転が検討され始めた野蒜駅（2011.9）

野蒜駅舎は２階は無事だったが１階はガラスが割れ内部は滅茶苦茶に（2011.9）

停車中の電車がそのまま留め置きとなった仙石線石巻駅（2011.4）

仙石線鹿妻～矢本間　線路上にはがれきや流木が積み上がっている（2011.4）

路盤は残ったが津波の被害が歴然とわかる仙石線陸前小野～鹿妻間（2011.4）

架線柱がなぎ倒され線路はがれきに埋まった仙石線陸前小野～鹿妻間（2011.4）

●石巻線（小牛田～女川）の被害

石巻線は石巻～女川間で甚大な被害となった。津波による被害が最も大きかったのは浦宿～女川間で、女川駅は市街地とともに流失、駅の南側に位置する女川トンネル内にも津波が流入した。石巻駅周辺と渡波～沢田間では線路冠水、がれき流入などがあり、軌道変状の被害は72ヵ所となった。また、沢田～渡波間を中心に、地盤沈下による線路冠水が見られた。女川駅構内には2両編成の1640D列車が停車しており、津波に押し上げられて脱線し、1両は民地に、もう1両は墓地に流出した。

万石浦に面した石巻線浦宿駅　地盤沈下により雨が降ると水没寸前の状況（2011.10）

石巻市街地を走る石巻線　津波が到達したため線路にはがれきや流出物が残る（2011.4）

●気仙沼線（前谷地～気仙沼）の被害

気仙沼線で津波被害を受けたのは陸前戸倉以北である。志津川駅周辺が南三陸町の中心部とともに流失したほか、清水浜、陸前港、陸前小泉駅付近で橋梁、築堤が流失、駅舎も志津川、歌津、陸前港、陸前小泉など９ヵ所が流失する被害があり、線路流失は20kmに及んだ。本吉以南は1977年の開通で比較的高所に設置された区間が多かったにもかかわらず、高台の歌津駅で線路が流失するなど被災区間はかなり甚大な被害であったが、トンネルのほとんどは被害がなかった。

本吉は駅が高台にあるため、津谷川をさかのぼった波によって市街地は被災したものの駅は無事であった。しかし本吉以北は小金沢、大谷海岸、陸前階上、最知、松岩と断続的に線路が流され、気仙沼市街地に入ってすぐの大川橋梁から南気仙沼駅を経て不動の沢までが津波と地盤沈下で被災したうえ、市街地の火災によって南気仙沼駅付近が焼失した。気仙沼駅は海から離れており、直接の被害はなかった。列車は2942Dが最知駅にさしかかっており、その場で停車して乗務員が乗客を避難誘導した。

市街地とともに流された気仙沼線志津川駅付近　築堤も原型を損なった（2011.6）

橋梁が流され　築堤もがれきが散乱した状態の気仙沼線志津川駅北方（2011.6）

海岸に面した部分がすっかり流失した気仙沼線小金沢～大谷海岸間（2011.10）

補強した築堤が残りコンクリートの橋桁が落下した現場も（2011.6）

コンクリート橋梁部分だけがかろうじて残った気仙沼線清水浜駅付近　築堤はがれきとともに流失（2011.6）

高架橋が直撃された気仙沼線陸前小泉付近　橋梁上にも流出物が（2011.6）

がれきなどが片づけられた後の志津川駅　ホームの損傷も激しい（2012.7）

架道橋の付け根だけが残り構造物を露出した気仙沼線志津川駅南方（2012.7）

コンクリートの高架橋だけが残る気仙沼線陸前小泉付近（2012.7）

築堤部とコンクリート橋梁に大きなずれを生じた気仙沼線陸前港付近（2011.6）

がれきに埋まった街と気仙沼線小金沢付近の線路　築堤上に流された車も（2011.6）

津波と地盤沈下　火災による被害で近づくこともできない気仙沼線南気仙沼駅（2011.6）

海岸付近のトンネルに倒壊した家屋が散乱する小金沢～大谷海岸間（2011.6）

擁壁が崩れ土砂や岩石が線路を覆った陸前戸倉～志津川間（2012.4）

丸１年が過ぎてがれきがすっかり取り除かれた後の志津川駅付近　何もかも失われた市街地の光景（2012.4）

気仙沼線歌津駅　こんな高台にある駅さえ津波の被害を受けた（2012.4）

気仙沼線大谷海岸駅　道の駅を兼ねる建物とともに津波を受けホーム損傷（2012.4）

●大船渡線（気仙沼〜盛）の被害

大船渡線は沿岸部の気仙沼〜盛間約41kmのうち、線路流出、橋げた流失、駅舎流出・損壊などの被害は170ヵ所を超えている。市街地への津波被害が最も広範であった陸前高田市では、陸前矢作の東約1km地点から竹駒、陸前高田、脇ノ沢を経て小友の東側まで13kmほどの区間がすべて跡形もなく流されたほか、気仙沼市内の鹿折唐桑付近と大船渡市の細浦および下船渡付近で線路近くまで波が押し寄せ、大船渡市街地では大船渡駅の南側から盛駅の手前まで水につかった。駅は鹿折唐桑、竹駒、陸前高田、脇ノ沢、小友、細浦、大船渡の7駅が流失・全壊または損傷した。一方、山間に入る鹿折唐桑〜陸前矢作間はほとんど被害がなく、半島の付け根を横切る小友〜細浦間と海岸近くでも高台になる細浦〜下船渡間は被害が少なかった。盛は駅舎に被害はなかったが、駅構内まで水が入って一部浸水している。

震災時、上り338Dが大船渡を出て下船渡に向かっていたところで、列車は急停車、乗客・乗務員はすぐ西側の高台に避難した。列車の停車位置が15mの高台であったが、海水は気動車の床下まで到達した。また盛駅構内に停車中の333Dは2両とも車輪の下半分が海水につかった。

広域にわたって道床が流され線路が波打つ大船渡線竹駒付近（2011.6）

市街地とともにすっかり流されてしまった大船渡線陸前高田駅　かろうじてホームと線路の一部が残る（2011.6）

●山田線（宮古〜釜石）の被害

山田線は宮古〜釜石間が津波による被災区間である。山田線は沿岸部を走る路線とはいっても、複雑な半島が入り組む地形のため、山の中を走っては港町に出るという線形を繰り返す。この港町に出てきた部分がことごとく被害を受けた。宮古駅は津波遡上をギリギリで免れた場所で、ほとんど被害はなかったが、宮古〜磯鶏間は第34閉伊川橋梁の橋桁が流失したほか、一部路盤が流された。次に宮古湾の奥に取りつく宮古市金浜付近から津軽石駅までの間はまともに津波を受けて約1.5kmにわたって線路が流失した。陸中山田の前後約2kmは、山田の市街地もろとも津波にのまれたうえ、流された漁船や自動車の燃料に引火して火災が起き、陸中山田駅舎は焼失した。また織笠駅舎が流失した。大槌町では大槌駅を挟んで約2kmの区間がやはり大槌市街地ともども完全流失し、大槌駅を挟む大槌川、小槌川の両橋梁が橋桁流失、橋台も倒壊した。鵜住居駅の前後約2kmも津波が押し寄せ、駅舎ともども流失した。釜石駅は宮古駅同様津波の先端ギリギリに位置していたため、被害はほとんどなかった。被災箇所数は80ヵ所で、被災延長は17km、宮古〜釜石間55.4kmの約30%であった。

地震の際、山田線のこの区間では下り1647Dがちょうど津軽石14時46分発で同駅停車中であった。乗客、乗務員が避難後、津波が津軽石駅まで押し寄せ、同列車は構内で2両とも脱線した。

脱線した普通列車が撤去されないまま残る山田線津軽石駅付近（2011.4）

道床が津波で流され　線路が波打ち浮き上がった山田線磯鶏〜津軽石間（2011.4）

市街地を襲った火災により延焼し全損した山田線陸中山田駅舎　構内も消失した（2011.4）

寄せ波により線路が山側にめくれ上がった山田線磯鶏～津軽石間（2011.4）

引き波により築堤の海側にずり落ちた山田線磯鶏～津軽石間の線路（2011.4）

橋げたが落ちて橋台だけが残る山田線宮古～磯鶏間の第 34 閉伊川橋梁（2011.4）

橋台だけが点々と残る山田線吉里吉里～大槌間の大槌川橋梁（2011.4）

橋桁は流失し橋脚だけが残った状態の山田線吉里吉里駅南方（2013.8）

市街地とともに線路も津波で流失した山田線大槌駅付近（2011.6）

がれきの除去さえ容易ではない山田線大槌駅の状況（2011.6）

よく見るとそれとわかる跨線橋の残骸が津波の激しさを語る山田線大槌駅（2011.6）

周囲はがれきに埋まり駅との境目もよくわからない状態の大槌駅（2011.6）

がれきが取り除かれて周囲が更地となり草生した2年半後の大槌駅周辺（2013.8）

●八戸線（八戸～久慈）の被害

八戸線は海岸とはいえ高台を走る区間が長いのと、陸中中野～陸中夏井間は山間に入り込むため、甚大な被害を受けたのは海岸ギリギリを走る陸中八木の北約3km地点から有家までの間7kmほどで、大浜川橋梁が流失したほか、この間の線路が約1km流失、盛土等崩壊が3ヵ所、軌道変状が51ヵ所となっている。八戸線には3本の列車が運転中であったが、脱線、流失等の被害はなかった。

八戸線で最も大きな津波被害箇所だった宿戸～陸中八木間の大浜川橋梁（2011.7）

1-4 鉄道の被災（3）内陸部のJR線の被害

●東北本線（宇都宮～盛岡）の被害

東北本線は、地震にともなう盛土の崩壊や架線柱の折損、架線の切断、線路への土砂流入などの被害が栃木県から岩手県までの広範囲に発生、被害箇所数は約 1,700 ヵ所に及び、復旧に時間を要することが確実となった。豊原～白坂間（栃木）での約 100m にわたる切取の大規模崩壊、泉崎～矢吹間（福島）、新田～石越間（宮城）での線路陥没、梅ヶ沢～新田間（宮城）での盛土崩壊、福島～東福島間での橋桁支点部損傷など大規模な被害もあり、福島・宮城・岩手県内では軌道変位、電化柱折損・傾斜、道床崩壊、ホーム変状などが点在した。旅客列車に脱線、損傷等の被害はなかったが、長町駅構内に停車中の貨物列車の 13 両目 1 軸に脱線が見られた。

●東北地方ローカル線の被害

仙山線は作並～八ツ森間で 45m にわたる盛土崩壊があった。このほか花輪線、大船渡線（一ノ関～気仙沼）、釜石線、山田線（盛岡～宮古）、陸羽東線、北上線、磐越東線などで軌道変状や盛土損傷などの被害があったが、それほど大規模なものではなかった。

●千葉・茨城県の路線の被害

被害が大きかったのは水郡線である。常陸青柳～常陸津田間では約 100m にわたって盛土が崩壊し、線路は上下左右にうねる形となった。また水戸～常陸青柳間の那珂川橋梁は、河川改修の一環として 2011 年 4 月に架け替えを行う予定だったが、新旧橋梁ともに変状や橋桁の損傷が見られた。鹿島線は延方～鹿島神宮間の北浦橋梁で橋桁のずれなどの被害があった。

● JR 北海道の被害

JR 北海道管内では点検の結果、津軽海峡線、函館本線、江差線に長期の復旧作業を要する大規模な被害はなかったが、津波によって函館駅と函館運輸所が浸水したことによる被害があった。函館運輸所に留置中だった特急〈スーパー白鳥〉用電車 5 両、特急〈スーパー北斗〉用気動車 9 両、同〈北斗〉用気動車 18 両、寝台特急〈北斗星〉用ディーゼル機関車 2 両など 37 両の車両が海水をかぶり、電気系統や電子機器に故障が生じた。また函館駅、函館運輸所構内 85 ヵ所のポイントのうち 68 ヵ所が冠水して使用不能となった。

● JR 貨物の被害

JR 貨物は地震発生とともに東北本線宇都宮貨物ターミナル以北と常磐線（取手以北)、奥羽本線秋田貨物ターミナル以北、津軽線・津軽海峡線で運転を中止した。

運転中の列車被害は、札幌貨物ターミナル発隅田川行き 92 列車（コンテナ 20 両編成）が常磐線浜吉田駅付近で牽引機（ED75 形）を残し、貨車 20 両とコンテナ 75 個が流失したほか、北旭川発隅田川行き 3052 列車（コンテナ 20 両編成）が東北本線長町駅構内で 13 両目の 1 軸が脱線した。このほか青森信号場構内で隅田川発札幌貨物ターミナル行き 3053 列車（コンテナ 20 両編成）が立ち往生することとなった。

津波による被害は仙石線石巻港駅の流失、函館貨物駅の冠水の 2 ヵ所、地震そのものによる構造物被害は土浦駅、水戸駅、郡山貨物ターミナル、液状化による被害は東京貨物ターミナルで見られた。車両被害は機関車 5 両(EH500 形 1 両、ED75 形 1 両、DE10 形 3 両）と貨車 178 両、コンテナ約 1,500 個が流失または使用不能となった。

1-5 私鉄・第三セクター鉄道の被害

●三陸鉄道

三陸鉄道は東北地方の私鉄・第三セクター鉄道の中で最も大きな被害を受けた第三セクター鉄道であり、早くに一部区間で運転を再開したこともあって多くのマスコミで取り上げられた。

三陸鉄道の被害の特性は北リアス線と南リアス線で異なる。北リアス線は主に 7 ヵ所で津波被害を受け、線路、橋梁流失などがあった。島越では駅舎が跡形もなく流され、松前川橋梁がなぎ倒されたため、その状況がしばしば報道されたが、駅の流失はここだけであった。田老駅は盛土上にある駅施設に被害はなかったが、盛土の下に位置する駅舎を兼ねた田老物産観光センターが津波で損傷した。最も流失区間が長かったのは野田玉川～陸中野田間の約 2km で、野田村の市街地ともども津波にのまれている。そのほかトンネルとトンネルの間が津波に流されたケースが見られるが、実は線路に多大な被害があった区間は数 km にすぎず、トンネル内など無傷の区間も多かった。

本社のある宮古駅も駅までは津波が到達しなかったため、実質的な被害はなかったが、直後は停電し、本社社屋は電灯も暖房も使えなかったため、構内にあった気動車 1 両のエンジンをかけて照明と暖房を確保、車内にホワイトボードや書類、ノートなどを持ち込んで災害対策本部とした。

南リアス線の場合は、津波による線路流失、橋梁損壊などの被害は甫嶺〜三陸間、吉浜〜唐丹間、唐丹駅付近など 4 ヵ所 2km 程度で、むしろ地震そのものによる被害のほうが目立った。特に釜石のすぐ東側の甲子川の橋梁などで座屈やクラックなどの損傷があった。盛では津波によって駅構内と車両基地が浸水し、車両 3 両が水に浸かって使用不能となったほか、津波で流された自動車やがれきが線路内に大量に流入している。

このように三陸鉄道では被災区間は全体から見れば 1 割に満たない。これはもともと津波を経験してきた三陸地方にあって、三陸鉄道の計画は津波を想定してつくられていたためで、ルートは高台を中心にトンネルを多用して比較的内陸を結ぶ形となっている。このことが小本、田野畑、三陸、赤崎などで海岸集落は津波に流されたが駅は無傷といった状況を生んでいる。もっとも、津波対策で鉄筋の多い強化バージョンで造られた橋梁がなぎ倒されたのであるから、それだけ今回の津波が“想定外”であったことを証明したともいえる。

熊野川を遡上した津波により橋梁が流失した三陸鉄道南リアス線吉浜〜唐丹間　コンクリートの橋桁は横倒しになって散乱（2011.6）

釜石市街地を襲った津波によるがれきが三陸鉄道のトラス橋に迫る（2011.4）

橋梁は被害がなかったが周囲はがれきに埋まった三陸鉄道平田〜釜石間（2011.4）

三陸鉄道で最も被災区間が長かった北リアス線野田玉川～陸中野田間　約 2km にわたり野田村中心街とともに線路が流失（2011.7）

大きく報道された北リアス線島越駅　高架橋が倒壊し駅舎もすべて流失（2011.6）

道床も一部が流失し線路が浮き上がった北リアス線島越付近（2011.6）

田老駅舎を兼ねる田老観光センターの建物は津波の被害を受け使用不能に（2011.6）

トンネルは無傷だったがトンネルとトンネルの間の谷をまたぐ橋梁が流され寸断した（2011.6）

●仙台市交通局（地下鉄）

仙台市営地下鉄南北線（富沢～泉中央）は、地震発生とともに自動停止装置が働き、運転を中止するとともに、運転中の10列車のうち駅間を走行していた2列車で乗客を最寄駅まで誘導、けが人1人なく避難が完了した。車両にも被害はなかった。線路の被害状況を確認した結果、地下部分はトンネル崩落などもなく、一部クラックや照明が落下した個所があったものの被害はごくわずかで、運転に支障のある被害はないことがわかった。変電所も4ヵ所のうち1ヵ所が破損したものの、東北電力により翌12日夜には復旧した。

台原以北の地上部については、もともと阪神・淡路大震災後の基準により、同クラスの地震が来ても耐えられる構造になっていたが、その基準を超える部分での被害が今回目立ち、黒松～泉中央間で高架橋約50本のクラックや橋脚を受ける部分の損傷、軌道の歪みなどが散発した。また八乙女駅周辺の被害が比較的大きく、八乙女駅では屋根と壁面を支える鉄柱とコンクリート基礎を固定するボルトが多数破損、大きな余震があると上屋が落ちる危険性があった。黒松付近などに復旧機材が入りにくい箇所もあるため、当初から地上部分の復旧には時間がかかることが予想された。富沢駅も地上駅であるが、八乙女駅で観測された地震の加速度が阪神・淡路大震災の約1.4倍の1149.9galだったのに対し、富沢駅は約3分の1の389.6galで、南北の地震の強さの差が被害の明暗を分けた。ちなみに当時建設中の東西線については現行の耐震標準による設計で、微小クラックは発生したものの、大きな被害は認められなかった。

仙台市地下鉄は地上部分に大きな被害が
修復工事が始まった八乙女付近（2011.4）

●仙台空港鉄道

仙台空港鉄道（名取～仙台空港間7.1km）では、津波によって美田園～仙台空港間の滑走路をくぐる空港トンネル（570m）が冠水、土砂やがれきの流入などによって大きな被害となったほか、仙台空港駅1階の運輸指令室、配電室、通信機器室などの中枢機能が水没し、電気系統や機器に多大な被害が生じた。名取～美田園間の高架部は構造物本体には重大な損傷はなかったが、軌道変位が大きく、防音壁などが広範囲に損傷していた。また駅舎は仙台空港、美田園、杜

トンネルの被害で電車が高架駅の仙台空港駅に取り残された（2011.4）

せきのしたで天井や照明ラックなどの落下・損傷が見られた。列車は名取と仙台空港に停車中であったため、車両・乗客に被害はなかったが、仙台空港駅に停車中の４両編成が取り残される形となった。

●鹿島臨海鉄道

比較的海岸に近いところを走る鹿島臨海鉄道では、多様な被害があった。大洗鹿島線は北浦湖畔～大洋間で長さ260m余に及ぶ大規模な路盤崩壊・盛土流出が発生したほか、大洗駅南側で架道橋の橋げたが16cmずれ、涸沼～鹿島旭間で路盤沈下と橋梁ウイングの崩壊があった。また全体の６割近い区間で軌道変位や高架橋擁壁の損傷が見られた。このため全線で列車を運休し、確認作業と復旧作業が進められた。

鹿島臨港線は地震そのものによる路盤沈下･橋台変形･線路変位などが鹿島サッカースタジアム～神栖間で数ヵ所発生、神栖駅寄りでは6m近い高さに及んだ津波により、数100mにわたって路盤・軌道・トラフルートが流失したほか光ケーブルが切断された。また神栖駅構内と神栖～奥野谷浜間では地盤沈下と液状化によって路盤・軌道の沈下・流出・屈曲などがあった。

地震により築堤が100mにわたって崩れた大洗鹿島線北浦湖畔～大洋間（2011.5）

大洗鹿島線の高架橋は数ヵ所にクラックやずれが生じた（2011.5）

大洗鹿島線北浦湖畔～大洋間の築堤崩壊現場で復旧工事が進められた（2011.5）

橋脚がずれ　線路が湾曲した鹿島臨海線サッカースタジアム～神栖間（2011.5）

築堤が崩れ線路に歪みが生じたサッカースタジアム～神栖間（2011.5）

築堤とコンクリート橋の修復が始められたサッカースタジアム～神栖間（2011.5）

地盤に段差が生じ線路がゆがんだサッカースタジアム～神栖間の修復現場（2011.5）

周囲の電柱や塀なども倒壊したサッカースタジアム～神栖間の復旧工事（2011.5）

液状化によって地盤が波打ち　線路も曲がった鹿島臨海線神栖駅構内（2011.5）

大きく線路が波打った神栖駅構内で道床の修復作業が進む（2011.5）

●ひたちなか海浜鉄道

勝田～阿字ヶ浦間のひたちなか海浜鉄道では、金上～中根間で地震により溜池が決壊し、あふれ出た水によって路盤が流出して線路が宙吊り状態となったほか、全区間でレールの歪み・沈下、平磯駅などでホーム損傷・陥没、平磯～磯崎間でトンネル亀裂などの被害があった。運転中の列車は中根駅と殿山駅に緊急停車し、乗客18人全員の無事を確認した上で運転を中止した。殿山駅に取り残された車両は6月14日に那珂湊へ引き上げられた。

●阿武隈急行

福島～槻木間54.9kmを阿武隈川沿いに結ぶ第三セクター鉄道の阿武隈急行は、全線で366ヵ所の被害があった。特に被害が大きかったのは、橋脚が折損した第二阿武隈橋梁であった。福島学院前駅ではホームが崩落し、向瀬上のホームも亀裂が入って復旧には時間を要した。比較的揺れの大きかった丸森駅では液状化が激しく、丸森～角田間では線路の歪みが顕著であった。このほかのり面の崩壊が各所で見られた。列車は運転中の4本のうち3本は槻木、富野、上保原に停車中であった。934M列車は卸町～福島間の東北本線上を走行中緊急停車し、乗客は福島駅へ無事誘導した。

●福島交通飯坂線

福島交通飯坂線（福島～飯坂温泉間9.2km）は、比較的揺れの大きかった地域にあった割には幸いにも3ヵ所線路のひずみが見つかっただけで済んだ。運転中の列車2本は泉、平野駅にそれぞれ停車中で被害はなかった。

● IGRいわて銀河鉄道

東北新幹線開業に伴う並行在来線の経営分離によって第三セクターとなったIGRいわて銀河鉄道（盛岡～目時間82.0km）は、11ヵ所で軌道沈下、道床流出の被害が確認された。被害の多くは揺れの比較的大きかった好摩駅以南に集中していたが、トンネル、橋梁など大きな構造物の被害はなかった。運転中の列車は4本で、1本は厨川駅に停車中、残る3本は厨川～青山間、御堂～奥中山高原間、二戸～一戸間で緊急停車した。山間の御堂～奥中山高原間でストップした4533M列車では、ワンマンの運転士の他たまたま乗り合わせた社員が、救援が来るまで車内にとどまるよう乗客を説得し、タクシーを使用して救済した。また二戸駅では接近中の貨物列車に駅社員が緊急停止手配を行った。

●青い森鉄道

東北新幹線八戸～新青森間延長開業によって目時～青森間の 121.9km に拡大してわずか 4 ヵ月で震災に遭った青い森鉄道であったが、海岸ルートは陸奥湾沿いのみであったため津波被害はなく、地震そのものによる被害も軽微であった。列車は乙供、下田、野内、苫米地の 4 ヵ所で立ち往生、缶詰となった乗客の救出に約 5 時間を要したが、乗客、乗務員に被害はなかった。

●福島臨海鉄道

福島臨海鉄道（泉～小名浜間 5.4km）では津波に複数回襲われたことにより小名浜駅構内が水没し、駅舎および貨車検修庫が倒壊した。軌道変位、道床流出等は 15 ヵ所で確認された。泉駅を発車直後の 56 列車は緊急停車して無事だったが、小名浜駅に留置中のコンテナ貨物は流出し、コンテナ約 120 個が散逸した。ディーゼル機関車も 2 両が使用不能となった。翌 12 日には宮下駅に災害対策本部を設置し、本社機能もここに移設した。

●仙台臨海鉄道

仙台臨海鉄道（陸前山王～仙台北港間／仙台港～仙台西港間／仙台港～仙台埠頭間 9.5km）では仙台港駅が津波により水没し、駅舎、信号設備等が流失、がれきが構内を埋めた。また北港専用線内も浸水し、全線で 3.5km の線路が流失した。ディーゼル機関車 3 両が冠水により使用不能となったほか、仙台港駅と専用線内でコンテナ貨車 21 両、タンク車 46 両が横転冠水、コンテナ約 270 個が流失した。

●八戸臨海鉄道

八戸臨海鉄道（八戸貨物～北沼間 8.5km）は、津波によって北沼側約 2.5km が被災し、北沼駅の駅舎・構内が冠水、線路も一部に変状等が認められた。浮遊物なども多数漂着し、撤去には時間がかかると考えられた。当時列車は走っておらず、車両・貨物への被害はなかった。

●岩手開発鉄道

現在は貨物専用鉄道となっている岩手開発鉄道（赤碕～日頃市間 11.5km）で

は、大船渡市沿岸部の赤碕周辺で津波被害が大きく、37ヵ所で盛土・道床流出、軌道変位、橋梁破損、信号設備流失等の被害が見られた。赤碕駅は全壊し、構内はがれきで埋まった。当日は幸い運休日であり、機関車の被災は免れたが、赤碕駅でホキ40両が浸水した。

●その他の鉄道

わたらせ渓谷鐵道（桐生〜間藤間44.1km）では、沢入〜原向間で土砂崩壊などの被害があった。また真岡鐵道（下館〜茂木間41.9km）では、寺内〜真岡間での橋台傾斜、多田羅駅ホーム崩落などの被害があった。関東鉄道は常総線、竜ケ崎線とも道床の陥没、線路の歪みが生じた区間が一部にあった。また山万ユーカリが丘線ではユーカリが丘〜公園間で走行路面の破損が発見された。いずれも列車・乗客に被害はなかった。

1-6 バス事業者の被災

被災地の中でも福島・宮城・岩手の3県は、バス事業者自身が被災者であった。人的被害は岩手県下で乗務員1名が殉職、そのほか公休中で沿岸の自宅にいるなどで津波被害により死亡した乗務員が9名、行方不明3名であった。乗客については数人逃げ遅れて犠牲が出ており、残念ながらゼロではなかったものの、被害の程度としてはバスの人的被害は小さかったといえる。

とはいえ、家族が被災したバス従業員は数多く、その後もメンタル面で課題を抱えながら、ある意味使命感でバスを動かすことになる。

バス車両の被害は津波による大破・水没が185台（岩手50・宮城132・福島3)、流失などにより行方不明11（宮城）の計196台で、社屋や営業所の建物被害は全壊30棟（岩手13・宮城14・福島3)、一部損壊85棟（岩手7・宮城44・福島34）の計115棟であった。(2011年5月日本バス協会調べ)

●福島交通

福島交通は、物理的被害は非常に少なかった。沿岸部にも相馬営業所があるが、相馬市街地は津波被害を受けていないため、施設・車両にも被害はなかった。しかし原発被災地域内に折返し場などの施設があり、一部の車両が当日区域内にあったため、すぐに引き揚げている。

●新常磐交通

福島県浜通り地方で事業を行う新常磐交通では、人的被害はなかったものの、津波により車両は1台が流失全壊、1台が損傷した。全壊の1台は実車運行中で、女子高校生1人が乗車していたが、乗務員が手を引いて高台に避難し、無事であった。また小名浜の高速バスターミナル（待合所・パーク＆ライド駐車場併設）が津波により流失した。同社は原発事故の20km圏に北営業所と富岡営業所があり、特に東京電力関係の送迎輸送を行う貸切車両を多数保有していたため、ある程度の台数は立入禁止の規制がかかる前にいわきに引き揚げたものの、乗合19台、貸切32台のバスが置き去りとなった。

乗り場と駐車場が津波によって流失した新常磐交通小名浜ターミナル（2012.2）

●宮城交通グループ

宮城交通と分社会社のミヤコーバスでは、沿岸部のミヤコーバス気仙沼営業所が津波によって2階まで浸水、大破したのに加えて、その後の大火によって焼失、60～70cmに及ぶ地盤沈下も加わって立ち入ることもできない状況となった。また気仙沼管内の津谷案内所（車庫）が津谷川をさかのぼってきた津波によって流失、気仙沼市街地の気仙沼案内所（南町）が焼失した。車両も同営業所だけで23台が大破した。石巻営業所（ミヤコーバス）では市街地を襲った津波の末端近くではあったが、新築したばかりの事務所と隣接する整備工場が1m以上床上浸水した。古川営業所（ミヤコーバス）では地震そのものにより事務所建物に外壁・軒天モルタルの脱落等があった。行政による建物診断において古川営業所は使用不能と判定され、立入禁止となったため、バス1台を事務所代わりに運行管理を行った。

沿岸部で営業運行中のバスは高速バスを含めて40台弱であったが、名取市閖上で津波にのまれた車両が建物の屋根に半分乗った形で大破、名取営業所の貸切車が津波にのまれて行方不明となるなど、被災したバス車両は気仙沼営業所の23台のほか、佐沼2台、石巻3台、塩釜1台、名取2台と全体で31台に上った。

がれきに埋もれたミヤコーバス気仙沼営業所　バスも下部が埋まっている（2011.6）

気仙沼市内で回送中に被災したミヤコーバス　原形をとどめていない（2011.6）

手前の仮設道路と比べると地盤沈下の様子がわかる気仙沼営業所脇（2011.6）

津谷川を遡上した津波によって全壊したミヤコーバス津谷車庫（2011.6）

水に浸かった跡が残るミヤコーバス石巻営業所　車両は避難して無事（2011.4）

新築したばかりだった石巻営業所の建物は1階が水に浸かって使用不能に（2011.4）

港に近いミヤコーバス気仙沼南町案内所は建物の内外が津波と火災で損傷した（2011.6）

気仙沼営業所で被災し全損したバスが更地に集められ解体を待つ（2012.4）

幸い、乗客・乗務員は全員避難し、被害はなかった。ただし、従業員の家族の被害は 30 人近くに及んだほか、89 世帯が家屋に被害を受けている。全員の安否が確認できたのは１週間後のことで、幸いグループ社員 1,430 人全員の無事が確認された。

●仙台市交通局

仙台市営バスは、海岸から約 3.5km の平坦地に立地していた岡田出張所（宮城交通に管理委託）が完全流失した。別項で述べるように、現場の迅速かつ的確な対応により、岡田出張所における従業員、車両の被害はなかった。また運行中に津波に巻き込まれたバスは幸いなく、乗客被害もなかった。比較的近くを走っていたバスは営業所からの無線指示等によって内陸に向かって走り、安全な場所で乗客を降ろして霞の目営業所などに避難している。18 時過ぎにはすべてのバスがいったん営業所に戻った。なお、バス１台が避難回送中にがれきや被災車両などで動けなくなり、浸水して使用不能となったほか、岡田出張所の公用車１台が水没した。このほか地震そのものによって霞の目整備工場の屋根、旭ヶ丘バスターミナルの天井等に損傷が認められた。

全体が津波にのまれた仙台市交通局岡田出張所

宮城交通が受託し乗務員らがバスを霞の目へ避難させた（2011.4）

津波を受けた岡田出張所の事務所内部　管理者らは深夜まで水に浸かった（2011.4）

岡田出張所の建物内から外を見る　すっかり建物がなくなっている（2011.4）

がれきの中に立つ笹新田西バス停　家屋も被害を受けバスは未復旧（2011.4）

路側のフェンスとともに津波になぎ倒された石場バス停（2011.4）

がれきと流されてきた自動車が折り重なる中に埋もれた石場バス停ポール（2011.4）

●岩手県交通

沿岸部に複数の拠点を持つ岩手県交通では、大船渡営業所、陸前高田営業所が津波により流失したほか、釜石市街地の東前折返し場が流された。車両は大船渡と陸前高田に留置中の車両16台の他、釜石営業所所属の車両を含め運行中の計20台のバスが流失した。乗務中の乗務員の被害はなかったが、当日休暇で自宅にいたと思われる社員２名が不明となった。また、後述するように、大船渡管内では乗客を乗せたまま高台にバスを避難させたが、途中で津波に襲われた便もあり、乗務員がバスの屋根に乗客を誘導した。しかし８人の乗客のうち６人を誘導・救出したところで水かさが増し、２人が流されてしまった。バスの乗客では唯一の被害となってしまった。

営業所があったこともわからないほどになった岩手県交通高田営業所跡（2011.6）

窓上がこそげ取られた形の岩手県交通高田所属の小型貸切バス（2011.6）

がれきとともに全壊した岩手県交通のバスが残る陸前高田市内（2011.6）

セメント工場に押し付けられて大破した陸前高田の岩手県交通（2011.6）

構体がすっかり押しつぶされてしまった高田所属の岩手県交通バス（2011.6）

真横から津波を受け　ガラスを割りサッシを押し曲げて車内に水が浸入（2012.6）

津波の衝撃とぶつかった衝撃の両方によって全壊した岩手県交通バス（2011.6）

周囲の工場とともに被災しすべてを失った岩手県交通大船渡営業所（2011.6）

運行途中に津波に遭った岩手県交通バスが釜石製鉄所内に留置（2011.4）

●岩手県北自動車

岩手県北自動車では宮古管内で回送中の路線バスが津波に流され、乗務員1名が殉職した。回送だったため、乗客被害はなかった。他に社員では浄土ヶ浜パークホテルの従業員1名が死亡している。自宅を流された社員は10数名であった。車両は上記回送中の車両の他1台、計2台が流失している。宮古営業所が内陸に位置していたため、営業所の被災がなかったことは幸いで、もし宮古営業所が被災していたら、同社の経営にさえ影響する事態となったと思われる。小本にある小本出張所はすべて流失したが、乗務員、車両は無事であった。社員全員の安否確認には2日ほど要したという。

●その他乗合バス事業者

茨城県内では地震そのものによる被害がかなり甚大であり、茨城交通では勝田営業所の社屋が大きな被害を受けた。建物そのものの倒壊は免れたものの、2階の会議室と資料室の室内は天井や壁が崩落、階段も使用不能となった。また1階事務室も天井が落下するなど、被害が大きかった。

ジェイアールバス関東は白河支店・棚倉営業所管内白河〜磐城棚倉間白棚線のバス専用道で土砂崩壊があり、一部通行止めとなった。また東京支店は付近の液状化によって路面の波打ちや段差が発生した。

東京ベイシティ交通では浦安市付近の液状化の影響で営業所、舞浜駅バスターミナル、バス停に被害が生じたほか、運行路線において液状化によるマンホールの突出等運行への支障が生じている。

このほか京成バス海浜幕張駅周辺、千葉海浜交通などにおいて液状化にともなう被害が生じたほか、日立電鉄交通サービス、関鉄グリーンバス鉾田管内において地震による営業所・バス停などの被害があった。

天井が落ちて２階が使用不能となった茨城交通勝田営業所の建物（2012.3）

茨城交通勝田営業所の２階会議室　震動の激しさを物語る（2012.3）

茨城交通勝田営業所の２階廊下　天井や電灯がすべて落ちている（2012.3）

茨城交通勝田営業所の２階倉庫　壁が歪み物が散乱し手つかず（2012.3）

●貸切バス事業者

大きな被害を受けた仙台空港の近くに事業所をもつ貸切専業事業者の仙台バスは、津波により事務所は倒壊、保有車両 25 台中稼働中の車両を除く 13 台はすべて流され、車庫から 200 ～ 300m 付近に折り重なって大破した。車庫は地震にともなう液状化によって津波が引いた後も土砂が湧き、使用不能の状態が続くこととなった。

石巻市雄勝の南三陸観光では貸切バス 13 台が流失（確認できたもの８台・不明５台）したほか、大型バス１台が約 500m 離れた２階建ての雄勝町公民館まで流され、高さ約 10m の公民館の屋上に打ち上げられた形で取り残されるというセンセーショナルな光景を生んだ。残った車両は送迎用の貸切バス３台のみであった。

気仙沼市の大谷観光は国道 45 号と海岸の間に位置する車庫が津波を受けて崩落、留置中の貸切バス数台が横転、流出し、付近に散乱した。

岩手県大槌町では、津波によって大槌地域振興の事務所が全壊、有蓋車庫は屋根と側壁が破壊され、鉄骨が曲がった。社員は避難して無事であったが、車両は数100m離れた山裾まで流された。また城山観光では、14台の保有車両のうち、稼働中だった1台を除いた13台が津波にのまれ、流失・大破し使用不能となった。

石巻市雄勝公民館の屋上に乗り上げた南三陸観光バスの貸切バス（2011.10）

大船渡市に本社車庫をもつ大洋交通も、津波の直撃によって本社屋が浸水したほか、車庫内にあったバス8台すべてが使用不能となった。

公民館も全壊し取り残されたバス　危険でもあり約1年後に撤去された（2011.10）

津波に破壊された事務所と有蓋車庫を使用して営業再開した大槌地域振興（2011.12）

1-7 道路・航路の被害

●沿岸部を中心とした道路インフラの被害

東日本大震災は道路にも甚大な被害をもたらした。国土交通省のまとめによると、道路の被害は高速道路15路線、直轄国道69区間、都道府県などの管理国道102区間、都道府県道など539区間となっている。

三陸沿岸を縦貫する国道45号も、道路の崩壊や流出、橋桁の流失などによって各所で寸断された。特に石巻市成田でのり面が崩落し、橋梁関係では二十一浜橋（気仙沼市）、歌津大橋（南三陸町）、気仙大橋（陸前高田市）などが津波により流失、水尻橋（南三陸町）、小泉大橋（気仙沼市）などが損壊により通行不能となったことは、幹線道路の機能にとって大きな痛手であった。水尻橋はとりあえず片側交互で通行可能になり（大型車除く）、歌津大橋は並行する旧道への振替で対応できたが、気仙大橋など大幅な迂回を余儀なくされた区間も残った。国道 6 号も福島県から宮城県にかけての海岸ルートで道路崩壊などにより寸断された。また、国道 398 号では新北上大橋（石巻市）の落橋が、県道塩釜亘理線では閖上大橋（名取市）の橋桁損傷が確認された。

内陸部の道路については東北自動車道、主要国道ともに地震による被害を受け、3 月 11 日の段階では幹線道路はほぼ通行止め（状況不明によるものを含む）となった。路面の被害の程度は地震そのものの被害の地域差に比例しており、東北自動車道では路面の亀裂、波打ち、ずれなどは福島県下と宮城県南部に著しく、一般道路も宮城県中北部、福島県浜通りや茨城県下の損傷が目立った。また宮城県沿岸北部などでは地盤沈下による路面の損傷、茨城県中部沿岸や千葉県では液状化による路面の湾曲などが目立った。

東北自動車道郡山南付近　横ずれが起きている状況がよくわかる（2011.4）

東北自動車道白河付近　路面の波打ちを応急補修　フェンスも一部倒壊（2011.4）

東北自動車道矢吹付近　場所によっては大きな段差を惹き起こした箇所も（2011.4）

一般道でも大規模な路肩崩壊が起こったケースも

石巻市渡波韮崎の市道（2012.4）

●航路・船舶の被害

津波によって、沿岸・離島航路や観光船は壊滅状態となった。港はことごとく破壊され、船舶も流失した。釜石市、気仙沼市、石巻市などで港湾から大型船が流されて陸上に乗り上げ、大槌町では修繕中だった釜石市の観光船「はまゆり」が民宿の屋根に乗り上げた。気仙沼市の大島航路を運行する大島汽船は「海来」「はやぶさ」「はつかり」「フェリー亀山」の 4 隻が大島の陸地に流され、浄土ヶ浜観光船を運航する岩手県北自動車では第 15 陸中丸、第 17 陸中丸が座礁した。

気仙沼大島の浦の浜港に停泊中のフェリーが 4 隻全て陸上に打ち上げられた（2011.6）

陸に打ち上げられたフェリーが津波の激しさを見せる浦の浜港（2011.6）

<コラム>防潮堤の役割を果たした道路・鉄道

津波被害の中で特徴的だったのは、盛土構造の道路や鉄道が防潮堤の役割を果たしたケースが見られたことだ。ひとつの典型例は一般報道もなされた仙台市の仙台東部道路である。仙台東部道路は名取市から仙台市若林区・宮城野区にかけて、海岸線から約 3km のところに 7 ～ 10m の高さの盛土構造で南北に走っている。この地区は平坦な地形のため、海岸から 4km 付近にまで津波が達した。しかし仙台東部道路の盛土が擁壁となって、それより西側の市街地への津波の流入が抑制され、がれきがせき止められた。事後、仙台東部道路を走ると、東側はすっかり津波に嘗め尽くされた跡が広がっていた。しかし西側は、アンダーパスする交差道路の開口部から水は進入しているものの、明らかに水勢が弱まっていたことがわかり、仙台東部道路から 200 ～ 300m 離れるとほとんど被害が見られない状況だった。また仙台若林 JCT と名取 IC の間では約 230 人が仙台東部道路上に上って避難したことにより命が助かっている。福島県相馬市の国道 6 号相馬バイパスでも同様の結果が見られたそうだ。

岩手県宮古市の田老地区や大船渡市の陸前赤崎、甫嶺などでは、三陸鉄道の線路の盛土が防潮堤の役割を果たした。押し寄せた津波が築堤で押しとどめられ、内側まで水が入らなかったため、内陸側の集落は被災を免れたのである。

これらのことは、今後の防災・まちづくりの観点からも重要な示唆となっている。

仙台東部道路を走るバスから見る仙台空港周辺は津波被害が大（2011.4）

第2章　そのとき現場は

2-1 バスの現場の危機管理ノウハウ

●「津波が来たら立根へ」～岩手県交通大船渡営業所

岩手県交通大船渡営業所管内では、津波の危険を察知するとすぐ、運行中のバスは一斉に乗客を乗せたまま経路を変え、市街地の北約 5km の高台にある立根（たっこん）操車場をめざした。また、非番の乗務員も営業所に駆けつけ、車庫にあったバスを立根に向けて走らせた。途中で避難途上の人を拾っていったケースもあるという。この結果、被害を最小限に抑えることができた。これはバス事業者として特記すべき重要なノウハウである。

実は 1 年前の 2010 年のチリ地震の際、大船渡営業所では立根操車場に車両ごと避難させ、安否確認と情報収集にあたった。このときの経験で、もしものときは立根に避難するのが最良と現場で判断、指示を仰いでいたら手遅れになる場合もあるので、乗務員が各自で判断してお客さんを乗せたまま立根へ行くよう周知徹底させることとした。「津波が来たら立根へ」～この合言葉が、今回多くの命と車両を救う結果となったのである。日ごろの危機管理意識が功を奏したといえる。

当時、大船渡営業所配属の 38 台のバスのうち、22 ～ 23 台が稼働中であった。営業所では乗務員に市役所の周波数に合わせた防災ラジオを持たせていた。このため市の津波警報が正確に届き、よい判断材料となった。避難途上のバス乗務員は、沿道の住民に避難するよう声をかけながら走ったが、甘く見ていた人が多かったのか、「避難しろ」と呼びかけても「大丈夫、大丈夫」とその場に残る人も多かったという。営業所の事務員 2 人は、近くの干潟で遊ぶ人たちに呼び掛けて避難させたのち、自分たちも高台に避難した。

残念ながら、全部のバスを避難できたわけではなく、営業所にあったバス数台は津波にのまれてしまった。最後に車庫を出たバスは高台に避難する間もなく津波に襲われた。乗務員は命からがらバスから脱出し、近くの街路樹にしがみついて引き波が収まるまで耐えたそうだ。

立根操車場には市内を走っていた15～16台のバスが避難集結した。市内の様子がつかめないため、乗客にはそのままバスの中で一晩過ごしてもらい、翌日になって家族の安否がわかった人については家族に引き渡し、連絡のつかない乗客については大船渡市役所の避難所まで送った。

当時大船渡営業所には仙台から到着した宮城交通の高速バスも待機していた。路線外で土地勘のない宮城交通の乗務員の避難を助けるため、立根に向かうバスのうち1台が宮城交通車を先導した。こうして宮城交通車も無事立根に避難することができた。

海岸から約5km内陸へ入った高台の岩手県交通立根操車場（2011.6）

大船渡管内の陸前高田営業所には常駐の管理者・乗務員がいなかったため、入庫中のバス7台はすべて流されてしまったが、運行中のバスについては乗客を乗せたまま高台に向かって走り、避難して難を逃れた。

●乗務員全員でバスを避難～仙台市交通局岡田出張所

仙台市宮城野区の海岸から3.5km程度の場所に位置する仙台市交通局岡田出張所（宮城交通が管理受託）では、営業所は津波にのまれたが、36台のバスがすべて無事であった。地震当初、出張所には5人の管理者と8人の乗務員がいた。津波警報が発令されたことから、出張所にいた乗務員と管理者1人がまず車庫内のバス8台を海岸から離れた内陸の営業所である霞の目営業所に移動させた。残る4人の管理者が、出張所に戻ってきたバスをすべて霞の目営業所に向かわせた。外出中だった同所の山家（やんべ）所長が出張所に帰ったのが15時25分。停電によって出張所の無線機器が使用不能であったため、連絡車の無線を使用して運行中のバスに霞の目営業所への避難を指示した。

必ずしもすべての車両と直接無線でやり取りができたわけではなく、確実さには欠けたものの、避難指示を傍受して運行を中止し、乗客を安全な場所で降ろして霞の目営業所へ避難したバスもあり、15時40分ごろには最後の1台の避難完了が確認された。この結果、配置車両全車が無事に避難できたのである。

15時45分ごろ、山家所長が無線で全車避難完了を伝えている最中に津波が押し寄せた。出張所に残った所長以下5人の管理者はあわてて建物の中に入り、机に飛び乗って蛍光灯にしがみついたという。しかしその体勢は３～４時間が限度。疲れて水の中に落ち、23時ごろまで水に浸かりながら過ごすこととなる。その後若い管理者の１人が天井から屋根の一角へ抜け出る場所を発見し、全員を誘導した。

ようやく水が引き、床が見える状態になったのが午前２時30分ごろ。がれきで暖をとりつつ６時ごろまで様子を見たのち、所長と１人の管理者が出張所に残り、他の３人は徒歩で霞の目営業所に避難した。警察などが動き始めた９時ごろまで状況を確認し、山家所長らは岡田出張所を出た。途中助けを求める避難者を近隣の避難所である岡田小学校に案内しつつ、徒歩で霞の目営業所へ向かった。霞の目へ先に避難した乗務員が、所長らを心配して車が入れるギリギリのところまで迎えに来てくれたという。

バスをすべて避難させることができたことが功を奏し、仙台市からの要請にもとづき、岡田出張所のバスも11日夕方から、霞の目営業所を拠点に避難者輸送にあたることができた。「公共交通を担う者として、バスが流されてしまうと輸送という職責が果たせない」という乗務員たちの使命感が、まずバスを避難させたのであった。

岡田出張所の的確な避難行動を指揮した受託事業者の宮城交通山家所長（2011.9）

霞の目営業所に引き揚げ　同所の一角で事業を行う岡田出張所の車両（2011.9）

●高台の避難場所へ～ミヤコーバス石巻営業所

ミヤコーバス石巻営業所にも津波が押し寄せた。営業所の建物は新築されたばかりだったが、１階は1mほど水に浸かり、使用不能となった。しかし乗客、社員ともに人命にはまったく被害はなく、バスも35台のうち走行中の２台が水没したものの、営業所にあったバスについては被害がなかった。これもまた、現場の判断とプロ意識のなせる技であった。

津波警報が発令されると、石巻営業所では営業所にあるバスについて、避難を即断した。かねてより、津波などの場合の避難場所として、営業所から約 2km 北側の高台にある石巻霊園の駐車場が想定されていた。地震発生後すぐに、まず営業所に残っていたバスを乗務員と工場員が運び出した。途中にある北上川を渡る開北橋が無事だったのも幸いしたと言える。営業中のバスも安全な場所で乗客を降ろすと石巻霊園に向かった。非常に迅速な対応により、地震発生後約 25 分の 15 時 10 分には避難を完了している。

営業所に津波が到達したのは 15 時 30 分であった。営業所に駐車していた社員のマイカー 43 台は流され、全滅した。千葉石巻営業所長（当時）によると、15 時 10 分に避難完了した段階ではまだ津波の兆候は見えなかったため、乗務員たちから 1 台のバスに全員が乗って営業所に置いたマイカーを引揚げに行きたいという申し出があったそうだ。千葉所長は、気持ちはわかるが我慢してほしいと許可しなかった。あとで乗務員たちも懐述する。もしあの時みんなが 1 台のバスに乗ってマイカーを取りに戻ったとしたら、ちょうど営業所に着いた頃に津波が来て、全員が巻き込まれたに違いない。そうなれば大惨事となるところだった。千葉所長の苦しい判断は正しかったのだ。

●岩手県北自動車小本出張所・久慈営業所

津波警報とともに、岩手県北自動車の宮古営業所小本出張所では、その場にいた乗務員が、車庫にあった車両をすべて若干ながら高台にある三陸鉄道小本駅に避難させた。地震発生と同時に、小本出張所は本社や宮古営業所との連絡がつけにくくなり、すべては現場判断で動いたものである。小本出張所は全壊したため、その後は三陸鉄道小本駅前広場が臨時の車庫として提供された。

久慈営業所では、津波警報の発令とともに従業員に避難指示を出した。駐在する乗務員がいなかったため、車庫に残ったバスの避難は断念し、まずは人命第一としたものである。結果的には津波は営業所までは至らず、車両の被害はなかった。このため、その後何かあれば久慈市の要請による大量輸送に対応できるよう、久慈営業所には貸切車両を待機させた。

三陸鉄道小本駅前広場に避難した岩手県北自動車小本出張所の車両たち（2011.6）

2-2 バスの災害対応

●地震発生、そのときの対応は

大地震が発生したときの対応は大きく２通りになる。ひとつは服務規定や防災マニュアル等に定められた既定の決め事に沿った対応、もう一つはそのときの指揮系統にもとづく指示に沿った対応である。多くの場合、災害等で通常の運行が困難となった際には、まず安全な場所に停車して管理者の指示を仰ぐ。運行の継続ができない場合は営業運行を中止して安全な場所で乗客を降ろし、営業所に回送で戻ることになっている。おそらく第一報を受けての管理者から現場乗務員への指示もこれに沿ったものであったと考えられる。

しかしこうした直接の指示は直後の短時間が勝負である。東日本大震災でもそうだったように、しばらくすると携帯電話も災害電話も通じにくくなり、ほとんど通信手段を失うからである。あとはそれぞれの乗務員の判断しかない。その点で東日本大震災は、現場のバス乗務員の非常に落ち着いた的確な判断と行動を見せてくれた事例となった。

本社・営業所はまず、乗客、乗務員の無事の確認が優先する。そして次に、今後の対応のために状況の確認をしなければならない。特に道路状況の把握は重要である。路線バスの運行を再開するにしても、さまざまな依頼によって貸切バスを動かすにしても、どこの道路が走れるかを確認する作業は必須である。市町村や警察との連絡体制も重要だが、帰庫した乗務員からの生の情報も役に立つ。

●被災地のバスの動き

前述のように、津波被害を受けた沿岸部のミヤコーバス、岩手県交通、岩手県北自動車などは非常に的確な動きによって被害を最小限にとどめたが、他の地域のバスはどのように対応したのだろうか。

仙台市交通局では、地震発生とともに全路線で運行中のバスを運行中止、いったんすべてのバスを営業所に戻し、安全確認を行った。そして当日は後述のように一部仙台駅から各営業所まで営業運行した以外は全面運休した。

青森市営バスは地震発生とともに、停電により市内ほぼ全域で信号が停止したことから、営業中のバスは終点まで運行したのち運行を見合わせ、営業所に戻るよう指示が出された。停電復旧の見通しが立たないため､同日は全面運休とした。

ジェイアールバス東北青森支店もほぼ同じ対応だったようだ。

八戸市営バスでは、地震発生以降のバスはすべて運休し、営業中の車両は「乗務員服務規程」にもとづき、安全を確保しながら通常の運行で終点まで行ったのち営業所に戻った。十和田観光電鉄も道路状況を確認しながら営業所に戻るよう指示がなされ、青森にいた十和田市行の特急便は営業運行をしつつ十和田市に戻った。

茨城交通では震災発生時、路線バス、高速バスなど200台余が運行中であった。停電により交通信号が停止したため、乗務員の判断でその場に緊急停止した。本社は9ヵ所の営業所に乗客や乗務員の安否について問い合わせるとともに、徐行して営業所に戻るよう指示を与えた。一般乗合バスは無線搭載車ではなく、業務用の携帯電話も通じなかったため、営業所とバスの間の連絡は取れない状況だったが、乗務員の冷静な行動により、乗客を安全な場所で降ろし、夕方までには全車が各営業所に帰着した。

●本社機能の対応

仙台市泉区の宮城交通本社では、揺れが収まるとともに乗客の安全確認と津波に向けた注意喚起の連絡を各営業所に行おうとしたが、一般の電話はもとより、営業本部に設置された災害時優先電話も全くつながらない状態であった。本来であれば本社に対策本部を設置するところであったが、本社屋が地震で軋み、倒壊のリスクもあることと、停電で諸機能が使用不能であったため、情報収集や連絡体制の確保がしやすい隣接の仙台北営業所を対策本部とし、本社から全員が移動した。営業所の事務所前に貸切バス1台を停めて、これを臨時の本社とした。停電している中でも貸切バスはエンジンを掛ければ無線を使うことができるほか、車内のテレビモニターで一般テレビ放送が映るので、報道からの情報も得ることができた。

宮城交通は仙台北営業所に貸切バス1台を据え付け　本社業務を行った（イメージ）

ジェイアールバス東北は、本社があるJR東日本仙台支社のビルが停電し、壁に亀裂が入るなどの被害が確認されたため、仙台支店に臨時の対策本部を設置し、各地の支店・営業所と連絡をとった。

●出先の高速バスはどのように対応したのか

運行中のバスの中には自社のエリアから離れた出先で震災に遭った高速バスもあり、足止めを食った形となった。

宮城交通の県外高速バスは、当日はほとんど動きがとれず、運行途中で足止めとなったバスは回送で仙台をめざしたが、出先で待機中のバスについては、当日はそのまま待機し、翌日以降回送で仙台へ向かった。青森線〈ブルーシティ〉は仙台に向けて発車するため青森駅前に配車したところで地震に遭った。そのまま発車できずに翌朝まで待機、様子を見ながら一般道で仙台へ回送した。岩手県交通大船渡営業所で待機中だった大船渡線は県交通の誘導で立根操車場に避難し、翌日まで待機した。全車が仙台の所属営業所に戻ったのは３日後のことで、その間全く連絡がとれなかったバスもあった。

国際興業は池袋～釜石間夜行高速バス〈遠野釜石号〉が当日朝終点の大槌に到着し、岩手県交通釜石営業所に駐泊中であった。釜石営業所自体は内陸にあって、直接被害はなかったものの、周囲は大混乱であり、岩手県交通ではすぐにも救援・避難輸送に入らなければならない状況の中、国際興業のバスは邪魔にならないよう、走れる道路をたどって盛岡方面に向かった。そして盛岡市内の岩手県交通の営業所に避難、しばらく状況を見て 12 日夜、回送で東京に向かった。

●被災地域で運行中だった貸切バス

関鉄観光バスでは、貸切バス３台が関鉄観光主催のツアーで宮城県内を運行中であった。茨城県内のお客さんを乗せて南三陸町のホテル観洋に宿泊するツアーで、往路の２台はすぐに旅行を中止して引き返すこととした。１台は帰路で途中松島の観光に差し掛かっていた。乗務員と添乗員は津波警報を受けて、お客さんを瑞巌寺の高台に誘導した。ところが誘導先で確認すると何人かのお客さんがいない。周りのお客さんに聞くと何と「津波の様子を見に行ったみたいですよ」という、何とものんきな話。すぐに運転士が「自分が捜して連れてくる」とその場を立とうとしたところ、運転士に万一のことがあると残ったお客さんを茨城まで無事に帰すことができないと、ガイドと添乗員が探しに行くことになった。幸い見物に行ったお客さんは観光船桟橋付近ですぐに見つかって、無事避難できたが、まさに“冷や汗もの”であった。結果的には松島の観光エリアには大きな津波が押し寄せなかったが、津波や防災に対する一般の認識の低さが惨事につながるところであった。

同ツアーはその場で中止され、東北道や磐越道、常磐道が通行止めになったため、バスは一般道を茨城に向かって戻った。しかし途中の通行止めや渋滞に阻まれ、水戸または土浦にたどり着いたのは12日午後のことで、実に24時間以上かけての帰路であった。

●かっぱえびせん1袋でしのいだ22時間

仙台バス運転士 - 菅原幸一さん。3月11日は前泊の成田空港迎えの仕事で、回送で成田に向かっていた。2日前に納車されたばかりの新車であった。常磐道から北関東道を経て国道51号大洗付近を南下している時に地震が発生した。まさか会社自体が流失したとはつゆ知らず、連絡をとろうとするも全く音信不通のため、とりあえず成田に向かった。すぐに道路は大渋滞、成田のホテルに到着したのは12日午前1時ごろだった。

翌朝、車内のテレビで被害の大きさは知るが、詳細はわからないまま会社とは連絡がとれず、とりあえず予定のお客さんを迎えに成田空港へ。遅れたものの無事成田空港に着陸した東北電子大学の学生さんたちを乗せ、12日11時ごろ成田空港を出発、高速道路や沿岸部は通行できそうもないので、通れる道路をたどって国道4号まで出てひたすら北上することにする。国道4号自体はそれほど悪い状況ではなかったが、渋滞でほとんど動かない状態が続く。途中に食事をとれる場所もなく、コンビニに立ち寄っても何も食料がない。何とか入手したスナックなどをお客さんが分け合ってしのぐ中、菅原さんはたまたま荷物の中に残っていた1袋のかっぱえびせんを口にしながらハンドルを握った。

お客さんを仙台まで無事に送り届けることができたのは3月13日朝9時ごろ。実に22時間の苦行であった。そして入庫回送しようとして、初めて社屋も車庫も流失してしまったことを知る。とりあえずミヤコーバスが名取営業所岩沼車庫に場所を提供してくれたので、しばらくバスを置かせてもらうことになり、午前10時、バスを格納したのであった。

2-3 交通機関の業務無線が命綱となった

●通信手段の途絶

震災からしばらくは通信手段が途絶えた。固定通信、移動通信とも地震と津波による設備の被災が甚大で、固定通信回線の途絶は約190万回線、移動通信の基地局の機能停止は約2万9千局といわれた。通信鉄塔設備や道路情報通信設備（CCTV、光ファイバーなど）が地震もしくは津波によってケーブル切断や電源をなくしたことにより不通となり、情報の発信、収集が困難となった。

震災直後には安否確認の通信需要が急増したため、携帯電話、固定電話をはじめとする回線交換型の通話はほとんどパンクし、通信事業者による通話規制がかけられて通じない状況となった。パケット通信は一部を除き規制がかからなかったため、限られた通信手段として機能したが、通信量が40～60倍に膨れ上がったため、遅着が生じたという。

●バスの無線やJR電話が効力を発揮

バスが意外な有効性を発揮した事実がある。地震発生後まもなく固定電話も携帯電話もつながらず、災害電話もやがてパンクした。そんな時に効力を発揮したのが、バスが搭載する業務無線だった。バスの無線を通して各地の状況が報告され、それがバス会社から地域に伝えられたケースも多い。

自衛隊、警察、消防などの関係機関は個別に専用回線を持っており、それらは途絶することなく通信が可能だったため、災害救援活動に役立った。その点はJRも同様で、JR電話、いわゆる“鉄電”が生きていたため、JRの現場間での情報伝達は可能であった。

●無線を中継して状況把握と指示

宮城交通グループでは、貸切バスと高速バスの全車にデジタルMCA無線を搭載している。少なくともグループのミヤコーバスを含め、各営業所に数台ずつは無線搭載車があることになる。さすがに仙台から気仙沼までは直接無線は飛ばないが、途中の営業所を中継すれば、各営業所とは連絡がつけられる。そこで車載無線の届く10数kmの範囲の営業所ごとに貸切車両を配備し、各出先と業務無線で中継しながら安否確認や被災状況、出勤状況などの把握のため連絡をとった。

震災当日も、各営業所には予備電源がないため、停電により営業所の基地局による交信は不可能となったが、営業所内に待機中のバスの無線を使用し、運行中の各バス車両と交信、直ちに運行を打ち切り、安全な場所で待機するように指示、16時ごろには営業所に帰庫するよう指示を出している。

●バスが孤立集落の命綱に

岩手県宮古市の重茂半島は、津波被害と道路寸断によって地震後丸２日間、４つの集落が完全に孤立状態となった。地震発生時、重茂半島を走っていた岩手県北自動車の宮古発川代行路線バスは、石浜の集落に差し掛かっていた。津波の危険を察知したバスは、避難してきた住民を途中で乗せながら、高台にある定置網置き場に避難し、津波被害を免れた。道路が寸断されたため、そのまま同車は現地に立ち往生する形となったが、それが地域にとっては幸いした。石浜は孤立状態となり、消防の無線を積んだポンプ車も津波をかぶって使用不能となって、状況を外部に知らせる通信手段がなくなっていた。

岩手県北自動車では、山間部を運行する路線が多いこともあって、貸切バスのみならず、路線バスにも全車業務無線を搭載している。外部への連絡手段を失った現地の消防分団では、バス乗務員にバスの無線を外部への連絡に使用させてほしいと依頼した。乗務員からの連絡を受けた同社宮古営業所ではこれを快諾し、半島の別の待機所で立ち往生していたバスに“中継局”となるように指示、安否確認や物資不足の状況、死傷者や被害状況など、孤立した地区の情報はバスからバスへ無線で伝えられ、中継局となったバスからその地区の消防のポンプ車の無線を経由して、市の消防本部に伝えられた。いわばバスの無線が孤立集落の“命綱”となったわけである。

足止めの岩手県北自動車路線バスが地域の連絡拠点となった宮古市石浜（2012.8）

このバスは孤立集落において消防分団の「南地区災害対策本部」として利用されることになった。この際にも、バスのエンジンを掛けさえすれば灯火が使用でき、暖房も使えるという特性が活かされた。この定置網置き場には救出されたけが人も運び込まれた。バスはけが人の一時収容も引き受けた。

●有効だったバスロケーションシステム

仙台市交通局では、全線にバスロケーションシステムを導入していた。これが災害時の状況把握に大きく役立った。バスロケーションシステムは、一般的には利用者にバスの位置情報を流し、バスの接近を知らせるサービスとしてアナウンスされる。これは大切な機能ではあるのだが、実はバスの位置情報を把握できることは、運行管理上の大きなメリットなのである。

震災発生後、通信手段が途絶える中、仙台市交通局ではすべてのバスの現在地がバスロケの本体画面で把握できていた。もちろん水没した岡田出張所や停電の際のバックアップ手段を持たないところでは機能しないものの、最低１ヵ所でも電源が確保できれば、バスロケを確認することでどのバス（どの乗務員）がどこにいるかを把握することができ、無線での問い掛けや、場合によっては徒歩や自転車で現地に出向いての状況確認が的確にできたのである。

2-4 鉄道乗務員たちの機転

●三陸鉄道

地震発生時、三陸鉄道では北リアス線に１本（116D、白井海岸駅南方）、南リアス線に１本（213D、吉浜～唐丹間）の列車が走っていて、運転指令からの指示により緊急停止した。116D には 15 人の乗客と運転士が乗っており、緊急停止後車内で待機、そのまま通信は途絶したが、運転士が災害用携帯電話を通じて消防に救出を要請、当日 19 時過ぎに消防によって救出され、乗客は普代村の避難所に送り届けられた。車両はのちに普代駅まで移動、留置された。

南リアス線 213D は２人の乗客と運転士が乗車、同区間の鍬台トンネル内で緊急停車した。その後全く外部との連絡が取れなくなったので、約２時間後に運転士が徒歩でトンネル出口の状況を確認したのち列車に戻って２人の乗客を誘導し、トンネル出口近くの県道を通行中の車に便乗させてもらい、大船渡市内の避難所へ向かった。乗客を避難所に送り届けたのち、運転士は 19 時 50 分ごろ、徒歩で盛駅の運行本部に戻った。

緊急停車ののち普代駅まで移動し留め置きとなった三陸鉄道 116D（2011.6）

●常磐線新地駅

鉄道に関する映像で最も多くの人の印象に残った光景が、津波によって押し流され、大きく湾曲した姿をさらした常磐線新地駅の E721 系電車の惨状であっただろう。

地震発生時、仙台発原ノ町行き244M（E721系4両編成）は、沿線火災の影響で10分ほど遅れて新地駅に到着、発車しようとしていたところだった。列車は大きな揺れを感じて発車を見合わせた。同列車には運転士、車掌（本務）と特別改札の車掌の3名の乗務員が乗務していた。車掌2人が携帯電話や車両に配備のラジオ等で情報をとり、乗客に案内をしたが、まもなく大津波警報が発令されたため、その案内放送を行った。車内には乗客40人が乗っていたが、乗客の中に福島県警相馬警察署の警察官2人が乗り合わせており、避難誘導を申し出たため、乗務員は2人の警察官と連絡をとって乗客を避難先の新地町役場にスピーディーに誘導、全員が無事に避難した。

その後大津波に襲われた列車は、下り線と駅前広場を越えて、上り線から約80m流されて大破、3両目がくの字に曲がって反転した。列車に残っていた3人の乗務員は跨線橋上に避難、生命は無事だったものの、跨線橋の階段最上部まで津波が押し寄せたため、跨線橋上で一夜を明かしたという。新地駅は駅舎がなくなり、線路が流されて、ホームと破壊された跨線橋以外の構造物はすっかり流失してしまった。

●野蒜付近の仙石線電車

仙石線では野蒜付近に上下2本の列車が走行中であった。野蒜で列車行違いをしたばかりの下り石巻行き3353Sと、上り石巻発あおば通行き1426Sである。野蒜を定刻に発車した3353Sは、北に向けて小高い丘を上りはじめたところで乗務員の業務用携帯電話が緊急地震速報を受信、非常停止した。運転士と車掌は車内配備のラジオ等で情報をとりつつ無線で指令と連絡をとり、指示を受けて指定避難所である野蒜小学校へ96名の乗客の避難誘導を開始しようとした。しかし地元に詳しい乗客の消防団員から、野蒜小学校より電車の停まった位置の方が高台であり、その場にとどまったほうが安全との助言を得て乗務員が検討、徒歩移動中に津波が来る危険性も考え、車内に残る決断をした。結果論だが、15時33分ごろ野蒜を襲った津波は避難予定だった野蒜小学校も呑み込んだ。判断は正しかったことになる。雪が降り始め、近くの避難所もいっぱいで、乗客は車内で一夜を明かすこととなった。運転士と車掌は乗客と協力し、暖をとるためにシートを外して床に敷いたり新聞紙を窓に貼ったりするなど乗客のために奔走、翌朝は運転士が数人の乗客とともに避難所を探しに出、その間車掌は車内で乗客の名簿を作成した。こうして乗客全員が無事翌日昼には避難所に入ったが、乗務員2

人はその後も避難所や自衛隊の手伝いをしたという。

一方上り1426Sは東名に向けて走行中に非常停止した。同様に指令から野蒜小学校への避難指示を得て、たまたま乗り合わせたJR東日本社員2人の協力を得て乗客を山側のドアから降ろし、野蒜小学校へと誘導した。15時20分に野蒜小学校への避難誘導を完了したが、前述のように野蒜小学校は津波に襲われた。校舎の1階と体育館が水没し、避難者は校舎3階へと誘導され、何とか難を逃れた。4両編成の205系電車は津波に押し流されて線路を逸脱、先頭車両は民家に押し付けられた格好となった。

●気仙沼線

気仙沼線では気仙沼発小牛田行き2942D列車が14時45分に松岩駅を定時発車したところだった。突然突き上げるような衝撃で高さ約5mの高架上で停車した。列車指令から指示を受けた運転士が「津波の恐れがあります。列車を降りてください」とアナウンスし、高台への避難を呼びかけた。列車前方のドアからはしごで降りた乗客が避難を開始、南の最知方向に向かう乗客に運転士は「そっちは危ない、踏切から道路に出て内陸へ」と誘導した。運転士の的確な誘導で乗客が避難した直後、津波が襲って列車を飲み込んだ。

2-5 仙台と盛岡の当日夜

●仙台駅

震災当日はそろそろ行楽シーズンの入口であり、大学受験や就職などの関係で各地から東北を訪れている人もかなり多かった。地震直後の15時ごろには、仙台駅に多くの人が集まってきた。都心部で地震に遭った人たちの多くが、とりあえず仙台駅に行けば何かしら方法が見つかる、あるいは何らかの情報が入ると考えたものと思われる。

しかし仙台駅自体、かなり被害が大きかった。新幹線ホーム上屋や駅コンコースの天井落下をはじめ、新幹線ホーム外側のガラス損壊などもあり、駅ビルの損傷も激しく、余震が頻発する状況下で駅ビル内は危険だったため、JR東日本ではまず駅係員の誘導で構内からすべての人に退去してもらった。いったんは駅前を結ぶペデストリアンデッキ上に避難してもらったが、ペデストリアンデッキも各所に亀裂が入っていたほか、駅舎からの落下物の恐れなど、歩行が危険であったことから、すぐにペデストリアンデッキも閉鎖、1階駅前広場への誘導がなされた。

仙台市では駅付近の人達を指定避難所に誘導した。それでも深夜まで、駅に来る人が続出した。やはり駅に来れば何とかなるという心理が働いたものと考えられる。仙台市では市役所や支所を開放、駅周辺のホテルも建物に被害のなかったホテルが避難者を受け入れた。とはいえ信号が消灯しているため、交通秩序がなく、大通りは渡れる状態ではなかったため、避難する人たちの移動はままならなかった。

●その日にもバスは走った

首都圏ほどではなかったにしろ、仙台都市圏でも当日、帰宅困難者が大量に発生した。宮城交通では仙台駅前宮城交通高速バスターミナルから、相当数の帰宅困難者が同ターミナル付近にも滞留しているとの報を受け、当日中の一般路線はすべて運休としたものの、稼働可能なバスと乗務員をやりくりし、運行経路上の安全確認を行った上で、県庁市役所前から南北各方面への帰宅困難者救援のための臨時深夜バスを、24時ごろ以降延べ5台運行した。

それより前の17時ごろから20時ごろにかけて、仙台市交通局は安全確認のできた幹線道路を使用して、各営業所と仙台駅前の間を臨時運行した。仙台駅前付近の帰宅困難者の状況などを鑑み、公共交通としてのバスを止めてはならない、という使命感が局と現場を動かした。並行して雪の中、交通局職員が徒歩で道路の状況の確認に動いた。またある営業所では、現場判断で予備のバスを避難所として開放、エンジンをかけて暖をとらせた。

●盛岡駅でのバスによる緊急避難所

震災当日夜、盛岡駅西口広場には8台の貸切バス車両が、不足する避難所代わりに置かれた。地震とともに東北新幹線や在来線鉄道がストップ、運転の見通しが立たないまま、同日夕方には安全確保のためJR東日本が駅をシャットアウトした。このため、盛岡駅周辺には行き場を失った人たちが1,500人以上たむろする形となった。この時期は出張や受験で東北を訪れていた外来者が多く、東北新幹線〈はやぶさ〉が走り始めた直後だったこともあって、旅行者も多数あった。

盛岡市では、ほかの自治体と同様、まずは近隣に公共施設や学校などを利用して避難所を準備、盛岡駅西口のコンベンション施設「アイーナ」（岩手県民情報交流センター）と「マリオス」（盛岡地域交流センター）の通路も開放したが、駅周辺の人波はさばききれなかった。しかも当日、北東北では午後から雪になり、気温もかなり下がっていた。

事態を重く見た盛岡市交通政策課では、ふだんから市内の交通政策遂行で協力体制にある岩手県交通と岩手県北自動車に、空いているバスを緊急避難所として提供してくれるよう依頼した。全員の収容は無理でも、せめて高齢者だけでも雪をしのげる場所を提供したいという思いだった。両バス事業者はすぐに空いている貸切バスを盛岡駅西口のターミナルに向かわせた。そして岩手県交通５台、岩手県北自動車３台の貸切バスが盛岡駅西口に集結した。

地震とともに岩手県内は全域で停電となった。町じゅうが停電する中、バスはエンジンで“自家発電”を行えるため、室内灯が点灯でき、暖房も効いた。貸切バスはテレビモニターを装備しているため、テレビ放送を受信することもできた。多少窮屈でも建物の中より快適な避難所だったかもしれない。平常時であれば、ずっとエンジンをかけっぱなしで留置することはできないが、このような緊急事態において、エンジンさえかければ（燃料さえ確保できれば）活用できるバスの威力は大きかったといえよう。

〈コラム〉その時私は

東日本大震災では、私自身も新青森駅構内で地震に遭遇した。

東北新幹線〈はやぶさ〉のカラーに塗られたJRバス東北の十和田北線の新車を取材撮影したのち、ちょうど東京へ戻る新幹線を待つついでに、1階の土産物屋を覗いていたときに、いきなりドーンといううなりとともに縦揺れがあり、まもなくバチッと照明が切れ、それからしばらくの間大きな横揺れが続いた。〈はやぶさ〉が運転を開始して間もない時期ということもあり、構内には団体を含め相当数の旅行者がいた。悲鳴はあちこちで上がったが、幸い青森では揺れの振幅が大きく、大きいがゆっくりとした揺れだったことと、新しくしっかりした建物の新青森駅構内では不安感は少なく、パニック状態は免れ、みんな結構落ち着いて行動していたのは幸いだった。

おさまって数分後、駅の案内放送で、新幹線・奥羽本線ともに安全を確認するため運転を見合わせるとの案内があった。この時点では、だれもどのくらいの範囲にどれだけの被害があったかわからないため、私も含めて運転再開を期待して構内で様子を見守る人が多かった。だが、その後も何度もかなり大きな余震が訪れ、携帯電話で連絡をしようとしてもつながりにくい状況が見えてくると、だんだん只事ではなさそうだという雰囲気が広がっていった。そして15時ごろ、駅からは「JR東日本の全線が運転を見合わせています」という放送があり、やがて「震源は三陸沖、マグニチュードは8.8と発表されました」との案内に、被害がかなり大きく広範囲にわたっているらしいことがわかってきた。しばらくして案内は「運転見合わせ」から「本日の運転取りやめ」に変わった。

約1時間たって私はとりあえず青森駅にバスで移動した。新青森駅にいても周囲に何もないので、とりあえず何らかの対応がとりやすい場所へ行ったほうがよかろうという思いだった。タクシーはすべて出てしまったと見えてタクシー乗り場にタクシーはなく、青森市営バスは回送で営業所に戻るばかり。そんな中、黒石からの弘南バスだけがほぼ時刻通りにやってきたので、私は弘南バスに飛び乗った。途中は信号が消えていたものの、交通量が多くなかったので特に混乱はなく、15分程度で青森駅に着いた。すでに青森駅と隣接する駅ビルはシャッターが下ろされ、帰る手段を失った人たちが多数群れている。タクシー待ちは長蛇の列だが1台もおらず、公衆電話も人だかりが増えていた。近隣のホテルを一応覗いてみるも、青森も海岸ということで、津波警報による避難命令が出て、無人になっていた。

夕闇が迫るにつれ、県内全域が停電しているため、車のライト以外の明かりがない闇が近づいていく。折悪しく雪が激しくなり、気温もどんどん下がっていく。先の見えない不安感が高まっていくのはこういうときだ。

「本日全線運転中止」という張り紙１枚でシャッターを下ろし、案内人１人立てないJRも利用者に対して冷たいな、という思いはあったが、非常時であり駅にも言い分はあっただろう。一方でバスは、青森市営バスとJRバス東北は大事をとって夕方以降運休としたが、弘南バス（五所川原・黒石など）と十和田観光電鉄（十和田市行）は、車庫へ戻るという意味もあるのだろうが、最終まで運行を続けた。真っ暗になった市内に「五所川原」という行先のLEDの輝きを見た人たちからどよめきが起きる。私のすぐそばでも「あんた五所川原なら帰れるさ」と友人に言われてバス停に走る女性。公共交通が動いていることの安心感は大きかった。

結局この日、私は青森駅近くで避難所となった市民ホールで一夜を明かした。ここは私のようによそから来て帰れなくなった人を含め、数百人規模の人であふれた。自家発電で電源を賄っているため灯火はあったが、発電用の燃料に限界があることから暖房はストップ、館内にNHKテレビの音声だけを流してくれていたので、刻々と被害の大きさがわかってくる。23時ごろから深夜にかけ、毛布、ペットボトルの水、パン、石油ストーブが順に届いた。突発的なことで少ない人数のまま、避難者のために徹夜で駆け回ってくれた市民ホールの青森市職員の方には本当に頭が下がった。

地震発生後状況確認ののち十和田市へ運行した十和田観光電鉄のバス（2011.3.11）

当日夜の青森駅隣接の「ぱるるプラザ」避難所　深夜にパンが配布された（2011.3.11）

翌日、早朝の時点でJRは動かない、東北自動車道も全面通行止めということがわかったため、私は被害が少ないと報じられた青森空港にタクシーで向かった。東京便は昼前の3便目から飛ぶことが決まり、空席待ちをしてさらに3便目で何とか乗ることができたので、12日のうちに自宅へ帰ることができた。

〈コラム〉あの日の新幹線はどうなったのか

上記の通り、比較的軽い被害で日常に戻った私だったが、その後も気になっていたことが一つある。それは、途中で止まってしまった新幹線の乗客がその後どうなったのかということである。

実は当日、私が所用を済ませて新青森駅に着いたとき、14時28分発の〈はやて30号〉には5分少々しかなかったので、慌ただしいから次の列車にしよう、と思って15時42分発の〈はやて32号〉の指定を買って待っていたときに地震に遭った。つまりもしあと5分早く券売機の前に立ったとしたら、七戸十和田〜八戸間でストップしてしまった〈はやて30号〉に乗っていたかもしれないのだ。避難所で聴いた青森での報道で、〈はやて30号〉の乗客がその晩は雪でもあり、外に出ると危険なので車内で一晩過ごしてもらったということはわかったが、私自身がそこにいたかもしれないと思うと気になるので注意していたのに、その後どうなったかという報道にはついに接しないままだった。

今回の震災は、あまりに大きな津波の被害とその後の原発事故の問題があり、報道の多くがそこに割かれるのはしかたのないことではあるが、途中でストップした新幹線も10数本に及ぶと見られ、おそらく1,000人以上が駅間で足止めを食ったはず。さらにビジネスのほか、時節柄旅行、大学受験、入社式などさまざまな用事で東北・北関東を訪れていて帰れなくなった人がかなりいたはずだが、それらの消息がほとんど伝えられなかった。後日テレビで被災地の人が「私たちの知りたい情報が伝わってこない」と言っていたが、そういう思いを私自身が当日抱いたし、同じ思いの人は結構多かったのではないだろうか。

あとになって東北の鉄道震災復興誌編集委員会による「よみがえれ！みちのくの鉄道」をお送りいただいて拝見し、初めて当日駅間に取り残された新幹線の乗客がどのように避難誘導されたかを知ることができた。〈はやて30号〉は六戸トンネル内で停車、乗客は310名だったようだ。19時25分に新幹線運行本部から、救済バスの手配がつかず、付近に避難できる場所がないため、救済を断念するとの報があり、当日は車中で過ごすこととなった。22時ごろ毛布、飲料水、弁当が配布され、12日午前1時に運行本部が救済バスの手配ができたことから12日朝から救済を開始すると伝えられた。12日7時15分から乗客の降車を開始、バス5台に乗って避難所の八戸西高校へと向かったという。

他にも新白河～八戸間の新幹線駅間で8列車が停車し、〈はやて30号〉を含めて約4,000人の乗客が取り残されたことがこの記録でわかった。駅間で列車がストップするというケースは、自宅や職場、人家の近い生活行動の中での被災に比べ、ある意味最もその後の避難対応が難しいと言えるかもしれない。

地震発生直後の新青森駅新幹線入口に掲出された表示（2011.3.11）

第3章　震災直後の緊急輸送

3-1 命の道～主要道路を復旧する

●東北地方整備局の「くしの歯作戦」

地震と津波によって、東北地方の沿岸部を中心とする道路網は大きな被害となり、橋の流失やがれきの集積によって随所で寸断され、沿岸部の地域を孤立させた。

地震発生直後、国土交通省東北地方整備局災害対策室には職員が集結し、すばやく各地の道路関係事務所・出張所と連絡をとり、被害状況の確認を行った。そして、まずは負傷者の命を救い、被災者に緊急物資を届けるルートを確保することを火急の使命として対策を検討した。そこで立案されたのが「くしの歯作戦」であった。「くしの歯作戦」とは、まず第1ステップとして内陸を縦貫する“縦軸ライン”（東北自動車道・国道4号）を確保する。第2ステップとして縦軸ラインから沿岸地域に通じる“横軸ライン”を確保するという、ちょうどくしのような形で基幹ルートを復旧する手はずであった。そしてその後第3ステップとして沿岸地域同士を結ぶ道路（国道6号・45号・三陸自動車道）をつなげ、幹線道路網を復旧させるのである。

「くしの歯作戦」のもと、東北地方整備局職員、各県の職員、陸上自衛隊、地元の建設会社などが一丸となり、道路上のがれきの除去、損壊部分の修復が進められた。“一刻も早く”との思いが、余震が続く中、作業員の心をつないだ。2日目には全国の地方整備局から災害対応のスペシャリストが集結し、緊急災害対策派遣隊（TEC-FORCE）が組織されて200名以上が被災現場に入り、被害状況を調査し、対策を立案した。

これらによって震災翌日の3月12日には国道4号と11ルートの横軸が、15日には15ルートの横軸が確保された。とりあえず救急車や警察、自衛隊などの緊急車両が通行可能となったのを受けて、医療チームが被災地に入ることができるようになり、支援物資の搬入も可能となった。

●高速自動車道の再開と制限解除

縦軸ラインの大動脈となる東北自動車道は、栃木県から宮城県にかけて、地震によるクラックやずれ、路面の波打ちなどが多数見られたが、橋梁や盛土に致命的な損傷がなかったことが幸いし、すぐに応急の復旧工事がなされた。そして3月16日にはまず緊急交通路として全線の通行を再開、3月22日には宇都宮IC～一ノ関IC間でトラックなど大型車の通行制限が解除された。そして3月24日には全線で一般車両通行止めが解除となった。震災の大きさに比較するとかなり早い復旧だったと言えるだろう。

3月22日に大型車の通行が可能となったのはほかに仙台北部道路、仙台南部道路、三陸道利府JCT～登米東和IC間、常磐道・仙台東部道路山元IC～仙台若林JCT間、磐越道いわきJCT～津川IC間など。八戸道、秋田道、国道398号などはすべての車両について制限解除となった。3月24日の段階で全面通行可能となったのは、東北道全線のほか山形道、磐越道、仙台北部道路、仙台南部道路、三陸道利府JCT～鳴瀬奥松島IC間などであった。三陸道の鳴瀬奥松島IC以北は路面の補修のため規制が続いたが、3月30日に規制解除となり、全線通行可能となった。同時に三陸道と仙台東部道路にまたがる仙台若林JCT～利府JCT間も上り線が規制解除された。一般道も内陸と沿岸を結ぶ国道106号、107号、343号、284号などがいずれも3月中にはほぼ規制のない状況に戻った。この結果、救援物資や燃料の輸送など、物流ルートが早くから確保されたほか、安否確認やボランティアなど人の往き来もしやすくなった。

クラックを補修した東北自動車道白河付近
スピーディーな復旧だった（2011.4）

段差を補修したところは50～80km/hの速度制限　東北道矢吹付近（2011.4）

クラックや路肩ののり面崩壊を補修した跡が残る東北自動車道須賀川付近（2011.4）

かなり波打っていた須賀川付近の補修区間
上り線（右）は路肩が復旧工事中（2011.4）

４月の段階ではまだ車線規制による復旧工
事が随所で行われていた（2011.4）

●三陸自動車道の効果

三陸自動車道は震災の時点で、有料区間の仙台港北 IC ～鳴瀬奥松島 IC 間と、無料区間の鳴瀬奥松島 IC ～登米東和 IC 間、霧立トンネル（気仙沼市）、通岡 IC（陸前高田市）～新三陸トンネル（大船渡市）間、釜石両石 IC ～釜石北 IC 間、山田南 IC ～山田 IC 間、宮古南 IC ～宮古中央 IC 間が開通しており、以北は三陸北道路（無料区間）として岩泉龍泉洞 IC（小本）～田野畑南 IC 間が開通していた。もともと国道 45 号より内陸の高台に、トンネルと橋梁を中心に構成される道路として開通してきた三陸道は、平常時は市街地へのアクセスのよい国道 45 号に比べて利用度が高かったとはいえない状況であった。

しかしこのロケーションが幸いして、震災後は大きな機能を果たした。宮城県内の鳴瀬奥松島 IC ～登米東和 IC 間を除くと比較的路面損傷などの被害が少なかったこともあり、震災後数日で岩手県内のほとんどの区間で通行が可能となった。国道 45 号は落橋などによって３月末時点で多賀城付近から大船渡までの間で 10 数ヵ所の通行止め区間が残っていたため、迂回路として三陸道は重要な役割を負うこととなった。国道 45 号を経路とする路線バスも大船渡地区、釜石・大槌地区などで、まず三陸道を迂回するルートで再開することとした。

三陸道が早期に通行可能となり　石巻市や
南三陸町方面の復興を後押し（2011.4）

現地で利用した大船渡タクシーのベテラン乗務員の１人が懐述する。「三陸道がなかったら、助かる命も助からなかったかもしれないし、その後の復興もうまくはいかなかっただろうね」

3-2 直後のバス輸送～まずは“命を救う”輸送の確保

被災地のバスにまず求められたのは、危険の去らない海岸部から内陸への避難、家を失った人、着の身着のままの人たちの避難、負傷者などの救護、そして福島県では原発警戒区域から圏外への避難といった、いわば“命を救う”輸送であった。これは震災後約1週間に集中して行われた輸送であった。しかし、県や市町村と連絡をとりながらの輸送であったものの、行政の指揮系統も不安定で、とても体系的な輸送ができる環境にはなかった。特にこの時期は通信手段がなく、情報が混乱、バス事業者においても営業所と本社でさえ連絡がとれない中、事実上は運行管理者や乗務員のその場の判断で動かざるを得ない状況であった。

●行政からの協力要請による避難輸送

3月11日当日から、バスの使命は避難輸送となった。当日夜、国土交通省から原発20km圏からの避難輸送の要請が、周辺各社に出された。

福島交通は、3月12日午前0時には出勤できる乗務員を待機させ、福島県からの避難輸送の要請に応えられる態勢を確保した。そして午前3時に出動要請があり、避難輸送を開始したが、この避難輸送のバス運行中に福島第1原発の水素爆発が発生、乗務員に被爆の可能性があるとして、すぐに病院でチェック、幸い全員陰性であることが確認されたものの、車両の一部がガイガーに反応したことから、除染が行われた。福島交通ではこの時点では乗務員本人の意思確認はせず、会社の責任として業務指示で避難輸送にあたらせた。国や県からの輸送「命令」であれば行政が法的に保証する責務を負うが、輸送「要請」だったため、民間会社としての判断は難しいところであった。非常にきわどい輸送であったが、乗務員の使命感に助けられた部分が大きかった。

新常磐交通も、原発事故に関連する地区の住民の避難輸送の要請を受け、貸切バスと高速バス車両を確保し、輸送に充当した。南相馬・相馬地区の要請に応えるため、国道6号が通れないことから、東北道を迂回して10数台のバスを向かわせたほか、その後の爆発事故再発を想定して、東北道阿武隈PAに車両を集中させてどのような動きもできるよう待機させた。

茨城交通は、原発区域に近い事業者であったことから、国土交通省の依頼にもとづき避難輸送にあたった。3月11日夕方に、国土交通省から「福島県の原発周辺の住民の避難のためのバスを出してほしい」という依頼があった。茨城県内も余震が続く中、運行の可否の判断は難しかったが、本社に隣接する茨大前営業所にそのときいた乗務員約20人は、本社からの打診に即座に「行きます」と応じた。茨城交通では経路上の状況がわからないためパトカーの先導を要請の上すぐに準備を行い、高速バス、貸切バス、路線バスをかき集めて20台を編成し、常磐自動車道の損壊箇所を避けつつ低速で福島県大熊町をめざした。12日朝には大熊町に到着し、住民約1,500人を田村市の避難所までピストン輸送した。この輸送については燃料の確保が大きな課題であったが、同じみちのりHD傘下の福島交通の協力により、同社営業所で給油を行った。翌13日にも双葉町の住民の避難バスの要請にもとづき、29台を向かわせたが、途中で放射能漏れにともなって道路が通行止めとなったことから、引き返しを余儀なくされている。

JRバス関東は国からの要請を受けて12日にいわき支店のバス5台を配備し、福島県楢葉町役場からいわき市内の草野中・中央台南小の2か所の避難所へ住民を輸送した。他に16台のバスを用意したが、結局使用はなかったという。

JRバス東北は福島県、岩手県からの要請にもとづき、南相馬市へ8台を向かわせ、1台が福島市の病院への患者輸送を行った（7台は待機）ほか、福島県から栃木県への避難者輸送、大槌町から盛岡市への避難者輸送に各2台を提供した。

●情報の混乱～福島県のケース

原発30km圏からの1次避難が行われた3月11日からの約1週間は、内陸の避難所などへの輸送を各社の貸切バスが担った。30km圏内から避難してきた住民は、まず除染会場に入り、ここでスクリーニングを受けたのちバスで内陸へ向かうという手順であったが、スクリーニングに時間がかかるため、除染会場での待機が数時間に及ぶこともあり、実質的には県から要請を受けた各社それぞれのオペレーションでは困難な状況であった。

12日以降、福島県からの協力要請にもとづいて、福島交通、新常磐交通など各バス事業者は指示された場所にバスを向かわせたのだが、情報が混乱していたため、指示された配車場所に避難者がいない、配車場所で長時間待たされる、当初の行先が急遽変更になる、避難者をどこへ連れて行けばよいのか、どこで受け入れてくれるのか、明確な情報が得られないといったケースも少なからずあったという。また、道路状況を把握しないまま輸送指示が出されたため、通行できずに配車場所に到達できない事態も発生した。携帯電話も通じないため、誰がどのような系統で指示を出しているのかも把握できない状況であった。

また避難者を乗せて出発したまではよかったが、受け入れ先では「聞いていない」と断られるケースや、病院から患者を避難先として指定された病院へ搬送したところ、病院側で受け入れを拒否される、医師の付き添いがなく重症患者の乗降を乗務員がすべて手助けするといったケースも散見された。逆に、要請にもとづいてバスを10数台やりくりして待機させたが、結局使用がなかったというケースも多々見られた。

4日目の3月14日には福島県に災害対策本部が設置され、避難指示が出されるが、やはり情報は混乱しており、原発警戒区域の扱いや、どこまでがどんな扱いになっているのかについてもなかなか正確な情報がつかめないまま、その場判断で対応せざるを得なかった部分がある。

そこで14日には、福島県バス協会が統括して貸切バスの配車を行う形に改め、福島交通が事務局を担うこととなった。すなわち、県災害対策本部から県バス協会（福島交通）に避難輸送の区間や台数について要請があり、それを受けて福島交通が自社を含む貸切バス各社にその輸送を割り振り、配車を行う形となった。

こうした中、福島県では震災直後の10日間で福島交通が延べ74台、新常磐交通が延べ86台、茨城交通が延べ54台のバスを出動させ、これに中小貸切専業事業者が加わって1万人近い住民の避難を助けたのである。

●右往左往しながらの現場対応～新常磐交通の場合

3月12日朝、新常磐交通北営業所（浪江）では、東京電力福島第一発電所から避難者を輸送する貸切バスの依頼を、直接来所した東電社員から受けた。同営業所は東電社員の通勤バスを主体に運行する営業所である。営業所は地震被害により事務所が使用できない状態となり、電話も通じない状況であったが、要請にもとづき営業所の判断で3台を運行した。

この東電避難輸送を終えた新常磐交通のY乗務員は、12日夕方自らが避難者として避難場所の小学校へ行ったところ、知り合いの浪江町消防団団長から、400人近い避難者の輸送を頼まれた。会社に連絡がとれない状況のため、いったんは断ったY氏であったが、こんな状態だからと強く頼まれ、同じ避難場所に同僚のS乗務員がいたこともあり、2人で相談し、北営業所へ戻ってバス2台を小学校へ回送した。そして12日夜から13日いっぱい、4ヵ所の避難者輸送を行い、さらに営業所へ戻れずに待機していた際に新たに浪江町役場職員から依頼された 100 人の避難者輸送も行った。あとで聞くと、役場職員は県から回してもらった避難用のバスと勘違いしていたのかもしれないという。

14 日未明、さらに 100 人を別の避難所へ移送する依頼があったが、これ以上の運行は体力的に無理と判断、たまたま携帯電話で所属長と連絡がとれたため、会社と役場で改めて相談してもらうこととして運行を終了し、北営業所は被災して閉鎖となったため、原町営業所にバスを回送した。

新常磐交通富岡営業所では、富岡町役場から、避難指示が出ていたものの、バスの手配がついていない様子だという情報を得て、新常磐交通で３台のバスが手配できる旨、富岡町役場に連絡した。役場では地震当日から同営業所に連絡を試みたが、電話が通じなかったということで、すぐに町内リフレ駐車場から川内村へ避難バスを依頼された。追って２台が追加でき、計５台が富岡町から川内・船引方面への 200 人を超える避難者輸送にあたった。このうち１台が途中で燃料が切れそうなため車庫に戻って車両を交換した。３台はその日のうちに富岡営業所に戻ろうとしたが、途中で東電１号機の爆発があって２台は富岡に戻ることはできなくなり、１台は四倉車庫まで戻ったところで燃料切れとなり、同車庫で仮眠して翌朝いわき中央営業所から燃料を届けてもらっていわき中央営業所へ向かった。またもう１台は出先の田村高校で夜を迎えて１泊、13 日には富岡も北も連絡がとれず、いわき中央営業所に連絡をとって状況を聞き、いわき中央営業所に入庫した。

●仙台市における緊急輸送

仙台市宮城野区、若林区では、津波による浸水にともない、多くの住民が孤立した。孤立した住民の救出にあたったのは、自衛隊のヘリコプターであった。救出された住民は、まず陸上自衛隊霞の目駐屯地にいったん下ろされ、そこから各学校を転用した避難所に移った。この霞の目駐屯地から各学校避難所への輸送は、仙台市営バスが市の依頼により行った。また、収容された遺体は利府グランティに設けられた遺体安置所に安置された。県内各地から 1,000 体以上の遺体がここに安置された。遺体の捜索や身元確認などのため、遺体安置所と各避難所の間をシャトルするバスが設定されたが、民間には頼みにくい仕事であったため、仙台市営バスが運行を担当、運休によって正規の仕事がなくなった観光循環バス「るーぷる仙台」の専属乗務員がこれにあたった。だが、当の乗務員にとっては悲壮感漂う精神的にもきつい仕事だったそうだ。

●岩手県の指揮系統

岩手県では内陸の旅館・ホテル等が一時的な住居として部屋を提供、その送迎などに貸切バスが大きな役割を果たした。貸切バスの調達・手配は当初から岩手県バス協会が窓口となって一元的に行い、行政との調整窓口ともなった。3月17日に岩手県災害対策本部より、岩手県バス協会に沿岸部地域の避難所に避難している被災者約5万人を、内陸の宿泊施設等の受け入れ施設に搬送する件について打診がなされた。岩手県バス協会では、岩手県交通・岩手県北自動車が中心となってこの要請に対応する態勢をつくり、3月26日に希望者460人を貸切バスで搬送した。

釜石市からの要請で緊急輸送対応のため待機する岩手県交通の貸切バス（2011.4）

●途中で止まった列車の乗客の救済輸送

バスが役割を果たさなければならない輸送の一つに、駅間で止まってしまった列車に残された乗客の救出がある。震災発生と同時に、東北新幹線は前述のように10本が駅間で停車し、運転再開ができなくなった。JR東日本では、仙台、盛岡の災害対策本部がバスの手配と避難先の確保を行った。しかしすぐにバスが手配できたケースばかりではない。また、貸切バスの輸送力は1台50人前後。確保できたバスの台数によっては新幹線の乗客を何回もピストン輸送しなければさばけない状況だった。

JRバス東北盛岡支店では、JR東日本盛岡支社からの依頼を受け、まず2台の貸切バスを捻出、当日夕方に矢幅付近で立ち往生した新幹線下り〈はやて59号〉の現場に向かわせた。乗客は98人だったため、2台で輸送可能であったが、道路事情から救済開始は21時過ぎとなり、23時ごろに盛岡駅西口の「アイーナ」と「マリオス」に避難させた。その少し南の紫波町付近で止まり、780人の乗客がいて救済バスの手配がつかなかった上り〈やまびこ28号〉は、当日の救済を断念し、車内で一晩を過ごしてもらった。そして翌朝、盛岡支店が9台の貸切バス・高速バス車両を手配して現場に向かわせ、7時20分ごろから救済を開始した。とはいえ9台のバスでも半数しか輸送できないため、バスはピストン輸送を行い、12日13時ごろに前記2ヵ所の避難所に送り届けた。

また、第四利府トンネル内で立ち往生した下り〈はやて61号〉の乗客の救済のため、JRバス東北仙台支店は11日17時半ごろに貸切バス２台を現地へ向かわせた。そして利府町内と仙台市内の避難所との間をピストン輸送した。三本木トンネル内で停車した〈やまびこ261号〉の乗客の救済は、地元大崎市のマイクロバスなどを手配し、11日深夜に避難所までピストン輸送を行った。

●新幹線の乗客を送り届ける輸送

途中でストップした新幹線の乗客は、とりあえず翌日までには近くの避難所へ避難したが、全員が旅行途中で目的地とはかけ離れた場所で足止めされたことになる。JR東日本ではそんな新幹線の乗客を送り届けるため、JRバス東北に当座の「代行バス」を依頼した。３月12日には〈はやて61号〉の乗客が避難した利府町内の避難所へ貸切バス４台を配車、くりこま高原駅へ１台、一ノ関・北上・花巻各駅へ３台向かわせた。また福島県内で立ち往生した〈やまびこ256号〉の乗客の救済のため、避難先に対応して福島駅から３台、金谷川駅、松川駅から各１台の貸切バスが大宮へ向かった。しかし国道４号は渋滞が激しく、大宮への到着は13日になったという。

翌13日にもJR東日本からの依頼により、JRバス東北は盛岡、八戸、仙台からの新幹線利用者救済バスを運行した。JR東日本からの依頼は大宮駅までということであったが、北東北から大宮では何時間かかるかわからない。同日、羽越本線が酒田まで再開したとの情報を得たJRバス東北では、盛岡駅から７台、八戸駅から八戸西高の避難所を経て２台のバスを酒田駅へ向かわせた。上越新幹線も再開しているため、酒田から新潟経由で首都圏にアクセスできるからだ。早いうちに日本海側に出て国道７号を南下するルートをとった結果、比較的スムーズに輸送ができたという。仙台駅からは８台が大宮駅へ、１台が郡山駅へ向かった。

JRバス東北の新幹線救済・代行輸送

月日	運行区間	台数	輸送人員	
3／11	矢巾→盛岡駅 利府→町内避難所	2台 2台	106人	救済 救済
3／12	紫波町→盛岡駅 利府町内避難所→一ノ関・北上方面 福島・金谷川・松川→大宮駅	9台 3台 5台	665人 121人 261人	救済 代行 代行
3／13	盛岡駅→酒田駅 八戸駅・八戸西高→酒田駅 仙台市内避難所→大宮駅 仙台市内避難所→郡山駅	7台 2台 8台 1台	309人 89人 360人 42人	代行 代行 代行 代行

ジェイアールバス東北㈱資料による

●人命を助け復旧の足掛かりを支援する輸送

避難輸送と並行してすぐにもバスに求められたのは、負傷した被災者や病人の救護・診察に現地入りする医師や看護師の送迎であった。福島・宮城・岩手県内の貸切バスは、要請にもとづき、日本赤十字各県支部の医療チームを被災地へと輸送した。

また、医療チームやさまざまなインフラの復旧スタッフは、東北地方だけでは不足するため、首都圏や日本海側の各県からも応援体制が組まれ、現地の貸切バスが救援・応援スタッフの輸送にあたった。東北自動車道の大型車通行が可能になると、首都圏から救援バスが多数東北へ向かっている。日本水道協会の復旧支援者、NTT東日本の電話復旧スタッフを被災地へ送る輸送、被害状況を確認するための保険会社の輸送などにもすぐに対応している。また東京電力は、福島第1原発の事故処理とその後の対応に向けて、多くの社員を現地へ送り込んだほか、避難輸送も行った。当初は最も短時間でアクセスできるルートとして新幹線が再

新幹線の走る那須塩原駅で東電復旧作業員を迎える郡山中央交通貸切バス（2011.3）

横浜市交通局は災害派遣の緊急輸送にノンステップバスを投入（2011.4）

開している那須塩原からのシャトルが選ばれ、貸切バスによるピストン輸送が行われた。

緊急医療支援として医療関係者を被災地に送迎する京王自動車の貸切バス（2011.4）

NTTの復旧作業にかかる関係者を首都圏から仙台へ送迎する東都観光バス（2011.4）

企業のチャーターにより支援人材送迎で仙台市内を走る神奈中観光（2011.4）

岩手の復興支援の拠点になった遠野市から沿岸に輸送する早池峰バス（2011.4）

●重い問題を突き付けられた原発周辺地域

福島交通は、３月 12 日に福島原発１号機の水素爆発が起きた時点で相馬営業所を閉鎖し、従業員とその家族を福島市の本社敷地内に避難させた。さらに 20km 圏の立入禁止区域と 30km 圏の立入制限区域が指定された時点で、南相馬市へ乗り入れる路線を運休とした。30km 圏は「避難すべきエリア」との認識による措置であった。しかしこのエリアに残った人がおり、その人たちの生活基盤としての交通手段はなくなることとなった。

実はこの地域には別の貸切専業事業者のはらまち旅行（現東北アクセス）があり、同社は安全性が確認できる限りは現地で営業を続けるという考え方を採った。のちの JR 常磐線の代行バスも相馬～原ノ町間についてははらまち旅行が担当することになるのだが、地元自治体からは路線バスを運休する福島交通に対し、「福交が走らないなら別の会社に走ってもらう」というような意向も当時伝えられたという。

しかし福島交通の考え方は明確であった。正確な情報が乏しい中、人命の保証ができない限り民間で楽観的な判断はできない。したがって従業員の命を最優先し、「乗務員の家族に対してきちんと説明できるかどうか」を判断基準とした。それが 30km 圏については屋内退避とされている以上、同圏内には入らないという判断だったわけである。

決してはらまち旅行が従業員の命を軽視していたわけではないし、福島交通が地域に冷たかったわけではない。どちらの考え方が正しいとは決めつけられないところであり、このような場合の判断の難しさを象徴する出来事と言える。

3-3 当座の生活輸送の確保

「命を救う」輸送が一段落した次の約 1 週間は、マイカーを流されて移動手段をもたない人、現金も持たずに避難した人たちの物資入手、役所などの手続きといった生活の足を確保するための輸送であった。対応の早かった自治体では、3 月 15 ～ 16 日に生活基盤の確保を打ち出し、バスの運行を事業者に依頼した。また三陸鉄道は被害が軽微だった区間にいち早く列車を走らせ、復興への足掛かりをつくった。

●とにかく列車を走らせよう～頑張った三陸鉄道

三陸鉄道では、3 月 13 日早朝に津波警報が解除されるとともに、望月正彦社長以下全員が分担して現地確認に向かった。15 日までに線路などの被害状況を確認、北リアス線については、目視により島越駅周辺と陸中野田～野田玉川間の被害が甚大で、田老駅周辺にがれきが山積している状況が見て取れたが、被害が軽微な区間も多かった。そこで、まずは比較的被害の少なかった区間で運転を再開する決断をし、被害が大きそうな区間の状況確認を後回しにして、復旧できそうな区間の修復に力を注いだ。

緊急の復旧工事ののち、まず震災 5 日後の 3 月 16 日、北リアス線陸中野田～久慈間で 1 日 3 往復を「復興支援列車」として無料で運転再開した。まだこの時点では一部の社員の安否確認がとれておらず（その後社員は全員無事を確認）、燃料の確保も完全ではなかったが、交通インフラの確保が復興につながるとの思いが、望月社長にも社員にも強くあったことが原動力になったと思われる。また、沿線はがれきによって道路が寸断されており、不通となった線路は人の往来に利用されていた。線路を伝って家族や知人の元へ駆けつけたという人も多かった。それだけ線路に沿ったルートの移動ニーズがあったということでもあった。このため、安全を確保すべく線路近くに人が歩ける通路を確保し、運転再開前には線路に立ち入らないよう、案内誘導を行った。

20 日には北リアス線宮古～田老間でやはり 1 日 3 往復、無料での運転が再開された。北リアス線の車両基地は久慈にあり、1 両が宮古に来ているところで地震に遭い、その取り残された 1 両を使用しての運転であった。補修による再開だったことから安全確保と燃料の節約のため 25km/h の徐行運転となり、通常 20 分程度の同区間を約 40 分かけて運行することとなった

両区間とも信号ケーブルの被災により、手信号による代用閉塞での運転となった。これは「指導通信式」といわれ、専用電話で両端の駅に配置された係員が閉塞確認の連絡を取り合い、キャリアに入った指導票と指導者腕章が駅から運転士に渡される。これを受け取った運転士が手旗信号にもとづいて列車を運転し、終点でキャリアを駅係員に手渡す。その後両駅で電話確認を行い、閉塞を解除する仕組みである。また停電で踏切が作動していなかったため、社員が総出で踏切に立ち、安全確認を行った。その後田老～小本間の路盤修復やがれき撤去などが進められ、28 日には試運転にこぎつけた。そして 29 日には運転区間を宮古～小本間とし、3 往復の無料運転が始められた。徐行運転が続けられ、宮古～小本間の所要時間は 1 時間 15 分であった。

なお、三陸鉄道が無料運転を始めたの

三陸鉄道はいち早く復旧可能な区間で「復興支援列車」を無料運転した（2011.4）

「復興支援列車」の文字をウインドに掲げて宮古～小本間を１両で運転する（2011.4）

信号が未復旧のため手信号による指導通信式で手旗信号を掲げる社員（2011.4）

を受けて、3月24日から普代〜陸中野田間で普代村による臨時バスの運行が開始された。当面無料運行で、陸中野田駅で臨時列車と接続するダイヤとなった。

東北運輸局では、甚大な被害を受けた三陸鉄道に対し、通常であれば4月中旬に支払予定であった国庫補助金を、前倒しで3月30日に支給することとした。

●順次地域の足としての形を取り戻して

三陸鉄道の当初の無料運転は3月いっぱいで終了し、4月からは通常より割安の特設運賃による有料運転に切り替えられた。同時に陸中野田〜久慈間は5往復に増便となっている。自治体発行の罹災証明書提示者は引き続き無料とした。4月11日には運転速度を45km/hに引き上げてダイヤ改正を実施、陸中野田〜久慈間を6往復に、宮古〜小本間を4往復に増発した。

地域の生活が落ち着くにつれ、宮古〜小本間では通学生などの利用が集中、1両では定員を大幅に上回る状況となった。また1両のみでは整備・点検にも難がある。このため5月27日と28日の2回にわたり、久慈の車両基地から1両ずつ2両の車両をトレーラーで宮古に陸送し、朝夕の列車を2両編成で運転できる態勢を整えた。

●岩手県沿岸部の路線バス再開

岩手県北自動車は、国道45号が救援車両などの通行のためとりあえずがれきなどが除去されて通れるようになったのを受けて、いち早く3月18日に宮古から山田（船越）までの路線を、便数を絞って運行再開した。通常の運賃額は最高810円であったが、上限500円の運賃を設定、3月31日までこの運賃での運行とした。

また3月20日に、山田町と大槌町を結ぶ無料バスを貸切用のマイクロバスを使って3往復運行開始した。JR山田線が壊滅状態となり、道路も寸断されて岩手県交通の釜石〜大槌間の復旧見込みがない中で、大槌町が孤立状態にあることから、その救済策であった。当初は25日までの予定であったが、31日までの延長を決めた。また大槌町は大槌地域振興の町民バス車両を利用して、大槌〜釜石病院間に3月27日から31日までの5日間、無料バスを走らせた。

釜石市では、市からの依頼により、3月15日と16日に岩手県交通が市内9コースの無料巡回バスを運行開始した。走れる道路が限られていたので、とりあえず動ける範囲での対応であった。その後3月27日に、釜石駅西側（スーパーマイヤ前）の教育センター前を起終点に設定し、上大畑・大橋、中村、上平田・佐須・唐丹、小川、旧釜石一中への無料バス網を形成した。

大船渡市でも４月４日から市内６コースの無料巡回バスを岩手県交通が運行開始した。寸断されていた道路がようやく復旧し、バスが通行できる道路がつながったことによるもので、被災状況に応じて学校、病院、商店などを結べるルートを新たに構築した。バス停の位置もはっきりしない被害の大きい区間はフリー乗降としている。

大槌町と陸前高田市では総合病院が津波により流失し、それぞれ内陸にあって被害のなかった釜石市、大船渡市の病院が頼りであったため、これら無料バスを延長する形で、４月５日から釜石と大槌町内を結ぶバスを無料運行開始、４月22日には大船渡病院と陸前高田地区を結ぶ無料バスが追加された。当初平日のみの運行だったが、５月３日から毎日運行となった。４月26日には鳴石団地前を起点とした広田・気仙・的場・合場４路線の陸前高田市内無料バスがスタートした。陸前高田と住田町の間は、４月22日に有料で再開された。また、大船渡（盛）から陸前高田、摺沢を経て一ノ関までの有料臨時特急バスが設定された。

釜石市・大船渡市・陸前高田市のケースはいずれも、各自治体が負担をして岩手県交通のバスを貸し切る形であったが、大槌町については当時、役場を含む市街地が完全流失し、町長が亡くなるという状況の中、役場が機能できない状況にあったため、大槌町の運行分については岩手県が補助する形をとった。

岩手県ではこうした緊急避難的なバス運行を含む当面の予算を2011年６月まで確保した。ただここに一つ懸念材料があった。岩手県北自動車の宮古～船越間は路線バスの復旧であるから、有料運行であった。一方、岩手県交通が運行する大槌町以南のバスは自治体補助による無料運行であった。はたして無料運行の大槌町～釜石市のバスに県が補助をすることに、山田町以北のコンセンサスが得られるのかということが心配されたが、特にこの点に関する疑義はなかった。むしろ著者が山田町内で耳にした会話は「路線バスが戻ってきてくれたことがうれしい」というものが多かった。

2011年８月１日から、釜石・大船渡・陸前高田市内で運行されていた無料バスのうち市域をまたぐ釜石～道の駅やまだ間、大船渡病院～陸前高田間は通常運賃に戻され、それぞれ山田線、大船渡線の振替対象となった。

道路のがれきが除去されたのを受け岩手県北自動車が宮古～船越間を再開（2011.4）

釜石市では路線バスは全面運休し市の依頼で無料バスを岩手県交通が運行（2011.4）

釜石市内無料バスは災害対策本部などが置かれた教育センター発着で運行（2011.4）

県の補助により釜石市無料バスが大槌町まで延長　当初一部三陸道を通行（2011.4）

通常経路がとれない大槌町では終点も唯一目印となる「トイレ前」に設定（2011.4）

釜石市中心部のアーケード街　一部ががんばって営業する以外は休業中（2011.6）

●宮城県沿岸部の路線バス再開

気仙沼市で避難所生活を送る人たちが、医療機関への通院などに使える交通手段を確保するため、気仙沼市からの依頼によってミヤコーバスは3月22日、同市総合体育館～一本杉間の「市内病院巡回バス」を運行開始した。月曜～金曜に9時台と14時台の1日2往復、無料で運行するもので、避難所の総合体育館前から途中市立病院、保健所、民間医療施設など6ヵ所を経由し、国道45号気仙沼バイパスを通って一本杉を結ぶルートをとり、ミヤコーバスは無事だった車両をやりくりし、乗務員を工面して運行にあたった。ただ、この時点ではミヤコーバス気仙沼営業所では本社（仙台市）との連絡が十分にとれる状態ではなく、営業所判断で気仙沼市との間で契約を行ったため、のちにあらためて正式な契約を交わし直している。

●茨城交通の上限 200 円運賃

茨城交通は３月 15 日から、一般路線バス全線において、運賃を 200 円上限とする措置を行った。これは物を持たずに避難している被災者への配慮とともに、ガソリン不足でマイカーが使いにくくなっている中、バスへ乗り換える利用者に配慮したものである。燃料事情に先が見えるようになってきた３月 22 日までの１週間実施された。

茨城交通は震災後１週間の間被災者に配慮して上限 200 円運賃を実施（2011.3）

3-4 第三の段階のバス輸送〜被災地と拠点都市を結ぶ

直後の避難輸送が一段落すると、次の段階は被災地と主要都市を結ぶルートを確保して、被災地から遠方に避難し、あるいは出先で被災して帰る人、安否確認や物資を持って被災地に向かう人の移動を賄う輸送が求められた。宮城県ではいかに各地と仙台市を結ぶか、福島県と岩手県では沿岸部と内陸の都市をいかに結ぶかが課題となった。これに沿って現地の乗合バス各社はまず県内の基幹路線の整備を進め、警察と土木の協力によって早くも３月 16 日には国道 106 号が通行可能となったのを受けて岩手県北自動車の宮古〜盛岡間「106 急行」バスが運行を再開、３月中には気仙沼、石巻などと仙台、釜石、大船渡、陸前高田などと盛岡、相馬と福島を結ぶ臨時路線が運行を開始している。

●宮古〜盛岡間「106 急行」バスの再開

震災後、激甚被災地と内陸の中核都市を最初に結んだのが、岩手県北自動車の宮古〜盛岡間「106 急行」バスであった。震災からわずか５日後の３月 16 日のことであった。国道 106 号は幸い土砂崩壊や路面陥没などの被害がわずかであったため、復旧が急がれた。通行が可能となるのに合わせてバスの運行が再開できるよう、岩手県北自動車と岩手県は国道事務所や警察に掛け合い、スピード復旧にこぎつけた。宮古発の第 1 便には避難や来訪者の帰宅の列が、盛岡発の第 1 便には親族の救護に向かう若者の列ができ、バスが復旧したことの重みが伝わる光景だったという。このときは 3 往復で、宮古駅前～盛岡駅前間ノンストップの直行便であった。

岩手県北自動車「106 急行」のいち早い再開は沿岸部に活力をもたらした（2011.4）

翌 3 月 17 日に途中バス停にも停車する通常便に復帰するとともに 5 往復に増便、3 月 26 日には 8 往復から 9 往復に、4 月 4 日には 12 往復に増便された。

●沿岸部と仙台を結ぶ

ミヤコーバスは 3 月 18 日、気仙沼と仙台を結ぶ高速バスの運行を開始した。震災後初の被災地と仙台を直結するバスの再開に、離れて暮らす家族の安否確認や、自宅に戻る被災者らが乗り込んだ。当面は 1 日 1 往復、混乱を避けるため、気仙沼市総合体育館前に設置した臨時ターミナルと宮城県庁前の 2 点間輸送とした。この臨時バス運行によってようやく往き来ができるようになったことが知られ、3 月 20 日ごろには両乗り場に 100 人を超える利用者が列をつくり、台数を出してさばくこととなった。この路線は本来ミヤコーバスの路線だが、ミヤコーバスは従業員や家族の被災も多く、対応しきれない部分もあるため、親会社の宮城交通がサポートで一部を運行した。運行ルートは国道 284 号、一関 IC ～仙台宮城 IC 間東北道で、所要約 2 時間 45 分、運賃は片道 1,800 円に設定された。4 月 4 日に同臨時路線は 6 往復に増便された。

また 3 月 19 日からは仙台と石巻を結ぶ臨時高速バスも運行を開始した。こちらもミヤコーバスの運行を一部宮城交通がサポートする形で、仙台駅前（さくら野前）と石巻市の大橋臨時発着場の間の 2 点間輸送とした。大橋臨時駐車場は石巻消防署に隣接する広場で、救援・復興支援の自衛隊もここに基地を置いた。ミヤコーバスでは中型バス 1 台をここに据え、運行管理を行った。仙台～石巻間臨時高速バスは当初 1 日 4 往復、運賃は片道 800 円に設定された。3 月 26 日には仙台駅前（さくら野前）と矢本（東松島市コミュニティセンター向かい）の 2 点間輸送で、仙台～矢本間臨時高速バス２往復がミヤコーバスにより運行開始した。運賃は700円。28日には仙台～石巻間は8往復に増便となった。４月１日に石巻線は需要に対応して大幅増便され、22往復となった。

初めて沿岸と仙台を直結した気仙沼～県庁市役所前間宮城交通直行バス（2011.4）

三陸道経由で石巻と仙台を直結したミヤコーバス　一部を宮城交通が運行（2011.4）

宮城交通の石巻～仙台間直行バス　唯一の両都市間交通とあって全便満席（2011.4）

石巻の大橋臨時駐車場ではミヤコーバスが中型バスを１台置いて運行管理（2011.4）

さまざまな目的の乗客を満載して仙台と石巻を往復し続けたミヤコーバス（2011.4）

●岩手県沿岸部と内陸を結ぶ

宮古～盛岡間「106急行」バスに続いて、岩手県北自動車は３月17日から久慈～盛岡間高速バス〈久慈こはく号〉を再開した。また22日には大野・軽米～盛岡間高速バスを再開した。JRバス東北は３月21日に盛岡～岩泉間急行バスを２往復で再開した。続く22日には久慈～盛岡間特急バス〈白樺号〉を５往復で運行再開した。久慈～盛岡間については先に葛巻～盛岡間で暫定再開していたものを、その先の道路が通れるようになったことで延長したものであった。

岩手県交通は、3月18日に盛岡駅前～釜石駅前間臨時バスを盛岡発のみ2便運行し、翌19日からは2往復の運行とした。途中は大迫、遠野駅前、釜石営業所のみの停車とした。4月28日に大槌町中央公民館まで延長され、上大畑バス停を追加するとともに、盛岡～釜石間の運賃を2,300円から2,000円に値下げしている。

3月19日には盛岡駅前～大船渡病院間臨時バスを盛岡から往復する形の1往復の2点間輸送で運行開始した。4月4日には盛岡～大船渡間を4往復に増便、途中バス停も日赤前、大迫、宮守総合支所、世田米駅前の4ヵ所を開放した。さらに4月13日には米田交差点（休憩）、川口、サンリアSCを追加した。

また3月20日には定期路線の一関～気仙沼間で急行バス2往復の運行を再開した。24日には一関～気仙沼間急行バスは4往復に増便され、他に千厩～気仙沼間普通便が1往復新設された。

3月21日に岩手県交通は、平時は直通便のない盛岡～陸前高田間を、臨時路線の扱いで盛岡から往復する形の1日1往復、2点間輸送で運行開始した。陸前高田は市街地がすべて津波被害を受けたため、高台にある高田ドライビングスクールが教習コースの一角をバスの発着と待機場所として提供してくれたため、ここを当面のバスターミナルとした。

3月22日には岩手県交通が室根・千厩・水沢～盛岡間急行バス2往復を再開、この路線については、気仙沼市からの要望に応えて4月8日から気仙沼へ延長、気仙沼駅前～盛岡バスセンター間で運行した。

北上市は3月22日から、釜石地区の被災地へ安否確認に向かう人々や、被災地から北上へ生活物資などの購入のために訪れる人たちを支援するため、定期バスのない北上～釜石間を結ぶ無料バスを設定した。バスは北上市が岩手県交通に委託、北上市役所東側バス停と釜石シープラザ（駅前）の間を国道107～283号経由で1日2往復を設定し、定員48人で電話予約制とし、往復利用を原則とした。燃料不足もあって被災地への交通がままならない状況の中、救済の一助になればと、北上市が独自で市の財政から補助した施策であった。26日までの毎日運行、状況によって延長するとしていたが、25日からはJR東日本が釜石線代替バスを花巻～釜石間で運行したため、26日で終了した。

4月22日に岩手県交通は陸前高田市の利便性を確保するため、国道343号経由の一関～陸前高田～大船渡間臨時バスを2往復運行開始した。過去に定期運行していたルートで、市街地が被災した陸前高田市内は陸前高田ドライビングスクール入口、サンビレッジ高田の２ヵ所にバス停が設けられた。

なお、盛岡～陸前高田間などの臨時路線には、通常の特急車両（乗合仕様）が充当できないケースもあり、貸切車両が運用された便も多かった。貸切車両には運賃箱などの機器がないため、岩手県交通では一般の観光貸切のキャンセル等によって仕事がなくなっていたガイドを乗務させ、案内と運賃収受にあたらせた。

岩手県北自動車は久慈～盛岡間高速バスを震災１週間後に再開した（2011.4）

岩手県交通は沿岸各都市に向けて盛岡駅前から直行臨時バスを設定した（2011.4）

岩手県交通が臨時の２点間輸送で運行した盛岡～釜石間直行バス　支援やボランティアなど盛岡側からも多くの利用があった（2011.4）

市街地が被災した大槌からも岩手県交通が盛岡を結ぶ直行臨時バスを運行 (2011.6)

盛岡～千厩・室根間高速バスは地域からの要望により気仙沼まで延長（2011.6）

高田ドライビングスクールが盛岡直行臨時バスの発着・待機場所を提供（2011.6）

盛岡～陸前高田間臨時バス　観光の仕事がないためガイドが車掌で乗務（2011.6）

陸前高田で市街地から高台に経路変更した一関～大船渡間臨時バス（2011.6）

通常ルートが未開通のため国道 343 号経由で運行された一関～大船渡間（2011.6）

通常運行できず貼り紙と書き込みで告知する岩手県交通気仙沼駅前バス停（2011.6）

臨時の特急バスをカバーするため千厩～気仙沼間に設定された臨時便（2011.6）

●福島県沿岸部と中通りを結ぶ

福島県の沿岸被災地は東電福島第一原発事故にともなう立入禁止区域を挟んで南北に分断されていた。南側のいわき市を中心とした地区は、3 月 20 日までにいわき～郡山間の高速バスが運行を再開、3 月 18 日に再開した常磐道高速バスによって東京との間も結ばれていたが、問題は北側の相馬・南相馬地区であった。

道路の復旧によって３月24日に福島交通が、相馬～福島間に臨時バスを運行開始した。これが相双地区と中通りを直結した最初の交通機関であった。同路線は３月27日に新地町役場まで延長されている。

福島交通は沿岸部の交通確保のため福島と相馬・新地を結ぶ臨時バスを設定（2011.4）

５月16日には相馬～新地間を廃止して南相馬（原町）へ延長、南相馬・相馬～福島間臨時バスとして６往復に増便された。同路線は2012年８月１日に４条許可による乗合路線となった。

3-5 広域避難を支えた全国の貸切バス

●１次避難から２次避難へ

福島県では東京電力福島第一原発事故にともない、周辺地域の多くの住民が避難を余儀なくされ、その数は数万人に及んだ。いったんは内陸部の避難所などへ避難した被災者は、関東・中部地方などの施設の受け入れ態勢が整えられるとともに、「２次避難」を余儀なくされた。３月24日に観光庁は、災害救助法の制度を活用した県境を超えた被災者の旅館・ホテル等への受け入れ支援を都道府県に通知し、要請した。

「２次避難」は仮設住宅が完成するまでの“つなぎ”的措置で、旅館やホテル、公営住宅、公務員宿舎などが提供された。提供する各都道府県が１泊原則5,000円以内で立替え、国が負担するもの。避難先の受け入れ期限は１ヵ月から６ヵ月程度でそれほど長期ではなく、先の見えない不安を抱えたままの避難であった。こうして「２次避難」をした福島県からの避難者数は約４万人。福島県内での受け入れもあり、大熊町は3,000人余が会津若松市へ集団避難した。南相馬市から集団避難した新潟県では7,800人余を受け入れた。これらの避難輸送は提供

二次避難で原発周辺地域から関東地方への避難者を輸送する貸切バス（2011.3）

する各都道府県側で手配された貸切バスが迎えに行くパターンが多く、心は故郷に残したまま広域避難が行われた。

●埼玉県への大規模な広域避難

福島県外への広域避難で最も規模が大きかったのは、半径10km圏内で警戒区域に設定され、約7,000人の町民全員が避難対象となった双葉町民が集団避難した埼玉県加須市であった。双葉町民は震災直後にまず福島県川俣町に1次避難した。しかし相次ぐ爆発事故により、3月19日、双葉町民1,400人強が一時的な避難所として提供されたさいたまスーパーアリーナに集団で2次避難した。埼玉県バス協会では、広域避難者輸送に向けて貸切バスを手配、川俣町に向かわせた。

さいたまスーパーアリーナは短期間の避難所としての位置づけだったため、その後の受け皿として2008年の学校統廃合で空き校舎となっていた加須市の旧騎西高校が提供された。そして3月末に約1,400人がそのまま旧騎西高校を避難所として移動、双葉町の役場機能もここに移転した。このときも埼玉県バス協会が手配した貸切バスでの移動が行われた。

ちなみに旧騎西高校は、埼玉県内の借り上げ住宅や自分で手配した住居に避難者が移ったことにより、2011年4月に1,423人いた避難者は1年後の2012年4月には約480人、2年後の2013年4月には約130人と減少していくが、“最後に残った避難所”として2013年末まで使用された。双葉町役場は2013年6月にいわき市に仮庁舎を建て、そちらに移転している。なお、2015年当初の段階でも、双葉町民の約半数に上る3,000人強が福島県外に居住している。

双葉町民の避難輸送を含め、埼玉県バス協会では延べ数百台に及ぶ貸切バスを手配し、運行した。

二次避難では関東圏の貸切バスも相当数動員された貸切バスと東京ヤサカ観光バス（2011.4）

避難者を迎えに行くフジエクスプレスの

●各地への広域避難

山梨県北杜市では、清里の財団法人キープ協会が宿泊施設を提供し、未就学児とその家族の避難を受け入れることとした。山梨交通に避難者輸送について協力を依頼、「輸送という面で被災者の役に立ちたかった」という同社が貸切バスを無償提供し、3月21日に郡山市の避難所へ回送、同所から清里まで避難者を輸送した。

群馬県片品村では、3月15日に早くも村内の宿泊施設で避難者を受け入れることを表明した。すぐに群馬県内の貸切バスが手配され、福島県南相馬市を中心に、1,000人余に上る避難者が片品村の35の施設に避難した。草津町ではスキー場のレストハウスが提供され、3月25日にやはり南相馬市からの避難者を受け入れた。南相馬市の鹿島中学校に集合した140人余が5台の貸切バスに分乗、東北道、北関東道などを通って草津へ向かった。

●当初の行政支援輸送

3月15日ごろから全国の支援が始まった。この段階では主として都道府県や市町村による行政職員の派遣や、消防、医療などの支援のための輸送が中心であった。特に阪神・淡路大震災を経験した神戸市や西宮市など兵庫県の自治体からは、数多くの職員が仙台市や沿岸市町村に派遣され、神姫バス、阪急観光バス、日本交通などが数多くの貸切バスを仕立てて東北へ往復した。また広島県からも行政職員と物資を積んだ貸切バスが福島県、宮城県へ送られた。

広域の支援輸送で兵庫県西宮市消防協力隊を宮城県に派遣する阪急観光バス（2011.4）

災害派遣輸送のステッカーを貼付した桜交通の貸切バス（2011.4）

神戸市職員が日本交通の貸切バスで仙台市支援のため派遣された（2011.4）

3-6 被災した中での事業再開

●岩手県交通大船渡営業所

大船渡湾の近くに位置していた岩手県交通大船渡営業所では、津波によって事務所は跡形もなく流失、工場の有蓋車庫だけがかろうじてその姿を留めている状況であった。当初は避難先の立根操車場をベースに、とりあえず浴場送迎バスなどを運行したが、3 月 20 日前後になると、幹線道路が通行可能となり、乗合バス、貸切バスの要請も増えてきた。当日バスを避難させた立根は何の設備もない操車場のため、営業拠点が必要であったが、元の営業所にはがれきが散乱し、バスを留置できる状況にはない。どこか仮設の営業所として借りられる場所はないかと探したが、広い場所は自衛隊などの救援基地に提供されており、場所の確保ができなかった。そこで大船渡市が元の営業所のがれき撤去を優先的に進めてくれたため、ようやく 4 月 1 日から営業所での営業を再開したのである。

とはいえ、大船渡営業所は工場地帯にあったため、周囲に居住者はもともとなく、電気や水道、電話の復旧もされていない。事務所の建物は使えなくなっていたため、とりあえず廃車のバス 3 台を残った有蓋車庫の中に 2 台と外に 1 台置き、外の 1 台を仮事務所、中の 2 台を乗務員の休憩所として使用することとした。

電話線が復旧しないため、6 月に至っても廃車バスの仮設営業所で携帯電話により連絡をとる営業が続いた。工場の機能も失われたため、車検や重整備の際は釜石または胆江の工場に依頼した。電源を確保するための発電機は、乗務員が個人持ちのものを持ってきた。さまざまな事務用品やコンロなども乗務員たちが持ち寄ったもので賄った。営業所の周囲には食事をとれる場所もなく、米や味噌などを持ち寄る乗務員もいた。みんなで助け合ってバスの運行を続けたのである。

５月末頃、立根へ向かう途中の国道45号沿いに、大船渡市のあっせんで使

廃車バス２台を事務所と乗務員休憩所に置いた岩手県交通大船渡営業所（2011.6）

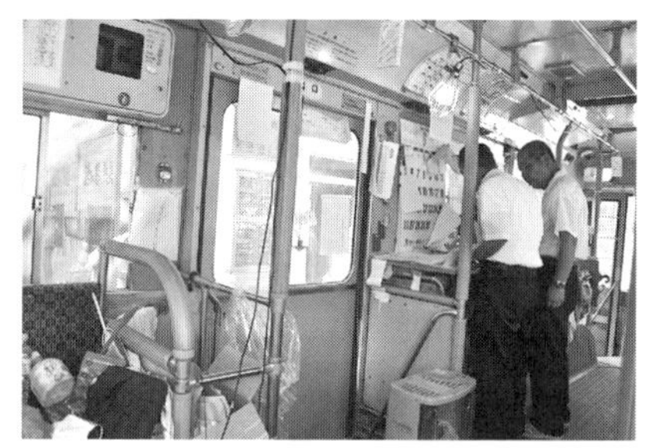

建物が使えずバス車内の事務所で仕事の確認や点呼を行う（2011.6）

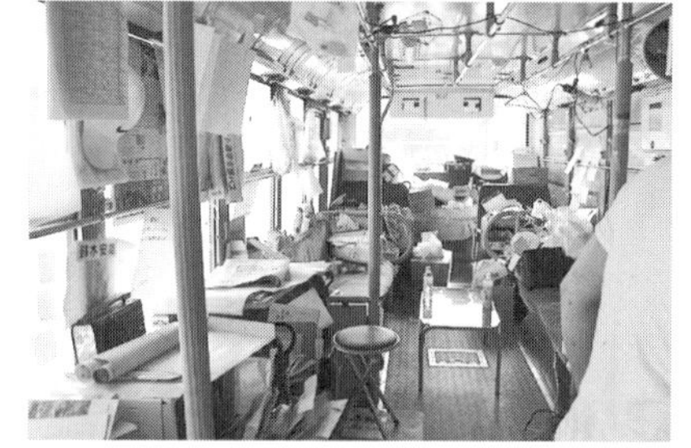

バスの後部を営業所事務所として使用連絡はすべて携帯電話（2011.6）

水道が使用不能のためバスの洗車もすべて手作業でモップで拭く程度（2011.6）

工場の建物で何とか直射日光を避け　水タンクも発電機も個人の持ち寄り（2011.6）

大船渡市の助力により確保された新たな土地に仮営業所の工事が開始（2011.6）

新たな仮営業所は高台の国道沿い　とりあえず落ち着いた業務が戻った（2012.8）

用できる土地が確保できたため、整地の上、9月に仮営業所として機能をそちらに移転した。

●ミヤコーバス石巻営業所

石巻営業所は床上浸水によって電子機器や書類が水没、水が引いてもヘドロを除去して営業所として使用できるようにするまでに10日程度かかった。その間、バスを避難させた石巻霊園の駐車場にバスを留め置き、社有車を仮事務所として運行管理を行った。また営業所の地下燃料タンクが使用不能となったことから、5月末まで他の営業所や市内のスタンドとの契約により給油を行った。

水が引いた後再開したミヤコーバス石巻営業所だが洗車や給油はできず（2011.4）

●ミヤコーバス古川営業所

古川営業所は事務所の建物が地震によって一部崩落があったため、行政による建物診断で危険と判断され、立入禁止となった。このためとりあえず中型路線バス1台を仮事務所として仕立て、約1ヵ月間、バスの中で業務を行った。その後プレハブの仮事務所が建てられてそこに移った。

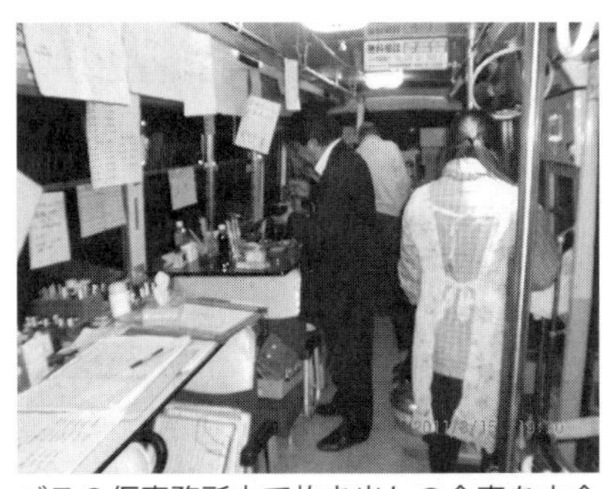
バスの仮事務所内で炊き出しの食事を立食する乗務員（2011.3）提供＝宮城交通㈱

●市の美術館駐車場の提供を受けたミヤコーバス気仙沼営業所

地盤沈下、津波、火災の三重の被害によって使用不能となった気仙沼営業所では、気仙沼市から震災で休館となった「リアス・アーク美術館」駐車場の提供を受け、一次的な仮営業所とした。同美術館は市街地の南西側の丘陵地にあり、気仙沼西高などが近接している。当初は事務所として美術館の会議室を借りて業務を行ったが、美術館の修復工事の関係で6月には駐車場の入口にプレハブの仮設事務所が建てられた。ここも美術館の修復工事の拡大にともなってもともと9月いっぱいという約束であった。

当時市内では仮設住宅の用地も確保しなければならない状況の中、まとまったスペースを確保することは困難を極めた。再び気仙沼市の協力のもと、市内上田中に何とか土地が確保され、2011 年 10 月 1 日からはそこに移転した。ここも仮営業所で、事務所と乗務員の休憩室は 2 階建てのプレハブ、バスの置き場は 2 ヵ所に分かれている。給油は近くのスタンドとの契約となった。2017 年 3 月末に嵩上げ工事の完了した元の場所で営業が再開された。

一時的に提供された気仙沼市美術館で仮営業するミヤコーバス気仙沼（営）（2011.6）

休館中の美術館駐車場を借りてバスを操車するミヤコーバス気仙沼営業所（2011.6）

駐車場の一角にプレハブの仮事務所が建てられた（2011.6）

市内上田中に再度移転したミヤコーバス気仙沼（営）　多様な支援車両が配置（2012.4）

夕刻を迎えたミヤコーバス気仙沼営業所仮事務所はプレハブ（2012.4）

●ミヤコーバス津谷営業所

津谷川をさかのぼってきた津波によって営業所のすべてをさらわれた津谷営業所。流されて隣接する民家に食い込んだ形で大破した中型バスが無残な姿をさらす光景がしばらく続いた。大破したバスは 5 月にがれきとともに撤去されたが、

境界も不明で廃車置場となったミヤコーバス津谷車庫はしばらく休止状態（2011.6）

営業所の敷地はしばらく水没・破壊された自動車の廃車置き場として使用され、バス営業所としての機能は気仙沼仮営業所に統合された。

その後整地され、プレハブ事務所が建てられて、2012年8月のJR気仙沼線BRTの運行にあたり、受託営業所として業務を再開した。

●間借りして再開した仙台市交通局岡田出張所

霞の目営業所に車両を避難させた仙台市交通局岡田出張所は、とりあえず霞の目営業所をベースに運行を再開することとなった。岡田所属のバスを何とか置けるスペースが霞の目にあったことが幸いしたといえるが、その代わり乗務員の通勤マイカーの置き場が削られ、バスを出してその場所にマイカーを置くなどのやりくりがなされた。誘導員を３人置いて、バスの出入庫と格納を行うようにした。

最初の10日間はバスを事務所代わりに使用した。霞の目営業所の建物の２階には、当初家を流された乗務員が寝泊まりしており、スペースがなかったからだ。その後霞の目の建物の２階に事務所のスペースを間借りし、岡田出張所としての業務を行った。なお、流失した岡田出張所は４月18日から、仮設トイレだけ設置して使用可能な状態とし、自衛隊などの拠点として活用された。

９月１日に霞の目営業所の一角にプレハブ事務所が建てられ、岡田出張所は独立した管理体制を確保した。さらに2012年４月からは仙台駅東口最寄りの新寺車庫に岡田出張所の機能を移転している。

霞の目（営）に間借りする仙台市交通局岡田出張所　乗務員の車置場に苦心（2011.9）

岡田の事務所は９月に霞の目営業所敷地内にプレハブが建てられて移動（2011.9）

霞の目営業所内で岡田出張所の車両の留置場所はコーンで指示されている（2011.9）

仙台駅東口近くの操車場に岡田出張所が移転し新寺出張所として営業（2012.4）

●仙台バス

津波で社屋が損壊し、車両も半分を流された仙台バス。猪股陸郎社長は、一時は廃業も考えたという。しかし１人の被害もなかった社員たちから「社長、もう一度頑張ろうよ」と励まされ、近くの物件を借りて事務所とし、残った12台のバスで営業を再開した。再開すればそこは1975年に創業した歴史に裏付けられた信用とつきあいがある会社である。４月に入ってすぐ、仙台空港鉄道の代行バスの依頼が入り、追ってJRバス東北からJR常磐線代行バスの助っ人４台の仕事が直で入った。代行バスは１日あたり１車２人の仕事のため、当初の状況では最も効率よく乗務員と車両を使える仕事だった。代行バスによって一息ついた仙台バスは、その後、過去友好関係があった業者が５～６年落ちの中古車20台を手配してくれて車両を増強、人のつながりから震災前には扱いのなかった旅行業者からもツアーの仕事が入るなど、営業的にも再生に向かって進んでいった。2011年11月にはプレハブの社屋がもとの位置に完成した。

●南三陸観光バス

まだ一度も使用していない新車を含む13台の貸切バスを流失、１台が公民館屋上に乗り上げてしまった石巻市雄勝の南三陸観光バスでは、とりあえず十数人の従業員によって、委託を受けている住民バスやスクールバスの運行を再開した。完全に流失した本社・車庫は新たに石巻市小船越に、貸主の厚意によって格

内陸に新たな土地のあっせんを受け雄勝から移転した南三陸観光バス（2013.7）

安で場所を借り、借金をして中古バス2台を購入した。

●大洋交通

大船渡市赤崎に事業所を持つ貸切バス専業の大洋交通は、盛川を逆流した津波によって社屋が浸水、バス8台が水没して使用不能となった。従業員に被害はなかったものの、仕事はすべてキャンセルとなり、車両もない中、「必ず全員を再雇用する」との社長の思いを伝え、いったん従業員の解雇を余儀なくされた。しばらくは復旧も難しい状況だったが、融資を受けて中古バス4台を格安で購入、2011年7月に全社員を再雇用して事業を再開した。校舎が被災して別の場所に間借りする赤崎小と赤崎中のスクールバスやボランティア輸送の仕事がその後しばらくの主力となった。

●城山観光バス・大槌地域振興

大槌町吉里吉里に事業所を置いている貸切バス専業の城山観光は、社屋から車両まですべて流失したが、5月までには仮設事務所が建てられ、駐車スペースは嵩上げされて整地され、無償譲渡を受けた車両により営業を再開した。また隣接地に事業所を持つ大槌地域振興は、貸切バスと大槌町の町民バスを運行する第三セクターだが、事務所も車両も流失した中、スクールバスなどの需要に応えるため、破損した車庫などの施設をそのまま利用し、4月には営業を再開した。

車両の大半を流失した被害から立ち直り営業を再開した大槌町の城山観光（2012.6）

譲渡車両によって何とか息を吹き返した大槌町の城山観光の車庫（2011.12）

大槌地域振興も譲渡車両によってとりあえず壊れた車庫のまま再開した（2011.12）

3-7 最低限の暮らしを続けるために

2011 年３月末時点の警察庁発表によると、避難者は 24 万人を超え、学校、公共施設などを中心とした避難所暮らしが長期に及ぶことが懸念されていた。道路や港湾の復旧とともに、支援物資はかなり被災地に入るようになったものの、広範囲に避難所が散らばっていることが、効率的な支援の妨げとなっていた。また、避難所の生活環境は決して十分ではなく、プライバシーの確保、トイレの不十分さ、衛生面など、幾多の問題を抱えていた。

●浴場送迎バス

避難所で仮の生活を送る人たちにとって、大きな問題は入浴ができないことであった。ようやく３月の 19 ～ 20 日ごろに各地に自衛隊が駐在し、救助作業や復興作業にあたるようになると、自衛隊の駐在基地に仮設浴場が設けられるようになった。また、一部営業を再開できた旅館やホテルなどが、浴場を開放するケースも見られた。これにともない、各避難所と浴場の間を送迎するバスが、自治体からの依頼で運行された。

石巻市では市街地が浸水したため、市街地外縁部で津波の遡上を免れた大橋駐車場を基地として、救援・復興作業を行う自衛隊が駐在したが、ここに自衛隊の仮設浴場が設けられた。石巻市の要請により、畳石観光が避難所とこの仮設浴場を結ぶ浴場送迎バスを運行した。自衛隊の楽団などが使用する自家用バスも混じって使用されていた。岩手県でも岩手県防災本部の要請にもとづき、岩手県交通が大槌町、釜石市の避難所から新日本製鐵釜石の浴場への送迎を、岩手県北自動車が宮古市、山田町の避難所から仮設浴場までの送迎を行った。

また、内陸の被害が少なかった温泉地でも、入浴の受け入れが進んだ。岩手県内では花巻温泉、雫石町内の温泉などが浴場を提供、沿岸地区から貸切バスによる日帰りの無料「入浴ツアー」などが実施された。仙台都市圏でも秋保温泉が浴場を開放、仙台市交通局では当面仕事のない観光循環バス「るーぷる仙台」の車両と専属ドライバーにより、避難所と秋保温泉を結ぶ浴場バスを運行した。

浴場送迎バスは水道、ガスなどの復旧状況に応じて、早いところで３月末、長期にわたったところで６月末ぐらいまで運行された。

自衛隊が開放した仮設浴場の送迎バスとして運行される石巻市の畳石観光（2011.4）

自衛隊の楽団輸送などに使用される自家用バスも浴場送迎バスとして使用（2011.4）

新日鐵釜石が開放した工場内の浴場へは岩手県交通が送迎バスを運行（2011.4）

大槌町の大槌ふれあい公園のお風呂へも避難所から岩手県交通が送迎（2011.6）

●青森市営バスの出張支援

4月に入って、日本チャータークルーズから岩手県に、外航クルーズ船「ふじ丸」による入浴・食事支援の申し出があり、4月11日から17日にかけて「ふじ丸」が岩手県内の大船渡・釜石・宮古の3港に寄港することとなった。これにともない、被災者を避難所からクルーズ船まで輸送しなければならなかったが、すでに県内のバスは手一杯の輸送を抱え、手配が難しい状況だった。そこでかねてより青森県を通じて協力の申し出を受けていた青森市企業局交通部のバスに支援してもらうことになり、4月6日、岩手県災害対策本部から正式に青森県産業局を通じて青森市に要請したものである。

支援の内容は、4月12日に大船渡港に寄港する「ふじ丸」で提供される入浴と食事の支援に向けて、陸前高田市の避難所から被災者を送迎するというものであった。青森市企業局交通部では、すぐに中型バス1台（座席数25）と小型バス1台（座席数15）を用意し、運転士3名と管理者1名の4名を派遣要員として選定した。そして4月11日に青森市を出発して陸前高田市へ向かい、12日は午前7時ごろから夕刻まで、避難所である陸前高田市立第一中学校及び特養ホーム高寿園から大船渡港まで、被災者延べ250名を送迎した。その後13日に陸前高田から青森へ戻っている。なお、宿泊場所は沿岸部では確保できず、一関市のホテルが確保された。

使用車両は、被災地との事前打ち合わせの中で大型の通行は困難な箇所がありうるとのことから、中型と小型の2台としたが、実際に大型の運行は困難だったという。往路については、車両に物資の積み込みも可能であったことから、関係団体や民間に声を掛けたところ、急な依頼にもかかわらず支援物資の提供が多数あった。そこで提供されたトイレットペーパー、生理用品、紙おむつ、レトルト食品、カップめん、タオル、歯ブラシ、綿棒、毛布、マグカップ、帽子、シャンプーなどを車内に積み込み、派遣先に届けた。

青森市営バスが大船渡港の客船まで入浴の送迎（2011.4）提供＝青森交通労働組合

青森のバスが風呂へ送ってくれたと避難者が感謝（2011.4）提供＝青森交通労働組合

●仙台市の避難所巡回バス

仙台市は2011年5月3日から、宮城野区と若林区で避難所と公共施設を結ぶ無料巡回バスを設定した。仙台市内では、震災翌日の3月12日には258ヵ所の避難所に10万5,947人が避難している状況だったが、3月19日には141ヵ所・13,991人、4月15日には29ヵ所・2,533人と減少していった。しかしその後は5月に入っても大きくは減らず、特に沿岸の宮城野区と若林区では1,800人近くが避難所生活を続けていた。避難所となっている市民センターや体育館、病院などは必ずしも交通の便がよくなく、役所へ証明書などを取りに行くのも大変な状況だったため、巡回バスの運行を決めたものである。

宮城野区では岡田小学校～宮城野区役所間で避難所を巡って約16kmの行程を1日4往復、若林区では若林体育館～仙台市立病院間10kmと仙台農協六郷支店～仙台市立病院間8kmの2コースをそれぞれ5往復運行することとした。このころ市営バスはすでに一般路線の復旧が進んで余裕がなかったことと、小型車両が限られていたことから、民間貸切バス事業者に委託、東洋交通などの28人乗りマイクロバスを使用し、バス停には緑色のコーンを標識代わりに立てた。6月3日までの間運行した。

3-8 燃料不足と停電の影響

東日本大震災における看過できない現象は、震災によって燃料の供給ルートが断たれ、燃料不足が深刻化したことであった。バスの運行さえ続けられるかどうかが危ぶまれる状況となり、2011年3月末ごろまで燃料確保に関して先が読めない状況であった。また、軽油はそれでも比較的早く目途がついたが、ガソリンの確保が難しく、バス乗務員がマイカーのガソリン入手難で出勤もままならなかったのが実態であった。ガソリン不足から派生したガソリンスタンドへの給油車両による渋滞、停電による信号の消灯などが重なり、バスの運行環境はかなり不安定であった。

東北運輸局では、東北新幹線の早期復旧を支援するため、JR東日本などが所有する被災調査・復旧作業用自動車に対し「緊急車両証明証」を発行し、優先給油に対応した。施工会社を含めて44社792台の車両に交付されたという。追ってJR貨物、仙台市交通局などの復旧作業車両についても同様の証明証を発行した。

●バスを動かす燃料の確保～運送会社からの協力

被災地のバス事業者においては、震災直後は燃料確保のメドが全くつかず、貯蔵分では数日しかもたないことが明らかであった。鉄道が機能できない状況の中、バスしか輸送手段がないにもかかわらず、燃料が入手できずに路線復旧や臨時運行のメドが立たないという状況であった。

福島県内では、原発周辺の住民避難に対応するための燃料確保ができず、3月13日には福島県災害対策本部に燃料調達に関する要望を提出するも、なかなか大口の軽油が入って来ず、15日になって災害対応等車両のみ給油可能なスタンドのリストが回ってきただけという状況だった。福島交通では震災直後、仕入れ先との連絡が不能となったため、近隣の卸業者や開いているスタンドを回ってドラム缶で少量ずつ分けてもらう作業を行ったが、通常の輸送に加えて原発周辺の住民退避の輸送を担えるだけの燃料確保は難しい状況だった。

何とか燃料を調達できたのは、「まずは住民避難が第一」と、大手貨物事業者が福島交通などバス事業者に自社の燃料を譲ってくれたことによる。こうした地域での運送関係の相互協力がなかったら、バスの運行自体がままならなかったかもしれない。

新常磐交通では自家給油によりある程度もつことがわかったものの、避難輸送の要請に対してはギリギリの状況であった。このとき動いてくれたのがいわき市で、同社いわき中央営業所にガソリン・軽油を回してくれた。公有車や緊急車の給油を同営業所で行うバーターの形をとった。

仙台市では市内のバス輸送を確保するため、県・市の災害対策本部の緊急車両の燃料確保の動きに合わせて、公共交通への配分をある程度確保したが、交通事業者に回ってきたのは３月 22 ～ 23 日のことであった。さらに自衛隊に協力を依頼し、自衛隊から軽油をドラム缶で譲ってもらった。また、一般のスタンドが被災しているため、市営バス営業所の地下タンクに貯蔵されていた燃料を仙台市全体でシェアすることとなり、ごみ収集車両なども市営バス営業所で給油することとした。しかし停電でポンプが使えないため人力でポンプを回し、汲み上げるという作業を行った。

宮城交通グループについても、宮城県及び仙台市の積極的な協力のもとで供給がある程度確保されたほか、親会社の名鉄グループの商事会社が確保に動いてくれた結果、３月 22 日ごろにはメドが立ったという。

岩手県交通大船渡営業所でも、当初は燃料確保のメドが立たず、運行が危ぶまれた。しかし大船渡市から「燃料については面倒を見るから、とにかくバスを動かしてほしい」との依頼を受け、不足する燃料を市から融通してもらい、何とか急場をしのいだという。

こうした経過からもわかるように、バスの燃料が何とか確保できたのは、バスを緊急かつ重要な人命救助手段として、地域の役所や自衛隊が優先的に軽油を回してくれたり、地場の運送会社などが手持ちの軽油を融通してくれたりしたおかげである。こうした現場の支え合いや踏ん張りによって、バスは輸送を全うすることができたのである。

沿岸部では震災時給油可能とあるガソリンスタンドも全壊（2011.6）

●国の燃料確保に向けた動き

燃料調達が厳しい状況から、福島・宮城・岩手・茨城の各バス協会、主要バス事業者は国土交通省、資源エネルギー庁、日本バス協会などへ燃料調達の依頼や要望を出し続けた。その結果3月14日未明に資源エネルギー庁から給油の一報が入り、14日には単発的な給油が可能となった。16日には政府が国民に「被災地での燃料不足の深刻化回避のための買いだめ自粛のお願い」を発信、翌17日にようやく取り崩しを決めた石油備蓄にかかる被災地への優先供給計画が発表された。

経済産業省は3月17日、稼働率が95%に戻った西日本の製油所において、在庫の取り崩しと輸出抑制・西日本での需要抑制による増産分を東北・関東へ送る手配を行い、中京から九州までの広域から燃料がタンカーやタンクローリー(トレーラー)によって東北地方に送られた。

とはいえ、まだこの時点では着岸できる港は限られ、宮城県でも塩釜港にタンカーが横付けできない状況だった。県を中心に塩釜港の優先的開港とアクセス道路の整備が完了するまで約2週間かかっている。またスタンドが被災しているので、給油の設備が限られていた。停電している地域では給油のためのポンプが動かせないという事情もあった。

自動車燃料のみならず、鉄道でも気動車の燃料確保が難しい状況だった。秋田内陸縦貫鉄道では3月14日に全線で運転を再開したものの、燃料の枯渇によって3月19～21日の週末は運転を見合わせている。

燃料確保に目途がついたのはおおむね3月末、供給が通常の状態に戻ったのは4月に入ってからであった。

●スタンド渋滞

震災後、東北の沿岸被災地を中心に、津波による燃料保管施設の損傷や輸送の停滞によって深刻な燃料不足に陥った。このため、当初は避難、復興関連車両に限定した優先給油体制がとられ、その後も各ガソリンスタンドが営業時間帯を限定し、さらに1台あたりの給油量を制限して営業する状態が4月3日ごろまで続いた。特に需要が多い仙台市内では、営業できるガソリンスタンドが限られ、営業再開したスタンドも在庫を売り切ると営業を終了する形だったため、ガソリンスタンド周辺の給油待ちの渋滞は、ひどいところでは数kmにも及び、完全に1車線をふさいでしまうケースも少なくなかった。この影響は仙台市交通局や宮城交通の多くの路線バスに及び、途中での運行打ち切りや迂回等の発生により、ダイヤは混乱を極めた。

津波で被災した沿岸部においてはさらに稼働できるスタンドが限られた。近年はガソリンスタンドも事業としては厳しく、人口減少による需要減にエコカーの普及が拍車をかけてガソリンの需要減を招いた結果、スタンドを廃業してコンビニなどに変わった店舗も多い。また店主が高齢化しているため、改正消防法で設置から40年以上経過したタンクの改修などが義務づけられたのを機に廃業を決断するケースも多く、地方では“ガソリン難民”も現実のものとなりつつある。残った少ないスタンドに給油待ちの車が列をつくり、バスの運行に支障をきたす光景も見られた。

３月29日までに塩釜、八戸、小名浜の各港にタンカーが入港できるようになり、全国から応援のタンクローリーによる油送も増えて、ガソリン、軽油、灯油の供給量はもとに戻りつつあった。しかし東北の沿岸部では約半数の油槽所が機能停止状態のため、タンクローリーに給油して各地に配送するため、効率が高まらなかった。

大型油送トレーラーが全国から東北地方へ
東北道を行く福岡県の車両（2011.4）

数少ない営業中のスタンドの給油待ちの列はバスの運行に影響（宮古市内 2011.4）

●停電による交通信号の消灯

震災による停電は広範囲にわたった。震災当日は青森県から栃木・茨城県に及ぶ広域で停電が発生、青森県や栃木・茨城県と福島・宮城・岩手県の内陸部では２日後または３日後に停電が解消したが、沿岸部においては３月末ぐらいまで停電が続いた。

そのなかでも交通に大きな影響を及ぼしたのは、交通信号の停止であった。警察庁によれば、停電時に自家発電が可能な信号機は全体の３～4%にすぎないという。ほとんどの信号機は消灯状態となったわけである。停電が長引いた沿岸部では、全国から応援に入った警察官が主要交差点に配置され、手信号で交通をさばいた。

機能に異常がなかった信号機は停電が解消すれば復旧したが、問題は津波被害を受けて流失・損壊した信号機であった。2011年8月末になっても福島・宮城・岩手3県の沿岸部で被災した約500ヵ所の信号機の復旧は12%程度しか進んでいないことがわかった。もっともそれは業者選定に時間がかかったのが原因とされる。道路の復旧によって交通量が増加したにもかかわらず、信号機が復旧しない交差点では、事故や渋滞の原因となっていた。沿岸部の交通信号がほぼ復旧を遂げたのは2012年1月になってからだった。

停電により信号が消灯　主要交差点には他県から応援の警察官による誘導（2011.4）

信号の復旧が遅れ　釜石駅前でも数ヵ月間警察官による誘導が続いた（2011.6）

3-9 流されてしまったバス乗務員のマイカー

●犠牲となった乗務員のマイカー

震災直後からバスは、避難者の輸送に大きな役割を果たしていくのだが、事業者の危機管理力と乗務員の機転によってバス車両を避難させることができたからこそ、その役目を遂行することができたのだともいえる。だが、先に紹介したいずれのケースも、バスを無事避難させた代償として、営業所に残った乗務員のマイカーはすべて流失してしまう結果となった。流されたマイカーはミヤコーバス石巻営業所で43台、仙台市交通局岡田出張所で44台、岩手県交通大船渡営業所で29台などとなっている。

バス全車を避難させた仙台市交通局岡田出張所の場合、当日出勤していた乗務員のマイカー44台はすべて流されてしまった。全所員の約3分の2が通勤手段を失ったことになる。ちょうど早番と遅番の出勤が重なる時間帯でもあった。自分の自家用車よりまずバスを避難させた乗務員のプロ意識には頭が下がるが、その後しばらくは乗務員の通勤が困難になるといった状況であった。心を痛めた仙台市交通局の事業管理者らは、職員からカンパを募り、感謝状とともに約200万円を４月末に山家岡田出張所長に手渡した。

●マイカーの燃料がなくて出勤できない

燃料不足はバスを動かす乗務員の出勤ができないという非常事態さえ生んだ。比較的居住地が近い乗務員は自転車などを入手して対応、営業所に寝泊まりして乗務した乗務員も少なくなかった。

宮城交通では、過去の路線改廃にともなう営業所集約の経過から、比較的遠距離通勤の乗務員が多く、ガソリンが入手できないため出勤できないケースが多くなった。このため３月いっぱいの期間はガソリンを会社で購入して各営業所に配分した。４月に入って多少状況が好転したため、会社での購入は中止したが、４月半ばにようやくガソリン事情が戻り、軽油も通常の状態となって４月18日にバスを平常ダイヤに戻すまでの半月間は、何とか各自でガソリンを確保したという。また､郡部でミヤコーバスが自治体から受託運行しているスクールバスが、ちょうど春休みで空いていたことから、これらを各営業所に配分し、従業員の通勤送迎に使用、朝３時ごろに出庫して乗務員をそれぞれの自宅付近で拾った。４月に入ると正規ダイヤに近づいてダイヤ数が増えたため、会社でレンタカーの確保や社用車のやりくりで営業所あたり10台程度を確保、相乗りでの車通勤をするようになった。

仙台市交通局は営業所から徒歩・自転車圏内に住む乗務員を始発便のダイヤにつけ、バス路線沿線に居住する乗務員はバスで出勤し、その後のダイヤを担当するように調整、沿線外に居住する乗務員については、空いている貸切車両や営業を休止した観光循環バス「るーぷる仙台」の車両と専属乗務員が、乗務員の通勤をサポートした。また宮城交通が受託する岡田出張所では、宮城交通から送迎用に中型バス３台を借り、３月14日から約２ヵ月間、乗務員の出退勤を送迎した。こうしたやりくりをせざるを得ないため、柔軟なダイヤが組めない状況がしばらく続いた。

福島交通でも乗務員同士可能な限り乗り合わせて１台の車で出退勤するなどの方法で何とかダイヤを確保する努力をした。中にはガソリンを節約するため、営業所に寝泊まりする乗務員もあったようだ。

●乗務員のマイカーへの補償

次第に状況が落ち着いてくると、流されたマイカーへの補償が課題となった。中には納車されたばかりの新車を流された乗務員もいて、被害を金額に換算すると相当なものになるはずであった。震災後しばらくたつと、乗務員本人からというよりも家族から、会社のバスの避難を優先させたことで個人のマイカーが損害を受けたのだから、会社として何らかの補償があってもよいのではないか、という声が強まった。ミヤコーバスや岩手県交通では、実際には会社として見舞金程度しか出せなかったが、ミヤコーバス石巻営業所によると、私鉄総連などから寄せられた義援金をマイカー補償の一部に充てたという。

3-10 被災地における事業の休止

●新常磐交通相双地区の事業休止

新常磐交通は相双地区に富岡、北（浪江）、原町の3営業所があるが、原発事故にともなう立入禁止区域の設定により、3月12日夜以降、20㎞圏内の富岡、北（浪江）の2営業所は立ち入りができなくなり、事業休止を余儀なくされた。第4号機の水素爆発が起きる前に、新常磐交通は可能な限り車両を原発から遠ざけるべく、富岡営業所の東電輸送のバスをいわき中央・いわき観光営業所に引き揚げる作業を開始した。しかし10台程度の引き揚げを行った時点で爆発事故による立入禁止措置がとられた。その結果、この2営業所については被害状況の確認もできないままとなったほか、乗合19台、貸切32台の計51台のバスが置き去りの状態となった。

また、20km圏の北側に位置する原町営業所は、放射性物質の影響は少なかったものの、津波により路線の復旧が困難であった。いわきに本社を置く新常磐交通としては、途中に立入禁止区域を挟むため福島を回らないと原町に行けない状況の中、非効率な運営を強いられることから、原町営業所も休止することとし、いわき地区のスクール輸送などに充当するため、放射性物質汚染の心配がなかった原町所属の全車両をいわきに回送した。こうして新常磐交通はとりあえずいわき地区だけの営業とし、相双地区の3営業所は休止することとなった。相双3営業所には69台の車両を配置、78人の社員が勤務していたが、雇用確保のため、5月20までの猶予期間を与えて身の振り方を決めてもらった。まずいわき地区で勤務できる社員については転勤を促した結果、17 人がいわき地区の営業所で勤務することとなった。残る 61 人については、家庭の事情などでいわきへの転勤が難しいことなどから、やむなく自主退職の形をとり、再び相双地区で営業をするときにはなからず再雇用の声を掛ける約束をし、涙を飲んだのであった。

原発警戒区域から引き揚げられた新常磐交通の東電契約輸送用貸切バス（2011.10）

常磐線原ノ町駅前に立つ新常磐交通のバス停　飛び地となるため営業休止（2011.9）

●福島交通相馬営業所の一時休止

福島交通も原発事故を受けてすぐに相馬営業所の営業を休止した。従業員は安全を配慮して福島市の同社本社に家族ともども一旦避難してもらい、本社敷地内に仮の生活の場を提供した。のちに 30km 圏は緊急時避難準備区域に定義が変わり、病院や郵便輸送等も復旧する中、正確な情報が得られるようになったのを受けて、福島交通は３月 27 日に相馬営業所を再開した。

営業を再開し行政からの委託路線を運行する福島交通相馬営業所（2011.9）

●岩手県交通陸前高田営業所の事業休止

岩手県交通陸前高田営業所は、陸前高田市街地とともに跡形もなく消え去った。もともと同営業所は大船渡営業所の管轄内にあって所長も管理者も兼務であった。震災後、陸前高田市内のバスについては大船渡営業所で賄うこととし、陸前高田営業所は復旧せず閉鎖、同営業所に所属していた契約社員の乗務員 11 人は解雇することとなった。このうち６人は大船渡営業所で乗務員として再契約となった。

〈コラム〉津波〜水が来たところと来なかったところの温度差

4月の初め、仙台市宮城野区から若林区にかけての津波被災地を訪れた。宮城交通の鎌田俊悦部長が、現地確認を兼ねて案内してくださったのである。宮城交通が管理受託する仙台市交通局岡田出張所付近から荒浜、井土浜にかけての地区を巡回した。六丁の目を過ぎ、仙台東部道路をアンダークロスしたところから、風景が一変した。ところどころに家屋の残骸が残るほかはがれきと流された車とヘドロに覆われた水田が一面に広がる光景は、言葉にならなかった。30年以上前の東北大学在学中に訪れた荒浜ののどかな町並や沿岸の松林は跡形もなく消えていた。ところどころに救援とがれき処理のための自衛隊員の姿に交じり、家族の安否がわからずに自宅付近を探すのか、ポツンとたたずむ人の姿。以前のまちの姿を知っているだけに、思わず視界が涙で揺れ始めた。

荒井付近から市街地の方へ戻るとき、衝撃的な光景を目にした。仙台東道路をくぐって西へしばらくの間は、東側ほどひどくはないものの、津波が遡上した痕跡が残り、がれきや車の残骸が点在しているのだが、1km弱進んだある一線を越えた途端、何事もなかったかのように普通の住宅地の光景に変わったのである。津波が来たところと来なかったところの差が、これほどまでに大きなものであることを思い知らされた。ギリギリのところの人たちの恐怖は想像に余りあるが、水が来なかったところはしばらくすると普通に生活が戻せるのであった。

仙台市のこの地域の場合は、すぐ目の前に津波遡上の境界があったため、被害のなかった地区の人たちの感覚は被災地区とそれほど違わなかったが、地形的に津波被害を受けた地区と受けなかった地区が区切られた地域では、距離的には近接しているのに、かなりその後の意識に温度差が見られたことを、現地取材の中のいろいろな場面で知ることとなった。

多賀城市は複雑な地形のため、沿岸部の国道45号沿道付近までは津波の被害が著しかったが、それより西の内陸丘陵地に広がるベッドタウン地域は1週間もすると普段と変わらない光景が戻っていた。多くが仙台への通勤者で構成される地域ゆえ、仙石線が動かずに通勤手段がない状況が理解されにくかったものと思われる。市に対して通勤手段確保の要請が日増しに強まった。朝夕の通勤直行バスを市が貸切バスに依頼して運行したのは、こうした背景による。

大船渡市でも内陸の高台地区では数日のうちに落ち着きを取り戻した。市街地はすっかり津波にのまれた状況なのだが、高台からはその様子が実感できない。別記したように、岩手県交通の立根操車場には避難してきたバスが10数台待機していたのだが、周辺住民からは「こんなにバスがあってなぜバスを走らせないのか」と、状況がわかっている者からすれば的外れな要望が相次いだという。陸前高田市からひと山越えた住田町も内陸のため、津波被災地の状況が実感できなかったようだ。救援に駆け付けた米軍の宿泊地が住田町に提供されたのだが、住民からは役場に、町内を外国人がうろうろしているという不安の声が相次いだらしい。

わずかの高低差で流失と無傷（右上）の差が出た南三陸町志津川の住宅地（2011.6）

〈コラム〉被災地と都市部の食糧・物資事情

私が1週間強にわたって福島・宮城・岩手県に滞在した2011年4月上旬。すでに停電は解消していたものの、仙台市では都市ガスがまだ復旧しておらず、飲食店は限られた営業しかできない状態だった。中華料理店などでは、強い火力を要する炒飯や炒め物などができず、メニューが限られていた。食料品などの物資はまだ十分に行き届いていない状況で、仙台市内や盛岡市内でも、スーパーやコンビニの商品棚が15時ぐらいになるとスカスカになってしまい、19時ごろには閉店といった状態であった。また24時間営業の牛丼店なども、メニューを限定した上、食材がなくなり次第閉店ということで、夜になると食料を確保するのがかなり厳しかった。

一方沿岸部では、被災しなかった少し内陸のスーパーなどでは、案外食料品の入手が可能となっていた。釜石駅のすぐ西側に位置するスーパーマイヤ（本社＝大船渡市）釜石店。津波到達点から数100mであったが被災を免れた。マイヤでは被害のなかった店舗は震災当日を含めて営業を継続したという。4月上旬の段階では通常の品ぞろえに近くなっており、食料品も惣菜などを含め、かなりのものが買えるようになっていた。私も盛岡に宿泊していたため、夜に盛岡に戻った時点では駅前のコンビニの棚はほとんど空になっていることがわかっていたので、釜石のマイヤで食料品を買って盛岡に帰ったこともあった。

　これはおそらく、救援物資の供給が沿岸部に先行したことによるものと思われる。沿岸部では物資の配給が、各地域の災害対策本部などのテントで行われており、順次生活必需品が入手できるようになっていった。またファーストフード店などでは調理設備を搭載した出張販売車を被災地に送り込み、炊き出しなどの食料供給に貢献しているケースも見られた。

救援物資の配給を受ける被災者たち　釜石市で（2011.4）

配給物資の告知が役場内に張り出された（岩手県野田村（2011.7）

炊き出し支援に専用車を持つ吉野家　石巻市で（2011.4）

第4章　復旧に向かう公共交通機関

4-1 JR 各線の順次復旧

●東北新幹線の復旧

東北新幹線は震災と同時に全線でストップ、栃木県〜岩手県の区間で構造物の被害が大きく、復旧には時間を要した。比較的被害箇所が少なく、被害の程度も小さかった東京〜那須塩原間が点検・補修ののち3月15日に運転を再開した。この時点での運転状況は各駅停車の〈なすの〉のみ1時間に1本程度の臨時ダイヤで、グリーン車以外は全車自由席となった。3月22日には29往復に増発され、ほぼ1時間に2本となった。

3月22日には盛岡〜新青森間が再開した。この日は上り6本・下り7本の運転で、翌23日から1日10往復となった。〈はやて〉の名での運転だが、全列車各駅に停車し、グリーン車以外は自由席の扱いとなった。

那須塩原〜盛岡間はその時点で架線柱の修復に時間がかかるとして、少なくとも復旧まで1ヵ月以上が必要との観測がなされた。JR東日本では在来線を含む設備補修などの復旧作業に、グループ会社・協力会社の社員を含む3,500人余を投入、特に被害の大きい仙台支社管内の東北新幹線には約1,800人が従事した。その後3月末には復旧工事に1日8,000人余を投入、東北新幹線にはうち約3,500人が充当された。このうち電気関係設備の復旧工事には、JR東海グループ（新生テクノスとその協力会社）、JR西日本グループ（西日本電機システムとその協力会社）からも支援の申し出があり。現地に派遣されている。

4月7日午後には一ノ関〜盛岡間が暫定ダイヤで運転を再開した。同日は上下10本の各駅停車運転で、8日から上下16本に増発する予定だったが、7日深夜に発生した大規模な余震によって盛岡〜新青森間ともども再び不通となってしまった。

4月12日に那須塩原〜福島間が再開、すでに再開していた山形新幹線とつながり、3月31日に福島〜山形・新庄間で運転を再開し、福島駅在来線ホームに発着していた山形新幹線〈つばさ〉は、東京〜山形・新庄間の直通運転が可能となったことから、福島駅は新幹線ホームに切り替えられ、東京～新庄間下り5本・上り6本、東京～山形間下り4本・上り3本が〈やまびこ〉と併結しない単独運転で再開され、普通車も一部指定席が復活した。また東京～福島間には下り12本・上り13本の〈やまびこ〉〈Maxやまびこ〉が設定された（グリーン車以外自由席）。在来線もこの日に福島～仙台間が再開したため、首都圏から仙台まで鉄道で結ばれることとなった。後述のように、東北本線福島～仙台間には臨時快速〈新幹線リレー号〉が設定された。

7日の余震後不通となっていた区間のうち、盛岡～新青森間は4月13日に運転を再開、1日10往復を運転した。追って4月23日には一ノ関～盛岡間を再々開、1日8往復（1本除き一ノ関～新青森間）を運転した。

4月25日には福島～仙台間が再開され、震災後初めて仙台駅に新幹線の姿が戻った。大宮～仙台間ノンストップの〈はやて〉も下り8本・上り9本設定され、東京～仙台間は2時間07分となった。これにより新幹線の不通区間は仙台～一ノ関間を残すのみとなり、同区間には東北本線経由の臨時快速列車が設定された。もっとも初日の25日には新白河～白石蔵王間で停電トラブルが断続的に発生、東京～仙台間で3時間以上にわたって運転見合わせがあり、大幅な遅延と運休が発生した。

JR東日本はその後も復旧作業に連日応援を含めて3,000人余を投入、4月29日に仙台～一ノ関間が復旧して、49日ぶりに東北新幹線は全線で運転を再開することとなった。4月半ばの時点では同区間の再開は4月30日ごろと発表されていたが、復旧工事が順調に進んだため、連休前の再開が実現した。列車は東京～新青森間で1日上下29本、東京～盛岡間で57本、東京～仙台間で108本を運転、安全確認のため一部区間で速度を落として走行した。震災直前にデビューした〈はやぶさ〉も同日から東京～新青森間、東京～仙台間で各1往復復活したが、通常東京～新青森間で最速3時間10分のところ、4時間05分で運転された。なお、〈はやぶさ〉の特急料金は当面全区間で〈はやて〉〈やまびこ〉と同額としたが、最上級の「グランクラス」料金のうち1人5,000円を被災地支援の義援金として寄付することとした。3月18日から盛岡～秋田間の在来線特急として運転してきた秋田新幹線〈こまち〉も東京～秋田間の直通運転を再開した。

7月9日には那須塩原～福島間と一ノ関～盛岡間で徐行運転が解除され、東京～新青森間で30分短縮する特別ダイヤに移行した。その後鋭意架線の修復などが行われ、通常の275km/h、300km/hでの走行に支障がなくなったため、

2011 年 9 月 23 日に東北新幹線は 196 日ぶりに通常ダイヤに復帰した。特急料金などの特例も中止、本来の制度に戻っている。

東北新幹線は那須塩原まで暫定再開しすべて各駅停車で運転された（2011.3）

最も被害が大きかった仙台管内で高架橋の修復工事が進む（2011.4 岩切付近）

4 月 7 日午後　盛岡〜一ノ関間が再開し新青森〜一ノ関間の運転となったが　同日深夜の余震で再び運休に（2011.4）

新幹線は架線柱の倒壊が多数あったが 4 月初旬には修復が進んだ（2011.4）

ずれのあった架道橋も修繕が完了した（2011.4 新白河付近）

4月12日に那須塩原～福島間が再開　一番列車が通過（2011.4 黒磯駅付近）

福島までの再開でつながった山形新幹線は〈つばさ〉単独で直通（2011.4 宇都宮）

仙台～一ノ関間の運転再開を前に軌道試験車「east-i」が運転された（2011.4 仙台）

速度抑制が解除され　ようやく通常ダイヤでの運転を再開（2011.9 盛岡）

●東北本線の復旧

震災5日後の3月16日に、東北本線は岩手県内の花巻～盛岡間、栃木県内の宇都宮～黒磯間で運転を再開した。17日には北上～花巻間が再開、20日には一ノ関～北上間が再開した。17日にIGRいわて銀河鉄道と青い森鉄道が全線で再開していたため、3月20日の時点で一ノ関から青森までつながり、岩手県の"背骨"にあたる区間の在来線が復旧した。

福島・宮城県内は被害箇所が多く、復旧に時間を要したが、3月29日に郡山～本宮間が復旧、31日には仙台～岩切間が下り46本・上り47本で運転を再開した。同時に仙台駅のペデストリアンデッキが一部を除き利用可能となった。

4月2日には安積永盛～郡山間が運転を再開した。同日、岩沼～仙台間も再開する予定だったが、館腰駅の南約200m地点の線路脇に立つ民間ビルの一部が線路側に崩れかかっているのを巡回していたJR社員が発見、前日の点検では安全と判断されたが崩落が進む危険があったため、急遽南仙台～仙台間の折り返し運転に切り替えた。南仙台と岩沼の間は急ぎバス代行を手配したが、再開を当て込んで岩沼駅、名取駅を訪れた利用者には落胆を与えることとなった。土曜日で通勤者が少なかったのが幸いし、混乱は少なかった。この結果、岩沼～仙台間は4月3日から61往復で運転を再開した。

4月5日には岩切～松島間が下り34本・上り32本（仙台～岩切間は下り56本・上り57本）で、岩切～利府間が25往復で再開したほか、本宮～福島間が再開に至り、郡山と福島がつながった。6日には花泉～一ノ関間が運転を再開、7日には福島～岩沼間が再開して福島と仙台の間もつながった。しかし7日深夜の余震によって東北本線はいったん福島県以北で運転を見合わせることとなる。9日には福島以南が運転を再開、仙台以北については9日に松島～小牛田間が再開する予定だったが余震の影響で延期、11日までに水沢～盛岡間が運転を再開した。

4月12日に、余震の影響で運休していた福島～仙台間が運転を再開した。この日に新幹線も東京～福島間で再開したことから、福島～仙台間には東北・山形両新幹線に接続する臨時快速〈新幹線リレー号〉が下り10本・上り6本設定され（ほかに快速〈仙台シティラビット〉および臨時快速の運転あり）、震災後初めて鉄道で東京と仙台の間が最短3時間02分で結ばれた。快速〈新幹線リレー号〉は全車自由席で途中白石に停車し、E721系のほか、583系と485系が充当され、鉄道ファンの注目を集めた。この福島～仙台間〈新幹線リレー号〉は、新幹線の仙台再開にともない、4月24日で終了している。

余震で不通となった仙台以北のうち、一ノ関～水沢間は4月15日に再開、一ノ関～盛岡間が通常ダイヤに戻った。また被害が大きく復旧に時間を要した黒磯～安積永盛間については4月17日に暫定ダイヤで運転を再開、震災後初めて首都圏から仙台までのレールがつながった。同日、貨物線の長町～仙台貨物ターミナル～東仙台信号場間も再開した。

4月21日に仙台～一ノ関間と岩切～利府間が復旧して、東北本線は41日ぶりに全線が再開した。23日に新幹線一ノ関～盛岡間が再々開、25日に福島から

仙台圏の東北本線はまず仙台～岩切間が再開　通勤の足が戻った（2011.4 岩切）

内外の被害が大きかった仙台駅ビル　急ピッチで修復が進められた（2011.4）

運休区間が点在する中　各駅にはその都度運転状況が掲出された（2011.4 福島）

仙台から岩沼まで運転が再開し　仙台都市圏南方の交通事情が改善（2011.4 岩沼）

新幹線に先駆け東北本線が仙台まで再開　鉄道がつながった意義大（2011.4 福島）

新幹線福島再開を受けた「新幹線リレー快速」へ 583 系の起用が注目（2011.4 福島）

「あいづライナー」用の 485 系も「新幹線リレー快速」に運用（2011.4 福島）

運転再開にともない　みどりの窓口に定期券払戻しの列が（2011.4 仙台）

最後に残った新幹線仙台～一ノ関間をつなぐ「新幹線リレー快速」（2011.4 仙台）

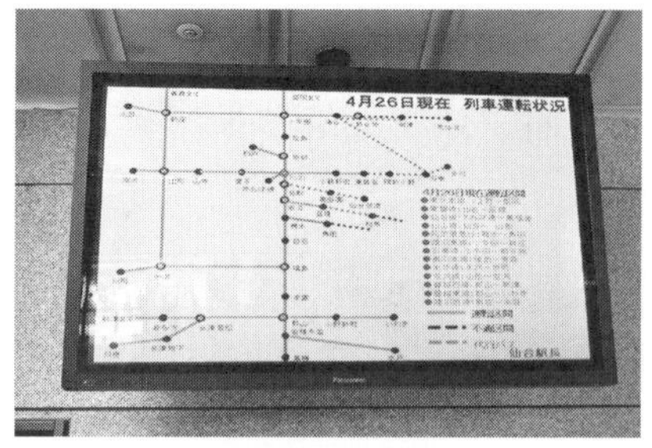

日ごとに変わる運転状況のインフォメーションも大切（2011.4 仙台）

仙台まで届いたことにより、残る新幹線不通区間は仙台～一ノ関間となったのを受け、今度は仙台～一ノ関間に東北本線経由の臨時快速〈新幹線リレー号〉がE721 系により 1 日 6 往復、途中小牛田のみに停車して所要 1 時間 10 分で設定され、新幹線全線復旧前日の 4 月 28 日まで運転された。

●常磐線（いわき以南）の復旧

常磐線上野～取手間は快速・各駅停車（東京メトロ千代田線直通）ともに震災翌日の 12 日に運転を再開したが、取手以北は断続的に地震被害を受け、復旧に時間がかかった。比較的軽微な被害だった取手～土浦間は 3 月 18 日に普通列車のみで運転を再開したが、土浦以北は線路のほか駅の被害も大きく、ようやく 3 月 31 日に土浦～勝田間で運転が再開となった。当面は普通列車のみで運転本数は 50% 程度、途中徐行運転を行う関係で所要時間は上野～勝田間で 2 時間 35 分程度と、20 分ほど延びていた。運転再開後も石岡、岩間などで駅施設の補修が続いた。

4 月 7 日には勝田～高萩間が再開した。普通列車のみ通常の 60% 程度の運転となった。同日既再開区間の上野～勝田間は普通列車のみだが平常ダイヤに戻った。4 月 11 日には高萩～いわき間が運転を再開、1 ヵ月ぶりに東京といわきがつながった。しかし 11 日に発生した余震により、再び勝田～いわき間で運休、点検ののち 14 日に運転を再開した。4 月 17 日には上野～高萩間で震災後初めて特急列車の運転が再開された。特急列車の運転区間は 4 月 28 日にいわきまで延長された。高萩以北の特急列車の本数は 6 割程度でスタートしたが、この日、普通列車は取手～いわき間で通常の運転本数に戻された。しばらくは徐行区間の関係で特別ダイヤとしたが、7 月 1 日に通常ダイヤに戻された。

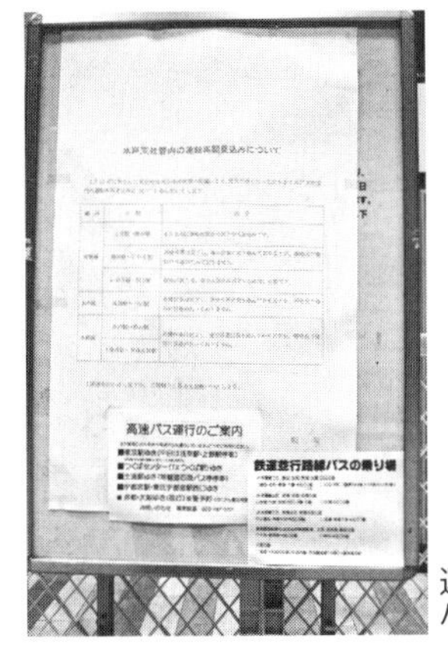

運転再開見込みと並行する路線バス・高速バスの情報を掲示（2011.3 水戸）

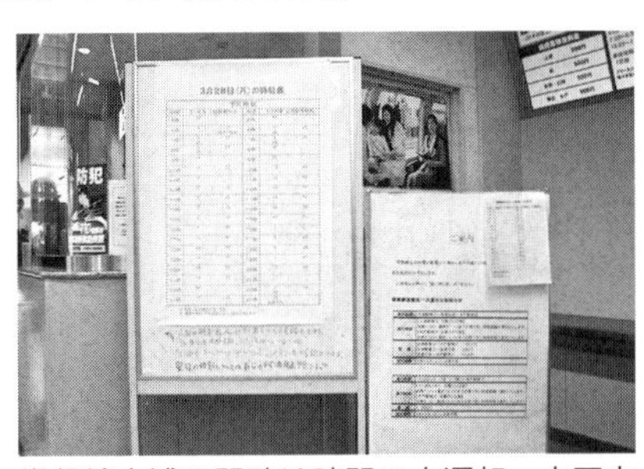

常磐線土浦再開時は時間 2 本運転　水戸方面臨時高速バスへの誘導案内も（2011.3）

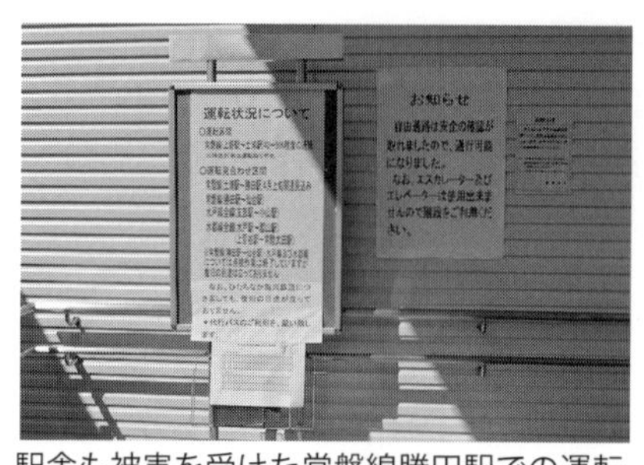

駅舎も被害を受けた常磐線勝田駅での運転再開見込み等の掲示（2011.3）

列車は運転再開したがホームの亀裂や段差の修復には時間がかかった（2011.7 石岡）

●常磐線（いわき以北）の区間復旧

常磐線はいわき以北では福島第一原発の事故による立ち入り禁止と津波被害によって、復旧の見通しが立たない状況であった。福島第一原発から半径 30km 圏内にあたる広野～鹿島間は被害調査もできない状況であったが、被害が少ないことが確認できた広野以南は順次復旧工事が進められ、4 月 17 日にいわき～四ツ倉間で運転を再開した。追って 5 月 14 日には四ツ倉～久ノ浜間が運転を再開、普通列車のみ通常の 9 割程度の運転となった。その後も必要な復旧作業が進められ、9 月末に緊急時避難準備区域の解除が決まったのを受けて、10 月 10 日には久ノ浜～広野間 8.4km が運転を再開、警戒区域ギリギリまで鉄路が復旧した。福島第一原発から 30km 圏内への鉄道の運転再開は初めてであった。「復興の象徴」と沿線からは喜ばれたが、広野町は人口 5,500 人のうち 300 人程度しか戻っておらず、広野駅周辺は閑散としていた。当面いわき～広野間は独立した運転系統となり、415 系 4 両編成が往復する形となった。

徐々に北上する常磐線　いわき以北はまず久ノ浜まで再開（2011.10）

いわき駅に掲出された広野までの再開予告（2011.10）

広野再開の前日　試運転の415系電車が広野駅に進入する（2011.10）

駅舎に直結した仮設ホームを設置し試運転電車を迎えた広野駅（2011.10）

●常磐線（岩沼方）の区間復旧

鹿島～岩沼間では、津波被害が大きかったのは亘理以南であったことから、まずは亘理～岩沼間の復旧工事が取り組まれた。そして4月12日に同区間が運転を再開、仙台～亘理間の直通運転が下り21本・上り19本で開始された。ダイヤはその後仙台空港鉄道の再開に合わせた時期など、数回の改正を経ているが、基本的なパターンはそのまま推移している。亘理以南は復旧まで時間がかかることが予想されたため、亘理駅は下り本線に発着し、側線をふさいで駅舎とホームを直結して使用した。

鉄道が寸断され、閉塞された区間であった原ノ町～相馬間20.1kmは、施設被害は少なく、比較的復旧工事が容易であったことから、相互需要がある区間として先行復旧させることとなった。運転再開にあたり、同区間は前後がつながっていないため、使用車両を陸送で搬入することとなり、仙台総合車両センター所属のE701系電車2両編成3本を、郡山総合車両センターで整備したのち、2回に分けてトレーラーで陸送した。また原ノ町運輸区構内に検査設備を新設し、独立して運用する車両の定期点検などに対応した。そして12月16日から試運転を開始、12月21日から70km/hの速度制限をかけて下り17本・上り18本で営業運転を開始した。その後速度向上試験を行ったのち制限速度を100km/hに上げ、2012年1月10日から所要時間の短縮が行われている。

中間の相馬～亘理間のうち、既存ルートでの復旧が決まった亘理～浜吉田間は、先行して復旧を図ることになり、2012年8月に復旧工事を開始、海水に浸かった線路の交換と津波避難対策を施し、浜吉田駅の改修と信号設備の設置などを行った。そして2013年3月16日に同区間を再開、浜吉田～仙台間で下り26本・上り23本を運転した。

常磐線が岩沼～亘理間で再開　ようやく仙台との往き来が可能に（2011.4）

亘理駅では仮設ホームを造って列車が発着する上り本線と駅舎をつなげた（2011.4）

常磐線は亘理まで　仙台空港線は美田園までの再開（2011.9 仙台）

独立した区間の原ノ町～相馬間が先行して運転再開　仙台の 701 系を投入（2015.2）

●仙石線の区間復旧の足取り

仙石線は 3 月 28 日に、被害の少なかったあおば通～小鶴新田間で運転が再開された。仙台都市圏の JR 線運転再開第一号となった。小鶴新田駅東方の宮城野運輸区の出入庫線も確保され、暫定ダイヤによる運転で、5 ～ 23 時台に通常の 6 割程度の 65 往復、1 時間に 2 ～ 7 本の運転となった。仙台駅は復旧工事が続くため、利用できる出入口が限定されたが、駅構内の売店なども一部で営業を再開、日常が若干戻ってきた。

4 月 7 日の余震により、仙石線は再び運休、新たに被害を受けた約 60 ヵ所の修復ののち、あおば通～小鶴新田間が再々開したのは 4 月 15 日であった。

4 月 19 日に小鶴新田～東塩釜間が再開し、あおば通～東塩釜間の運転となった。暫定ダイヤで通常の 85% 程度の運転だが、仙台市内を除く沿線で最も利用の多い多賀城で通常の通勤ルートが確保された効果は大きかった。さらに 5 月 28 日に高城町まで延長された。これにより松島海岸への観光ルートも復旧できた。

石巻方はかなり広範囲にわたって津波被害を受けたが、変電所が被災し、架線柱の折損・傾斜は数多かったものの、がれきを除去した後の軌道は比較的しっかりしていた。このため、地域住民の移動手段をなるべく早く確保するという見地から、軌道を補修した時点で気動車による運転を決め、2011 年 7 月 16 日に矢本～石巻間で運転を再開した。小牛田運輸区に所属する陸羽東線用のキハ 110 系気動車を捻出し、4 両編成で投入、スタフ閉塞により 1 編成がピストンする形で 19 往復の臨時ダイヤを組んだ。その後 2012 年 3 月 17 日には運転区間を矢本から陸前小野まで延長したが、陸前小野ではバスの折り返しができないため、代行バスはそれまで通り矢本発着とし、陸前小野発着の列車は早朝 1 往復、午後 2 往復、夕方 1 往復の 4 往復に限定した。

仙石線は 3 月 28 日にあおば通～小鶴新田間が運転を再開　再開とともに通勤通学の動脈として機能した（2011.4 小鶴新田）

全列車小鶴新田行のあおば通駅構内表示（2011.4）

石巻駅に留め置きとなったままの 205 系電車の状況を調べる係員（2011.4）

高城町まで運転区間が延長　松島海岸駅が代行バス乗継駅となった（2011.9）

矢本～石巻間は通電せず陸羽東線から捻出のキハ 110 系気動車で運転再開（2011.9）

石巻方の運転区間を陸前小野まで延伸　朝夕の列車を延長（2013.7 陸前小野〜鹿妻）

矢本駅での乗降風景　石巻との通勤通学の流れが戻った（2011.9）

信号復旧までは石巻〜矢本間でスタフ閉塞通票の受け渡しが見られた（2011.9）

仙石線石巻〜矢本間は電化設備復旧を見合わせて気動車による運転を再開 (2011.9)

●石巻線・気仙沼線の順次復旧

石巻線のうち、内陸部を走る小牛田〜石巻間は壊滅的被害を受けずに済んだため、鋭意復旧工事が進められ、4 月 17 日に小牛田〜前谷地間が運転を再開した。前谷地以東は揺れにともなう設備被害が比較的大きく、復旧に時間を要したが、5 月 19 日に前谷地〜石巻間で運転を再開、震災後初めて石巻に列車の姿が戻った。運転本数は 11 往復で、うち 1 往復は前谷地〜石巻間の区間運転であった。石巻駅構内の信号設備が被害を受けていたため、鹿又〜石巻間は暫定的にスタフ閉塞式を採用した。内陸部の気仙沼線前谷地〜柳津間は、東北新幹線全線再開と同じ 4 月 29 日に運転を再開、暫定ダイヤで 1 日 7 往復が設定された。7 月 1 日に一部列車の区間・ダイヤが変更され、10 月 15 日には石巻駅構内の信号復旧によりスタフ閉塞を使用終了することにともなうダイヤ変更が行われている。

石巻から東については津波により北上川橋梁（石巻〜陸前稲井）が地盤沈下などの被害を受けたが、応急工事での復旧が可能となり、2012 年 3 月 17 日のダイヤ改正とともに、石巻〜渡波間が運転を再開した。万石浦に沿って走る渡波以東は、地盤沈下による路盤変異や JR の保有財産である防潮堤の損傷が見られたが、修復と軌道の嵩上げによって現在地での復旧が可能とされた。そして浦宿駅では護岸工事に合わせて線路とホームを嵩上げし、2013 年 3 月 16 日に渡波～浦宿間が運転を再開した。列車は震災前と同じ 11 往復が設定された。

石巻駅から東へ向かう石巻線の線路はしばらく使われないまま錆びていた（2011.4）

列車の発着がない石巻駅　森閑と静まり返っていた（2011.4）

石巻まで最初に鉄路を再開したのに続き渡波までが再開した（2012.4 渡波）

高校生たちの通学の足が延長され日常に近づく（2012.4 渡波）

石巻線は浦宿まで、仙石線は陸前小野まで再開されている（2013.7 石巻）

石巻線は 2013 年 3 月改正で浦宿まで再開された（2013.7 浦宿）

浦宿駅付近では線路の嵩上げと防波堤の再建を行い復旧にこぎつけた（2013.7 浦宿）

●八戸線の順次再開

八戸線はまず被害が少なかった八戸～鮫間が2011年3月18日に運転を再開した。24日には階上まで延長され、8月8日に種市まで延伸した。種市には折返し設備がなく、階上～種市間はスタフ閉塞式を採用しての再開であった。このため信号連動ができないことから、踏切等の施設改修が行われた。八戸線の中で津波被害が大きかった宿戸～陸中中野間は、大浜川橋梁（宿戸～陸中八木）の修復などに時間を要したが、被災区間が短かったことから2012年当初には修繕が終わり、3月10日には久慈に震災後留置したままだった気動車5両の引揚げを兼ねた試運転列車を運転、信号をもとの特殊自動閉塞式に戻して、3月17日のダイヤ改正時に全線で運転を再開した。同時に、本来は2011年4月にデビューする予定だったジョイフルトレイン「リゾートうみねこ」が本格的に運転を開始した。

比較的被災区間が短かった八戸線は1年後に全線再開（2012.6 宿戸～陸中八木）

避難路などを整備して運転を再開した八戸線（2013.4 陸中八木）

全線再開して間もない久慈駅を出発する八戸行普通列車（2012.4）

久慈駅にもようやく通常の乗降風景が戻ってきた（2013.4）

再開した北リアス線に乗り入れた八戸発〈リゾートうみねこ〉（2012.6 陸中野田）

●福島県内の JR 線の復旧

磐越西線は 3 月 26 日に郡山～津川間が運転を再開し、全線で復旧した。これにより、新潟と東北本線筋が直結された。当初は郡山～会津若松間で通常の約 75% の 13 往復、会津若松～喜多方間が同約 88% の 15 往復であった。後述するように、磐越西線の再開は迂回ルートの構築に大きな意味を持った。

只見線は 3 月 30 日に会津若松～会津坂下間で朝夕各 2 往復の運転が再開され、4 月 8 日には会津川口まで運転再開区間を延長した。磐越東線は 3 月 31 日に郡山～船引間で運転を再開した。

4 月 11 日に発生した余震によって磐越西線、磐越東線、只見線は運転を見合わせたが、12 日に磐越西線と磐越東線郡山～船引間が再開したほか、只見線は会津川口～只見間を加えて会津若松～只見間で運転を再開した。13 日には磐越東線船引～小野新町間が延長された。さらに 14 日には只見～大白川間が再開し、只見線は全線が復旧した。磐越東線も 4 月 15 日には小野新町～いわき間が再開して全線復旧となった。

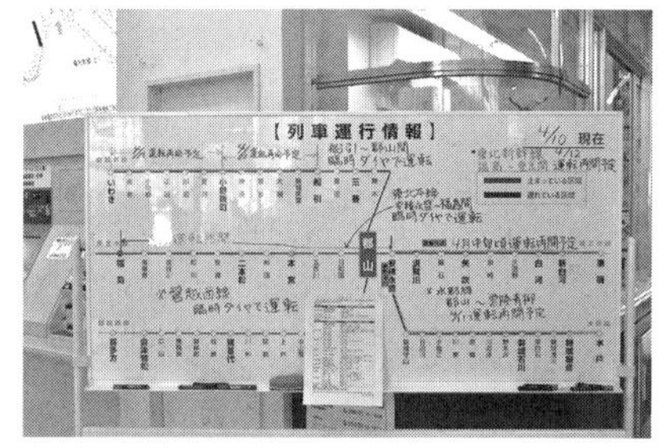

各線の運転状況の変化をホワイトボードへの記入で対応（2011.4 郡山）

●宮城県内の JR 線の復旧

4 月 3 日には陸羽東線が小牛田～新庄間の全線で運転再開された。仙山線は 4 月 4 日に仙台～愛子間で運転を再開、下り 36 本・上り 38 本が設定された。これにより仙台駅に発着するすべての線区で運転が再開された。しかし 4 月 7 日の余震で再び全線で運休、仙山線仙台～愛子間の再々開は 4 月 14 日、陸羽東線の再々開は 16 日となった。その後 4 月 23 日に仙山線は盛土崩壊など被害が大きかった愛子～山寺間が復旧し、仙山線も全線で運転を再開した。

●岩手・青森県内の JR 線の復旧

岩手・青森県内は比較的被害の少なかった内陸部の在来線から順次運転が再開された。最も早かったのは 3 月 15 日の田沢湖線盛岡～赤渕間と津軽線蟹田～三厩間で、追って大湊線が 3 月 17 日に再開した。18 日には山田線盛岡～上米内間、花輪線好摩～松尾八幡平間が再開した。続いて 19 日には北上線北上～ほっとゆだ間と花輪線松尾八幡平～大館間、3 月 20 日には北上線全線が再開した。

なお、岩泉線に関しては、2010 年の災害によりバス代行輸送を行っていた。代行バスは 3 月 20 日に 2 往復で運行を再開し、4 月 1 日に通常の 3.5 往復に戻っている。

26 日には山田線上米内～宮古間が再開し、初めて沿岸部に鉄道がつながった。山田線ではこのとき、宮古駅構内の信号設備が被災したため、茂市～宮古間で緊急策としてスタフ閉塞を採用、盛岡～宮古間は 4 往復とした。28 日には釜石線花巻～遠野間が再開、4 月 1 日には大船渡線一ノ関～気仙沼間が再開された。そして 6 日には釜石線が遠野～釜石間で再開して沿岸部と東北本線の間が 3 線区とも復旧に至った。

4 月 7 日の余震によって、山田線、釜石線、大船渡線、北上線は再び全線で運転を見合わせた。点検によって被害箇所は多数認められたものの、致命的な被害はなく、復旧作業の進捗にともなって 9 日には北上線が本数を減らして再開、10 日には山田線盛岡～上米内間が再開した。12 日には釜石線が再開、山田線上米内～宮古間は 13 日から、大船渡線一ノ関～気仙沼間は 18 日から運転を再開した。スタフ閉塞で本数を減らして運転していた山田線が、設備の復旧工事完了によって震災前の本数に戻ったのは 2011 年 12 月 1 日であった。

釜石駅には全線運休の張り紙　コンコースを借りてメガネ店が無料の調整や配給を行っていた（2011.4）

大船渡線は 4 月 18 日に一ノ関～気仙沼間が再開し沿岸を結んだ（2011.6 気仙沼）

釜石線も釜石まで再開　支援拠点となった遠野からの移動手段となる（2011.6 遠野）

●秋田・山形県内のJR線の運転再開

直接的な大きい被害のなかった秋田・山形県内では約1週間前後で順次運転を再開している。3月15日には奥羽本線秋田～青森間が運転を再開、16日には奥羽本線大曲～横堀間が再開した。18日には奥羽本線大曲～秋田間と田沢湖線赤渕～大曲間が再開し、秋田新幹線〈こまち〉が盛岡～秋田間の在来線特急として運転を再開した。1日4往復、グリーン車を除き全車自由席で、盛岡駅は田沢湖線在来線ホームに発着した。4月1日には〈こまち〉が5往復となり、盛岡駅の発着は盛岡～新青森間が再開していた新幹線ホームに変更された。4月7日の余震で東北新幹線が再び不通となったため、9日に盛岡～秋田間で再々開した〈こまち〉は再び12日まで盛岡駅在来線ホーム発着となった。

3月20日には奥羽本線米沢～山形間が再開した。続いて23日には山形～新庄間の運転が再開された。この段階では普通列車のみの運転であった。27日には新庄～院内間が運転を再開、奥羽本線は米沢～青森間がつながった。その後3月31日に福島～米沢間が開通、これに合わせて山形新幹線〈つばさ〉が福島～山形・新庄間で下り5本・上り4本（福島～山形間4往復／山形～新庄間3往復）の運転を再開した。グリーン車を除き全車自由席で、福島駅は奥羽本線在来線ホームに発着する形となった。

ローカル線は3月28日に左沢線が全線で運転を再開した。また4月1日には仙山線山寺～山形間と陸羽西線全線で運転を再開した。仙山線は4月7日の余震で再び運休したが、4月13日に山寺～山形間で再開した。

山形新幹線も先に復旧したことから当面福島までの線内運転で再開（2011.4 山形）

秋田新幹線が先行再開したため〈こまち〉はしばらくの間盛岡駅在来線ホームに発着した（2011.4 盛岡）

福島駅では東北新幹線が復旧していないため　在来線のホームに〈つばさ〉が発着した（2011.4）

●茨城・栃木・千葉県内のJR線の運転再開

栃木県内の運転再開は比較的早く進み、3月16日に日光線全線、烏山線全線で運転が再開された。

4月7日には水戸線が全線で運転を再開、通常の70%程度の運転本数で、一部区間で徐行運転を行った。11日には水郡線が常陸青柳～安積永盛間と上菅谷～常陸太田間で運転を再開した。水戸～常陸青柳間は移設工事予定だった那珂川橋梁を新設の橋梁で復旧することとして工事が進められ、4月15日に運転を開始、全線が再開した。

千葉県内では鹿島線延方～鹿島神宮間が橋梁の被災などで不通となっていたが、4月16日から同区間の運転が再開され、千葉支社管内の不通区間は解消された。

●JR北海道の復旧

JR北海道は地震発生とともに津軽海峡線と函館本線、江差線の一部で運転を見合わせた。函館駅周辺は津波による浸水被害が一部であったが、点検の結果、線路には大規模な被害はなく、3月15日から一部列車の運転を再開した。同日の運転は津軽海峡線では特急〈スーパー白鳥〉2往復のみで、函館・江差線の普通列車も一部の列車にとどまった。

このほかJR東日本と直通する寝台特急〈カシオペア〉と〈北斗星〉は震災後運休が続いたが、5月20日発車分から運転が再開された。全列車通常ダイヤでの運転は6月1日からとなった。

● JR 貨物の復旧

JR 北海道の津軽海峡線運転再開に合わせ、JR 貨物も 3 月 15 日から奥羽本線秋田貨物ターミナル～青森信号場間と津軽海峡線青森信号場～函館貨物間、青い森鉄道青森信号場～東青森間で運転を再開した。これにより日本海縦貫ルートで本州～北海道間の貨物輸送が可能となった。

4 月 17 日の東北本線黒磯～安積永盛間と、東北貨物線長町～仙台貨物ターミナル～東仙台信号場間の復旧にともない、JR 貨物は宇都宮貨物ターミナル～仙台貨物ターミナル間の運転を再開、首都圏と仙台の間の鉄道貨物ルートが確保された。同日から首都圏以西から仙台貨物ターミナルを結ぶ定期コンテナ列車上下 16 本と車扱石油列車 4 往復（臨時含む）の運転が開始された。

4 月 21 日に東北本線が全線で運転を再開したことにより、仙台貨物ターミナル～盛岡貨物ターミナル間の運転が再開され、本州～北海道間 15 往復、関東・東海・九州～東北間 4.5 往復の定期コンテナ列車と、根岸～盛岡貨物ターミナル間の車扱臨時石油列車 2 往復が運転された。

各駅で足止めされていた貨物が東北本線の復旧で順次動き出した（2011.4 岩沼）

ようやく首都圏と東北・北海道を結ぶ貨物の大動脈が機能（2012.4 槻木）

4-2 私鉄・第三セクター鉄道の復旧

●三陸鉄道

三陸鉄道は 3 月 16 日に北リアス線久慈～陸中野田間で運転を再開、20 日に同線宮古～田老間でも運転を再開した。いずれも無料で、手信号による 1 閉塞運転であったが「復興支援列車」として地域住民の移動を担った。その後の推移など詳細は後編Ⅱを参照されたい。

●IGRいわて銀河鉄道・青い森鉄道

両線とも全線で運転を中止したが、比較的被害の少なかった青い森鉄道青森〜浅虫温泉間が3月14日に運転を再開した。3月16日にはIGRいわて銀河鉄道が盛岡〜いわて沼宮内間で臨時ダイヤによる運転を再開した。17日に青い森鉄道、IGRいわて銀河鉄道ともに全線で運転を再開している。JR線との直通列車・貨物列車を除き平常ダイヤに戻ったのは3月22日であった。

●仙台市営地下鉄

仙台市交通局は被害状況を調査した結果、地下区間については一部にクラックや照明落下等の被害があったものの、運転に支障のある被害はないと判断、変電所の復旧も東北電力が優先的に対応してくれたことから電力供給が可能となった。このため、トンネル側壁や駅施設などの修復を行い、3月14日に富沢〜台原間を仮復旧した。このスピード復旧が仙台市内の交通確保に果たした役割は大きく、地下鉄の地震に対する優位性を見せつけることとなった。

しかし地上区間の多い台原〜泉中央間は構造物被害が大きく、復旧に時間を要した。当初復旧は5月末と見込まれていたが、JR東日本の技術協力などにより、損傷部分をあらためて造り直さず、被災した橋脚を詳細に調査した上で既存の構造物を生かしながら補強することによって、短期間で強度を確保できる工法に切り替えたため、工期を大きく短縮、4月27日には試運転にこぎつけた。そして4月29日に台原以北の運転を再開、全線再開を果たした。初日がユアテックスタジアム仙台（泉区）で行われたサッカーJ1仙台の本拠地開幕戦に間に合ったため、午後から観戦客などで混雑した。

駅施設の損傷が大きかった仙台市営地下鉄も急ピッチで修復が進む（2011.4 八乙女）

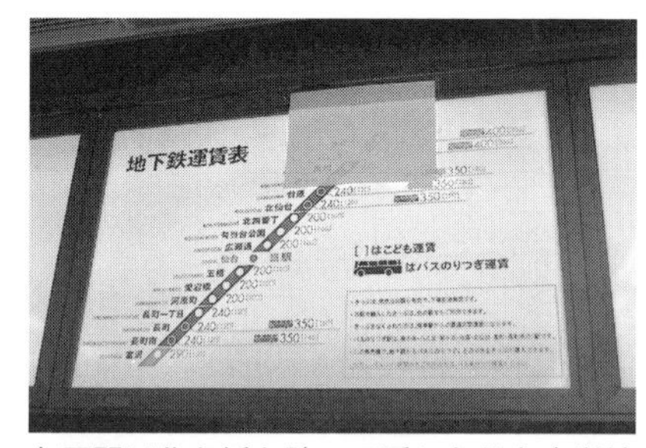

台原駅以北を紙を貼って隠した仙台市営地下鉄の運賃表（2011.4 仙台）

●仙台空港鉄道

仙台空港鉄道は美田園～仙台空港間の擁壁部とトンネルの被害は大きかったものの、その他の高架部については、構造物自体の損傷は大きくなかったため、軌道の補修を順次行い、7 月 23 日に名取～美田園間で運転を再開した。同線は PTC 自動制御による運転を行っているが、美田園再開においては、暫定的に美田園駅に電子連動装置を設置した上で手動制御を行った。この時点でのダイヤは仙台空港駅に 2 編成 4 両の電車が取り残されている関係で通常の約 70% の 1 日 28 往復としたが、全列車 JR 線に直通し、仙台発着とした。

美田園～仙台空港間は空港施設の部分が多いことから、東北地方整備局が空港トンネル部分の排水を行うことになり、3 月 25 日に調査を開始、28 日に排水を開始した。震災 1 ヵ月後の 4 月 12 日に空港トンネルの被災調査を始めるため、東京航空局がトンネル内のがれき除去に着手した。軌道変位の修復等に時間を要したが、10 月 1 日に名取～仙台空港間の全線で 1 日 40 往復に戻して運転を再開した。復旧にともない、1 階にあって浸水した仙台空港駅の運輸指令室等は 2 階に設置され、空港トンネル内には 50m ごとに非常用梯子が取り付けられた。

美田園まで再開した時点の仙台空港鉄道
信号を閉鎖している（2011.9 美田園）

仙台空港線はすべて仙台～美田園間の運転
（2011.9 仙台）

全線の運転再開を予告するポスター（2011.9 美田園）とティッシュ・缶バッジ（右）

●阿武隈急行

阿武隈急行は被災直後から、JR総研エンジニアリングの支援を得て調査、復旧工法を検討、2011年4月6日に、震災後初めて被害の軽度だった梁川〜保原間を復旧させ、運転を再開した。広域輸送ができない区間再開であったことから、当面無料運転とした。次に4月13日には富野〜梁川間が朝夕のみ運転を再開した。4月18日には保原〜瀬上間、角田〜槻木間でそれぞれ運転を再開、福島側は富野〜瀬上間に拡大、宮城県側は東北本線とつながった。これにともない、無料サービス運転を中止し、通常の営業運転に戻している。福島方の瀬上〜富野間は12往復（1往復は梁川まで）が運転されたが、この時点では瀬上で国道4号瀬上本町バス停まで約15分歩き、福島交通のバスに乗り換えて福島にアクセスする必要があり、利用者は少なかった。

4月28日には福島〜瀬上間で運転を再開、福島方も東北本線とつながり、1時間に1〜3本の運転が再開された。残った富野〜角田間は足場の悪い中、復旧工事が続けられ、被害の大きかった阿武隈川第2橋梁の復旧により5月16日に同区間を再開、66日ぶりに全線で運転を再開した。当初は上下70本の臨時ダイヤで運転された。その後軌道の整備終了を受けて12月1日から通常ダイヤによる運転となった。

線路やホームに随所で被害があった阿武隈急行は5月16日に全線再開（2012.4 大泉）

●福島交通飯坂線

被害がわずかだった福島交通飯坂線は、ひずみが発見された1ヵ所を修復してすぐに運転再開できる状況を取り戻したが、停電のため運転を見合わせ、東北電力の復旧を待って3月13日昼には通常ダイヤで運転を再開した。当初はJRと共用している踏切が作動しないため、社員を立たせて誘導を行った。

幸い被害がごくわずかですぐに再開できた福島交通飯坂線（2011.4 福島）

●ひたちなか海浜鉄道

ひたちなか海浜鉄道は、金上～中根間で線路近くの溜め池決壊による路盤流失が、平磯～磯崎間でトンネル内のひび割れがあったため、全線で運転休止を余儀なくされた。復旧には約 3 億円の事業費が見込まれたが、ひたちなか市は 4 月 14 日の臨時市議会で鉄道軌道整備法にもとづく支援の予算を可決し、必ず復旧させるという姿勢を明確にした。こうして復旧工事に着手、当面の運営資金についても市が無利子貸付を行った。6 月 25 日に那珂湊～中根間で区間運転を再開した。この時点では午後に同区間を 2 往復するだけだったが、7 月 3 日には勝田～中根間と那珂湊～平磯間が復旧、残る平磯～阿字ヶ浦間が 7 月 23 日に運転を再開し、全線が復旧した。

7 月 30 日には那珂湊駅と阿字ヶ浦駅で「湊線全線運転再開イベント」が開催された。那珂湊駅上りホームには仮設ステージが設けられ、10 時過ぎから再開式典が開催された。当日は国鉄型気動車

ひたちなか海浜鉄道が 7 月に復旧　再開イベントには多くの人が（2011.7 那珂湊）

再開記念式典でお礼のあいさつをする吉田千秋ひたちなか海浜鉄道社長（2011.7 那珂湊）

復旧した列車には多くの沿線住民が乗車　地域鉄道の強みを見せた（2011.7 勝田）

復旧を祝して気動車のフロントに取り付けられた祝賀マーク（2011.7）

地域鉄道としての再生を期して決意を見せる吉田千秋ひたちなか海浜鉄道社長（2011.7）

3両の連結列車が運行され、当日限りの湊線1日フリー切符が500円で発売された。またイベント来場者には「湊線オリジナル復旧うちわ」「記念乗車証明書」が配布された。

再開記念イベントには地元が総出で集い大きな賑わいを見せた（2011.7 那珂湊）

●鹿島臨海鉄道

鹿島臨海鉄道大洗鹿島線では復旧作業が進められ、4月2日に比較的被害が軽度であった水戸～大洗間が運転を再開、7日には大洋～鹿島サッカースタジアム間が同区間に残された4両の車両を使用して運転を再開した。これにともない、鹿島サッカースタジアム～鹿島神宮間に代行バスを運行した。また8日には大洗～新鉾田間の運転を再開した。

4月16日にJR鹿島線が運転を再開した。これにより同日から大洗鹿島線も大洋～鹿島神宮間の運転とした。それまでは全区間25km/hでの運転としていたが、16日から45km/hに引き上げたダイヤとした。4月16日以降の大洗鹿島線のダイヤは、水戸～大洗間で 22 往復、大洗～新鉾田間で下り 9 本・上り 10 本の運転となった（うち下り 3 本・上り 8 本は水戸～新鉾田間通し)。大洋～鹿島神宮間については取り残された 4 両の車両での運転であることから、限られた資源での運転を余儀なくされ、8 往復の運転となった。

新鉾田～大洋間については、北浦湖畔駅東側の起点から 35.6km 付近の路盤崩壊が数 100m にわたる大規模なものであった。復旧作業も大がかりであったが順調に進められ、7 月 12 日に運転が再開されている。

液状化による路盤湾曲や津波被害のあった鹿島臨港線（貨物）も復旧作業が進められ、鹿島サッカースタジアム～神栖間は 5 月 25 日に再開、奥野谷浜までは 6 月 7 日に運転再開が実現した。

なお、災害復旧に当たっては、大洗鹿島線関係で約 16 億 2100 万円、鹿島臨港線関係で約 25 億 6100 万円の事業費がかかっている。

大きな路盤崩落のあった大洗鹿島線北浦湖畔～大洋間の復旧工事（2011.5）

踏切の修繕とともに路盤の緩んだ区間を修復（2011.5 サッカースタジアム～神栖）

波打っていた線路をバラストを新たに敷いて修繕し最後は人力で調整（2100.5 神栖）

新鉾田まで 4 月 8 日に再開　新鉾田駅周辺はまだ電柱が傾いている（2011.5 新鉾田）

大洗鹿島線は 7 月 12 日に全線再開し車両に感謝のステッカーが貼付された（2011.9）

●関東鉄道

関東鉄道も常総線と竜ケ崎線で路盤の損傷などが見られたが、比較的軽度な被害だったため、復旧作業がすぐおこなわれ、竜ケ崎線は3月12日始発から、常総線は同日夜から取手～水海道間が運転を再開している。14日夜には水海道～下館間が再開し、全線で運転を再開した。しかし接続するJR常磐線取手以北や水戸線が復旧しておらず、つくばエクスプレスも計画停電によって大幅に運休していたため、利用者は少なかったという。常総線は気動車の燃料確保に不安があったため、3月中は7割程度の運転本数となった。

●つくばエクスプレス

つくばエクスプレス（TX）は3月12日昼ごろまでに秋葉原～流山おおたかの森間で運転を再開、13日に柏の葉キャンパスまで延長した。つくばまでは3月14日に到達したが、すぐに計画停電の影響もあり、通常の通電確保が難しいことから、当初は通常の5割程度、23日から8割程度の運転となった。快速・区間快速の運転は取りやめ、各駅停車のみの運転となった。それでも茨城県中央部に震災後最初に到達した鉄道として重宝された。4月3日に平日は日中の快速を運休する以外平常ダイヤの“節電ダイヤ”に転換し、6月15日に柏たなか～守谷間の高架橋損傷による速度規制を解除し、休日を平常ダイヤに戻した。“節電ダイヤ”をすべて平常ダイヤに戻したのは9月12日であった。

●真岡鐵道・わたらせ渓谷鐵道

真岡鐵道は3月23日に真岡～茂木間で運転を再開した。朝4往復、午後8往復の臨時ダイヤでのスタートである。下館～真岡間については4月1日に運転を再開、全線が復旧した。

わたらせ渓谷鐵道は被害が小さかった相老～神戸間で3月17日に運転を再開、その後3月31日に桐生～相老間、4月1日に神戸～間藤間を再開し、全線が復旧している。

●秋田内陸縦貫鉄道

施設の被害はほとんどなく、3月14日に運転を再開した秋田内陸縦貫鉄道だったが、燃料不足のため一部の列車を運休した。燃料供給に目途がついて通常ダイヤでの運転（急行除く）に戻ったのは3月28日であった。急行の運転再開は4月23日となった。

4-3 貨物鉄道の復旧まで

●八戸臨海鉄道

八戸臨海鉄道は八戸貨物ターミナル～北沼間 8.5km の全線で震災後不通となっていたが、復旧作業を続け、4 月 11 日には全線でディーゼル機関車による試運転を実施した。5 月 13 日にはコンテナ列車の試運転を実施、主要顧客である沿線の製紙工場の稼働再開に合わせ、6 月 2 日に運転を再開した。

八戸臨海鉄道は 6 月に運転を再開し機関車にはヘッドマーク掲出（2013.4 八戸）

●岩手開発鉄道

荷主である太平洋セメント大船渡工場も大きな被害を受けたため、その動向によっては復旧を断念せざるを得ない状況も考えられたが、同社が工場を復旧してセメント生産を再開する方針を発表したのを受けて、岩手開発鉄道も復旧を決めた。そして 3 ～ 4 月は雇用調整助成金を受けて支障物の撤去、車両修繕などを行い、5 月から軌道の復旧工事を開始、コストをかけられない状況の中、自社でできることは外注せずに直轄で行うという方針の下で進められた。そして太平洋セメントの稼働再開状況に合わせて 11 月 7 日に運転を再開した。

自力の作業で再開にこぎつけた岩手開発鉄道の機関車にもヘッドマーク（2012.4 盛）

●仙石貨物支線（石巻臨港線）

津波の直撃を受けた石巻港駅では、DE10 形ディーゼル機関車 2 両とコンテナ貨車 100 両、コンテナ 676 個が流失、駅本屋が被災した。構内のがれきは 2011 年 8 月ごろまでに撤去され、9 月からは接続する製紙工場の操業再開に合わせて紙製品に限りトラック代行で仙台貨物ターミナルまでコンテナ輸送を再開した。11 月に本格的な復旧作業に着手、2012 年 4 月から軌道工事が始められた。

石巻港駅構内では5月上旬から設備工事が進められ、6月以降は仙石線陸前山下駅を結ぶ本線の線路敷設と電気設備関係の工事に移った。その後工事は順調に進み、2012年10月9日から鉄道輸送再開にこぎつけた。この時点では石巻港～小牛田～仙台貨物ターミナル間に10両編成のコンテナ列車を1日3往復運転、うち1往復は災害廃棄物専用列車とした。接続する製紙工場の専用線はその後すぐに復旧工事に着工、7線あった線路を1線に集約し、2013年2月14日に再開した。これにともない、コンテナ列車は1日7往復に増発、トラック代行はすべて終了した。

石巻港駅の復旧により石巻線経由のコンテナ列車が運転を再開した（2013.7 石巻）

●仙台臨海鉄道

津波による被害が甚大だった仙台臨海鉄道は、本社社屋も流失したため、JR貨物東北支社内にしばらく間借りするなど、不自由な状況の中復旧計画を立て、約2ヵ月のがれき処理作業ののち軌道の復旧に取り組んだ。被災したディーゼル機関車3両のうち1両は何とか修復ができたが、2両は修繕見込みが立たず、秋田臨海鉄道と京葉臨海鉄道の休車を譲渡してもらうこととなって3両の機関車を確保、荷主のキリンビール仙台工場の出荷再開に合わせて2011年11月25日に陸前山王～仙台港～仙台西港間6.7kmが運転を再開した。仙台港～仙台埠頭間1.6kmはJR東日本・JR貨物・IGRいわて銀河鉄道・青い森鉄道などへ供給するレール輸送を行っている関係で、そちらの要請からも復旧が急がれ、2012年3月13日に再開にこぎつけた。残る仙台港～仙台北港間1.2kmについてはJX日鉱日石エネルギーの燃料輸送が主体であり、同社専用線の復旧と合わせて臨海本線の工事が行われ、2012年9月7日に運転を再開した。JXからの油送列車は1日3往復（盛岡2・郡山1）運転されている。

●福島臨海鉄道

泉～小名浜間の福島臨海鉄道では、比較的被害の小さかった泉～宮下間は5月30日に東邦亜鉛専用線とともに車扱い貨物列車の運転を再開した。宮下～小名浜間は小名浜駅の津波被害が大きく、復旧作業への着手が遅れたが、10月には工事を開始、再開に先駆けて 10 月 5 日には小名浜駅で鉄道コンテナの営業を再開、小名浜～ JR 常磐線日立間をトラック代行で輸送した。2012 年 2 月 1 日に全線で運転を再開した。

津波に洗われた小名浜駅を復旧して福島臨海鉄道が再開（2012.4）

4-4 主要道路の復旧と三陸道の計画

被災地の主要道路は早期に応急復旧がなされ、通行可能となっていたが、東日本高速道路東北支社が高速道路 7 路線 12 区間での本格復旧工事を 2011 年 10 月から 2012 年内に実施するなど、震災前の状態に戻す工事が進められた。

●国道 45 号の復旧

国道 45 号は前述の「くしの歯作戦」ののち、復旧に向けての工事が進められ、三陸自動車道、北三陸道路が部分開通している区間はそれを活用しつつ沿岸部の町をつなげていったが、橋梁区間を中心に被害の大きい区間が残り、一部区間の通行止め、大型規制などは長期にわたった。落橋などの被害が大きかったのは水尻橋（南三陸町）、歌津大橋（南三陸町）、小泉大橋（気仙沼市）、気仙大橋（陸前高田市）などであった。

南三陸町志津川の水尻橋は土砂流出により通行不能となり、3 月 19 日に自衛隊が仮設した橋で通行可能にはなったが、片側交互通行で狭く、高速バス車両やトレーラーなど長大車両の通過は難しかった。復旧は上流側に鉄骨造りの仮橋を建設することで 5 月から進められ、7 月 6 日に長さ 72m、幅 10m の仮橋が供用を開始した。

陸前高田市の気仙川を渡る気仙大橋は津波により落橋、内陸のもう 1 本の橋も流されたことから、陸前高田市と気仙沼市の間は約 25km だが、別の国道を迂回する大型車の場合は 40km 近く余計に走らなければならなかった。また陸前高田市内でも、川を挟んで普通車で対岸に行くにも 10km 程度の迂回を必要としていた。7 月 10 日にようやく約 50m 上流側に仮設の気仙大橋が開通、迂回せずに気仙沼と陸前高田の間が結ばれた。

最後の通行止め区間だった石巻市成田地区の大規模ながけ崩れ現場は復旧工事に時間を要したが、2012年2月3日に片側交互で通行できるようになり、国道45号は全面復旧を遂げた。

落橋した南三陸町の国道45号水尻橋は隣に仮設橋ができ大型も通行可に（2011.10）

仮設橋が完成した国道45号気仙大橋を中古で譲渡されるバスが回送（2012.4）

●三陸自動車道の復旧

三陸道は3月30日、鳴瀬奥松島IC～登米東和IC間（無料区間）の通行規制が解除され、宮城県内の全線で通行可能となった。まだ路面状態が悪いため50km/h規制がかかっていたが、これにより、甚大な被害を受けた石巻市や南三陸町へのアクセスが大幅に改善、救援や物資輸送に貢献した。

もっとも、復旧・復興関連の自動車が三陸自動車道に集中、三陸道は朝夕を中心に激しい渋滞が発生した。被災地に向かう下り線は7～12時ごろの間、石巻港ICを先頭に松島海岸IC付近まで20kmを超える渋滞が、仙台に戻る上り線は15～19時ごろの間、松島北IC付近を先頭に10km超の渋滞が連日発生することとなった。仙台市街地から石巻市内までは通常1時間半程度だが、渋滞する時間帯は倍以上かかることもあったという。片側1車線区間がほとんどで、そこに速度規制がかかり、復興作業の重量物を積載したダンプやトラックが低速走行を余儀なくされているほか、県外からの救援物資輸送やボランティアの車両が多数流入しているためと考えられた。また仙石線が不通のため、朝夕は通勤流動が加わることも渋滞に拍車をかけた。

交通需要が増えた三陸自動車道は慢性的な渋滞が発生した（2011.4 利府JCT南方）

かねてより着手されていた4車線化工

事は、2012 年 7 月に利府中 IC ～松島海岸 IC 間 4.0km が利用開始、2014 年 3 月 25 日に松島海岸 IC ～松島北 IC 間 7.5km の工事が完了し、利用開始となった。2015 年度までに桃生豊里 IC までの 4 車線化が完了した。

●三陸自動車道のその後

国の高速道路利用に対する被災者の無料化政策が採られた際に、三陸沿岸の行政関係者や議会では「その財源を三陸自動車道の早期開通に回してもらったほうがよほど復興に貢献する」と主張した。これは多分正しい主張である。

三陸自動車道は震災時現在、仙台市内から鳴瀬奥松島 IC までが高速道路としてつながり、その先登米東和 IC までが自動車専用国道（無料）として延長されており、さらに大船渡、釜石、山田、宮古などで部分開通している状況であった。機能的には沿岸部をたどる国道 45 号のバイパス的な位置づけで、少し内陸に入った高台をまっすぐに結び、トンネルや高架橋で峠や峡谷をクリアする、災害にも強い高規格道路である。国道 45 号にはカーブや勾配がきつい区間もある中で、三陸自動車道が開通すれば旅客交通も物流も、大きく改善されることは間違いなく、すでにかなり基盤工事が進んでいることを考えると、これを完成させることで地域の復興には大きな力になることと思われる。

国土交通省は 2011 年 7 月に三陸縦貫道（仙台市～宮古市）、三陸北縦貫道路（宮古市～久慈市）、八戸久慈道（久慈市～八戸市）の計約 360km について、「復興道路」として 2011 年度第 3 次補正予算において事業化され、10 年ぐらいの間に完成することを目標に取り組むことを明らかにした。ルートは津波浸水区域を極力回避して設定、避難・救護や支援活動を想定して簡易 IC を多数新設する案が提示された。8 月末には未着工区間の 149km についてルートと IC（簡易 IC 含む）の開設地が公表された。あわせて国土交通省は沿岸と内陸を結ぶ東北横断道釜石秋田線（花巻市～釜石市）、東北中央自動車道（伊達市霊山～相馬市）についてもルートと IC を公表した。

同年 11 月には宮古中央 IC ～田老北 IC 間が着工され、2014 年 4 月には釜石山田道路の釜石中央 IC ～釜石両石 IC 間の 4 トンネルが貫通するなど、順調に進んでいる。

●常磐自動車道の展開

常磐道は 2011 年 4 月 1 日に、地震そのものによる被災で通行止めとなっていたいわき中央 IC ～いわき四倉 IC 間約 13km で一般車両の通行を再開した。いわき四倉～常磐富岡間約 30km は福島第一原子力発電所の避難指示・屋内退避区域にあるため、復旧工事に着手できないまま残ることになった。9 月末に緊急時避難準備区域の解除が決まったのを受けて、いわき四倉 IC ～広野 IC 間は通行が再開された。警戒区域を含む常磐富岡 IC ～相馬 IC 間は 2011 年 12 月に開通する予定だったが、震災後 9 割方進んでいた工事はストップした。

原発事故により常磐自動車道は広野以北が通行止め（2012.4 国道 6 号いわき市内）

避難・警戒区域再編により、2012 年 3 月から広野 IC 以北について環境省による除染作業と東日本高速道路による復旧作業が並行して進められた。この結果 2014 年 2 月 22 日には広野 IC ～常磐富岡 IC 間 16.4km が再開した。その後の動きについては後編Ⅱを参照されたい。

●津波被災地の道路復旧

沿岸部の一般道路はがれきの除去が済むと順次通行できるようになったが、石巻市や気仙沼市などでは地盤沈下により道路も沈下が著しかった。このため、本格的な復旧には嵩上げが必要で、2011 年夏ごろから順次工事が進められた。

地盤沈下のあった気仙沼市内では道路を嵩上げして復旧（2012.4 鹿折付近）

4-5 路線バスの復旧と臨時路線

交通機関の中でもバスは、道路が通れるようになれば運行を再開できる。東日本大震災においても、比較的道路被害の少なかった青森県では、弘南バス（弘前市）

が１日も止めず、間引きもせずに運行を継続したのをはじめ、首都圏をはじめとする周辺地域では、全部ではないが翌日までには路線バスの運行が再開されている。また、福島、宮城、岩手県では津波被害を受けなかった地域から順次運行を再開、沿岸部においても、地域自体が甚大な変化を余儀なくされ、人々の居住も行動も大きく変わったが、それに合わせて地域・自治体との協力のもと、４月中旬までには臨時バスという形でバス路線が確保された。

●福島交通

震災当日はいったん運行を見合わせた福島交通は、翌 12 日から安全が確認された路線から運行を再開、16 日に原発事故の影響が明らかにならない一部市町村の路線を除き、日祝日ダイヤで運行を再開した。３月 30 日には田村市内の路線を再開、４月６日に相馬地区と原発事故警戒区域周辺を除き、一般路線は通常運行に復帰した。なお、福島市の中茂庭線（飯坂温泉～中茂庭）は道路の崩落によって運休が続いていたが、応急的に通行可能となった４月８日から、小型車しか通れない状況を勘案し、トヨタハイエースを急遽手配し、迂回運行を再開した。同路線は 11 月 28 日に通常運行に戻った。

相馬地区は３月 27 ～ 28 日に 23 路線中８路線を再開したが、この時点では屋内退避地域にかかる原発から 30km 地点で折返し運行とし、該当する相馬～原町間２系統は一部経路を変更して途中鹿島農協前で折返し、30km 圏内への乗り入れは行わなかった。状況を見ながら４月 27 日に相馬～原町間２系統を全区間で運行再開した。また川俣～原町間は４月６日に飯舘村の草野車庫まで運行を再開したが、飯舘村の状況に対応して７月以降は再び運休とした。これを含めて相馬管内でその後も運休が続いた路線は、鹿島を起終点とする５路線など８路線となった。

福島交通中茂庭線は当初ハイエースで復旧し道路事情改善で通常の中型に（2012.4）

「がんばろうふくしま」と前面幕で奮い立たせる福島交通のバス（2011.4 福島駅前）

●新常磐交通

新常磐交通では、地震発生ともにすべてのバスの運行を中止し、安全確認を行った。ほとんどの道路が寸断されたため、大半の路線を運休せざるを得なかったが、運行管理者が安全を確認できたいわき～小名浜間など主要幹線ルートについては、13日から順次運行を再開した。しかし15日になると自家スタンドの軽油が底をつき始めたため、福島空港リムジンバスを除き、すべての路線を運休せざるを得なくなった。いわき市の協力により燃料確保が可能となったのちの3月22日から、道路が通行可能になった路線から順次土休日ダイヤで運行を再開した。新学期の開始により通学輸送の必要性から再開が急がれて、津波被災区間を迂回する形でいわき地区の路線が平常ダイヤでの運行に戻ったのは4月6日のことであった。

ところが4月11日にいわき市勿来地区を震源とする直下型の余震がいわき地区を襲い、新たな被害が発生した。JR植田駅前の同社ビルが傾き、移転を余儀なくされたほか、スパリゾートハワイアンズ裏手にあたる御斎所街道をはじめ数ヵ所で土砂崩れが発生して長期通行止めとなったため、湯本～遠野地区、勿来～白米地区などの路線が迂回、一部運休などの影響を受けた。これらが通常の運行に戻ったのは遠野地区が8月31日、白米地区が10月8日であった。

順次沿岸被災区間を復旧した新常磐交通
（2013.12 薄磯地区） 提供＝新常磐交通㈱

●宮城交通・ミヤコーバス

別項の通り、震災当日夜に帰宅困難者対応の臨時バスを仙台市内で運行した宮城交通だが、一般路線バスが運行を再開したのは3月14日。最初はおおむね朝7時から20時30分の時間帯に、休日ダイヤをさらに5～6割に間引いた形での運行となった。地震による道路被害のあった八木山動物公園線、東北工大線などの一部区間は運休とし、津波被害を受けた仙台港線は陸前高砂駅～仙台港フェリーターミナル間を運休し、北根～仙台駅前～陸前高砂駅間の運行とした。同路線は23日に多賀城市からの依頼にもとづき、終点を仙台港から多賀城駅に振り替えて延長している。

その後の仙台都市圏での運行時間や曜日ダイヤの扱いは、仙台市交通局と足並みをそろえることとし、仙台市交通局の態勢が整ったのにあわせて、3月26日から、7時から20時30分の時間帯はそのまま、一部運休の区間を除き、全路線を日祝日ダイヤで運行することとなった。そして28日、仙台市近郊の一般路線バスを土曜ダイヤに変更、運行時間の制限も撤廃した。その後仙台市交通局の動向と合わせつつ、仙台都市圏での運行が平常に戻ったのは4月18日のことであった。

郡部を担当するミヤコーバスは、津波の影響がない内陸部の路線については、道路事情が許す限り3月13日以降順次運行を再開していった。おおむね5月上旬には通常の運行に戻っている。沿岸部は主要道路上のがれきの処理が済むとともに、3月末頃から順次運行を再開した。しかし日ごとに道路状況が変わる中、日単位で経路やダイヤの変更が必要であった。道路の通行止めが続く地区を除き、おおむね復旧したのは8月ごろになってからであった。

打ち上げられて転覆した船を避けて走るミヤコーバスの石巻市内路線（2011.4）

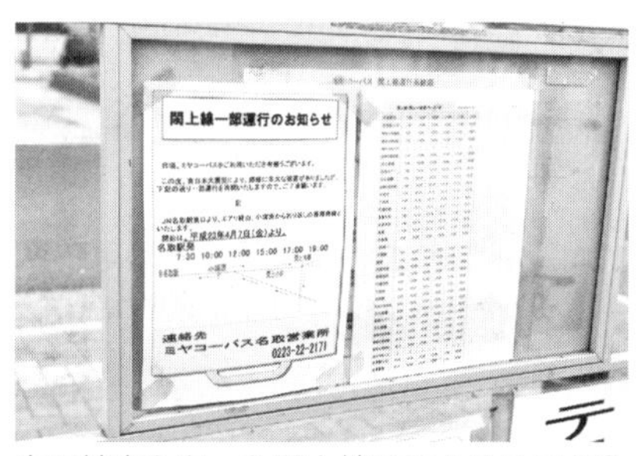

車両被害もあった閖上地区に4月7日からミヤコーバスが復活（2011.4 名取駅前）

ミヤコーバスの石巻市生活バスも臨時経路で復活　待合所は仮設（2012.4 小竹浜）

●仙台市交通局

翌3月12日は混乱のさなかにあり、道路状況もつかめない中、通行可能が確認できた旧国道を利用して、仙台駅前・県庁市役所前を挟んで八乙女と長町の間で不定期運行を再開した。3月14日には通勤需要が復活し始めたことから、25路線で運行を再開するが、この段階では乗務員の確保が十分ではなく、不定期運行に近い状況であった。

3月17日からは主要幹線路線を6時30分から20時30分の間、30分～1

時間間隔で運行する形となった。仙台駅・交通局大学病院前を起点に、北方面 6 路線（泉ビレジ・桜ヶ丘ほか）、南方面 1 路線（八木山南）、東方面 8 路線（陸前高砂駅・霞の目営業所ほか）、西方面 8 路線（国見ヶ丘・白沢ほか）と、長町営業所から南仙台駅、恵和町の計 25 路線であった。22 日にはさらに交通局大学病院前・仙台駅〜岩切駅間、仙台駅〜作並温泉間など 5 路線を再開し、運行路線は 30 路線となった。3 月 28 日から、運行時間帯は 6 時 30 分から 20 時 30 分のまま、全路線において休日ダイヤでの運行を再開した。4 月 4 日から、乗務員の確保と燃料に目途がついたため、運行時間帯の制限を撤廃し、通常の休日ダイヤでの運行に切り替えた。通常ダイヤに戻したのは 4 月 18 日のことであった。

ただしこの段階では鹿落坂（太白区）付近の道路がのり面崩壊等によって通行止めだったため、霊屋橋経由の緑ヶ丘、八木山南、西の平の 3 路線は愛宕大橋を迂回運行したほか、霊屋橋・瑞鳳殿入口〜交通局大学病院前間に臨時バスを運行した。4 月 28 日 17 時に規制解除となったため、3 路線の迂回運行は終了、臨時バスも中止された。また 4 月 29 日には観光循環バス「るーぷる仙台」の運行を、一部コースを変更して再開した。

その後も沿岸部での津波被災地では運休が続き、蒲生線が陸前高砂までの臨時系統として運行するなど、変則運行が行われるが、5 月 23 日から蒲生線、六丁の目岡田線荒浜・岡田車庫系統、深沼線深沼系統、福田町 4 丁目線で区間の延長や通常経路での運行を再開した。

一部の道路の復旧が遅れ仙台市営バスは一部「迂回運行」の表示を掲出（2011.4）

霊屋橋を経由する仙台市交通局の複数系統で迂回運行が発生した（2011.4 仙台駅前）

仙台市営バスのフロントに掲出された迂回運行の表示（2011.4）

●岩手県交通

岩手県交通は３月 15 日から、比較的被害の少なかった内陸部のうち、盛岡市、雫石町、滝沢村、矢巾町、紫波町の路線を、大幅に減便した臨時ダイヤで再開した。また 17 日には花巻駅～北上駅間石鳥谷線を再開した。しかし燃料確保の見通しが立たなかったため、19 日（土）～ 21 日（月祝）の連休の３日間は、花巻空港線と盛岡市内の一部路線を除き、路線バス・高速バスは全面運休とした。３月 22 日以降は盛岡・県南での路線はほぼ通常に戻したが、ダイヤは土休日ダイヤとして燃料節約を図った。４月４日には沿岸地区を除き、一般路線を通常ダイヤでの運行に戻している。

沿岸部については４月までに 46 路線中釜石市９路線、大船渡市７路線、陸前高田市５路線を各市の委託（補助）による無料臨時バスとしてほぼ従来のルートで復旧、釜石～大槌間なども岩手県の補助によりこれに準じた無料バスとしたほか、陸前高田～住田間、大船渡～釜石間などは定額など特設運賃の臨時バスを運行した。これらのうち釜石～大槌間など市町境をまたぐ路線については８月１日から通常運賃に変更した。このため、大船渡市内や陸前高田市内の一部では通常運賃の路線バスと市内の無料バスが同じところを走る場面も生じた。

無料バスは市の負担も大きいことから、まず釜石市が８月１日から市内路線を再編の上、100 円運賃のワンコインコミュニティバスに改めた。同時にまちなか（病院・買物）循環バス５便の試験運行を開始した。追って 10 月１日には大船渡市、陸前高田市のバスも 100 円運賃に変更した。その後 10 月 17 日に

釜石市内から延長して大槌との間を結んだ岩手県交通の無料バス（2011.4 釜石駅前）

いち早く臨時路線で無料運行した釜石市内の岩手県交通（2011.4 教育センター前）

大槌町赤浜の海岸で折り返す岩手県交通の釜石～大槌赤浜間無料バス（2011.4）

は大船渡市内については100円運賃から通常運賃に戻している。さらに2012年4月16日から、釜石市コミュニティバスは200円の定額運賃に切り替え、バスカード利用もできるようになった。

通常運賃に戻して大槌と釜石を結ぶ岩手県交通は広域の足に（2013.8 大槌マスト前）

津波で流失した釜石市東前折返し場も更地のまま元の場所に復活（2012.8）

釜石市では市内バスを無料運行から定額のコミュニティバスに変更した（2012.6）

陸前高田市内も市の委託による無料バスを岩手県交通が運行（2011.6 仮設市役所下）

●岩手県北自動車

岩手県北自動車は3月15日に、被害の少なかった内陸部の盛岡市、岩手町、八幡平市、一戸町、九戸村で路線バスの通常運行を再開した。ただし安比高原線は運休し、盛岡大学線は学休日ダイヤでの運行とした。16日には宮古市でも、西ヶ

被災した田老観光センターの前を走る宮古～小本線岩手県北自動車（2011.6）

バス停上屋はひしゃげ爪痕歴然の宮古市内を県北バスが走る（2011.4 信用金庫前）

丘団地、和井内、花輪、宮園団地、八木沢方面の路線を、１日３～５便で再開した。また宮古駅前とショッピングセンター DORA を結ぶシャトルバスも 30 分ヘッドで再開した。22 日には久慈地区が通常ダイヤでの運行を再開した。

前述のように、沿岸の国道 45 号ルートでも、３月 18 日には宮古～船越間の運行を再開、19 日には重茂営業所まで延長した。22 日には宮古～小本間を再開している。

随所で工事が行われる中を行く岩手県北自動車の宮古～船越間（2011.4 山田町内）

がれきが積まれた宮古市街地を行く岩手県北自動車（2011.4 信用金庫前）

がれきを処理し整地が行われる中を走る岩手県北自動車（2011.6 田老）

営業を再開した道の駅のだから久慈市を結ぶ岩手県北自動車が発車（2012.6）

岩泉とがれきの残る小本を結ぶ岩泉自動車運輸のバスも運行を再開（2011.6）

●ジェイアールバス東北

一般路線は３月 14 日に盛岡～久慈間のうち盛岡～葛巻間を２往復で再開した。22 日から久慈へと延長され、通常の便数に復帰した。二戸市コミュニティバスは 21 日から通常運行を再開し、同市内一般路線は土日祝日ダイヤでの運行を再開した。

●青森市企業局交通部

3月12日に運行を再開したが、信号機停止にともない、安全確保のためツーマンでの運行とした。これによる人員不足もあり、運行は主要13路線に絞り、7割減便による臨時ダイヤで運行した。同日昼ごろから順次信号機が復旧したことから、13日から15日までは平常ダイヤに戻したが、燃料供給の見通しが立たないため、16～18日は7割ダイヤで運行、19～21日は土休日だったことから平常の3割ダイヤとした。22日からの平日は7割ダイヤに戻し、燃料確保ができたため平常ダイヤでの運行を再開したのは3月25日であった。

3月中には平常運行に復帰した青森市営バス（2011.7 青森駅前）

●八戸市交通部

3月12日には全路線についてパトロールを実施、停電による信号機の停止にともない、明るい時間帯の8時から17時まで、主要幹線を土曜ダイヤで運行した。13日も同様に8～17時の間日祝日ダイヤで運行、燃料確保が厳しくなったことから、14～15日は19時以降を運休とした日祝日ダイヤ、16日以降は通勤通学時間帯に比重を置いて12～16時と19時以降を運休とする日祝日ダイヤで運行した。燃料確保に目途が立って平常ダイヤに戻ったのは3月31日であった。

3月末で平常ダイヤに戻した八戸市営バス
南部バスも同歩調（2011.7 八戸駅前）

●南部バス

3月12日は海岸に近いピアドゥ・ラピア、岬台団地、河原木団地方面を運休したほかは運行を再開したが、燃料事情から13日は全面運休、14～15日は海岸方面を除き19時以降を運休とした土曜ダイヤで再開した。平常ダイヤに戻ったのは4月1日であった。

●茨城県内

関東鉄道グループは、震災翌日からほぼ全路線で運行を再開、取手～水海道間では鉄道常総線の代行輸送も実施した。しかし燃料不足が顕在化していたことから、3 月 31 日までは土日祝日ダイヤでの運行を行った。

茨城交通は、当日夕方に対策本部を設置した上、路線の道路状況の確認を行った。そして翌 12 日には水戸市内の信号が復旧したことから、まず水戸市内で運行を再開した。

日立電鉄交通サービスは、22 日から日立市周辺の路線で通常運行に戻ったが、一部の区間で運休や迂回運行が残った。

●コミュニティバス・市民バスなど

各市町村が主体となって運行するコミュニティバスや市民バスも、震災直後は運休となったが、運行範囲が限られていることなどから、ルートの調査は対応が早く、安全確認がとれたところから運行再開が進んだ。早いところでは 3 月 15 ～ 16 日ごろに運行を再開、3 月下旬に運行再開した市町村が多く、4 月上旬にはほぼ通常通りに戻っている。道路事情によっては一部の区間で迂回ルートを採ったケースもある。

ジャパン交通による塩竈市の「しおナビ 100 円バス」は 4 月初旬に再開（2011.4）

仙塩交通に運行を委託する利府町民バスは 3 月中に運行を再開（2011.4 岩切駅前）

名取市のコミュニティバス「なとりん号」は 3 月下旬までに再開（2011.4 名取駅付近）

ミヤコーバスに運行委託する岩沼市民バスは４月１日から運行再開（2011.4 岩沼駅）

住民主体の石巻市稲井地区の乗合タクシー「いない号」はいち早く再開（2011.4）

普代村は村営バスとともに陸中野田を結ぶバスを３月 24 日から運行（2011.6 普代駅）

東松島市の区域デマンドタクシーは不通の交通機関をカバー（2012.4 野蒜駅）

4-6 航路・幹線物流網の復旧

●港湾の復旧

物流の拠点となる港湾は、北関東・東北の太平洋側の 15 港が津波により被災した。このうち震災直後から一般利用できたのは青森港だけであった。しかし被災地支援や復興活動において港湾の重要性は高く、各港湾では復旧作業が急がれた。仙台港では、比較的被害が少なかった高松埠頭の一部を先行して復旧し、３月 17 日に供用を再開、水産庁の油送船が最初に接岸した。このほか同日までに釜石港など６港が緊急物資の輸送に限り使用できるようになった。22 日に大船渡港、23 日に石巻港で一般利用が可能となり、３月 24 日までに 15 港すべて応急復旧ながら入港可能となり、4 月１日までに一般利用を再開した。これにより、29 日までに塩釜、八戸、小名浜の各港にタンカーが入港、ガソリン・軽油・灯油の供給に弾みがついた。

●フェリー航路の復旧

3月25日に仙台港フェリー埠頭が使用可能となった。これにより、太平洋フェリーの大型フェリー「きたかみ」が震災後民間フェリーとして苫小牧港から初の入港を果たした。この時点では旅客輸送は行わず、トラック・トレーラーシャーシを中心に救援物資の輸送であった。川崎近海汽船の八戸～苫小牧間はアクセス港を青森港に変更し、青森～苫小牧間で運航を再開した。

商船三井フェリーの大洗～苫小牧間は大洗港の陥没・亀裂などの被害により当分の間休止とし、3月25日に東京～苫小牧間に航路を変更して運航を再開した。フェリーが着岸できる大洗港第3埠頭中央東岸壁の供用再開により、6月6日に大洗～苫小牧間を復旧した。

●長距離フェリーの被災者無償輸送

日本長距離フェリー協会は、地域ぐるみでの集団移転や避難の移動手段としてフェリーを活用してもらおうと、4月1日から25日まで「がんばろう！フェリーで移住支援プロジェクト」を展開、被災地の市町村からの要請に応じて被災者を無償で輸送することとした。対象となる航路は新日本海フェリーの仙台～苫小牧間、川崎近海汽船の青森～苫小牧間など16航路であった。

●大島航路の復旧

気仙沼市の離島 - 大島の浦の浜港と本土の気仙沼港を結ぶ大島汽船の大島航路は、旅客船5隻とカーフェリー2隻を運航していたが、津波で3隻が沈没、4隻が浦の浜港の陸上に打ち上げられて運航不能となった。この結果、大島はまさに孤島となってしまった。まず3月30日に、船舶は無事だったものの航路復旧見通しが立たないシーパル女川汽船から小型貨客船1隻を用船することによって1日8往復で再開し、何とか支援物資を運ぶことはできるようになったが、車両が渡れないため、電気や水道の復旧工事もできない状態が続いた。

そんなとき広島県江田島市が、東北運輸局と大島汽船からの協力要請に対して、大型フェリー「ドリームのうみ」の無償貸与を申し出てくれた。これを受けて大島航路は4月27日にカーフェリーの運航を1日8往復で再開した。通常気仙沼港では旅客船が南町の旅客桟橋に、フェリーは朝日町の商港に着岸しているが、津波で商港の岸壁が損傷していたため、旅客船の乗り場を使用することとなった。5月いっぱいは島民が4m未満の乗用車1台を往復で利用した場合、航送料金を半額の2,000円とした。なお、フェリーの就航にともない、旅客船は4往復に減便した。また、フェリーの運航再開によって、大島島内のミヤコーバス路線もバスを気仙沼から航送することにより、運行が再開された。

100mほど離れた陸地に打ち上げられていた4隻のうち、小型船2隻は5月に復帰、大型旅客船「海来」（160t／定員300人）は8月中旬から海に戻されて気仙沼の造船所で修復が始まり、9月27日に半年ぶりに定期航路に復帰した。残るフェリー「亀山」（306t／定員250人）は10月下旬に運航を再開した。2012年に7月には新造船「ドリーム大島」が就航、2013年4月には新造船「グリーンパールⅡ」、6月には「たていし」が就航している。

再開したフェリーでミヤコーバスの大島島内路線用車両が浦の浜港に上陸（2012.6）

がれきや打ち上げられた船舶が残る大島で取り残されていたバスと交替（2011.6）

気仙沼港では旅客船桟橋を応急復旧してフェリーも着岸（2011.6）

●その他の離島航路

石巻市の田代島、網地島を結ぶ石巻航路は、3月24日に石巻工業港～田代島～網地島～石巻工業港のルートで1日1便を再開、4月15日まで無料運航とした。3月26日には塩釜市営汽船が運航を再開、当面は塩釜港～石浜港の2点間で1日2往復の運行となった。復興支援の一環として5月末まで無料運航とした。

女川町の出島、江島を結ぶシーパル女川汽船（第三セクター）の航路が2011年7月25日に、両島とも週2回1日1往復で暫定運航を再開、宮城県内の離島航路はすべて再開した。江島では住宅が高台にあったため津波被害は免れたが、電気・水道が復旧していなかったため、島民約90人は島外に避難していた。シーパル女川汽船では復興支援の一環として9月末まで無料運航とした。

〈コラム〉その時私は～ 4 月 7 日の最大余震

4 月 7 日の午後から東北新幹線一ノ関～盛岡間が運転を再開し、復旧に弾みがつくかとの期待もつかの間、同日深夜 23 時 32 分、宮城県太平洋沖を震源とする M7.2 の最大余震に見舞われ、再び福島県以北の鉄道は全線で運転を見合わせることとなった。各地の震度は最大 6 強（仙台市・栗原市など宮城県中北部）で、岩手県沿岸南部、内陸北部・南部、宮城県南部で震度 6 弱、青森県三八上北、福島県中通り・浜通り、秋田県南部などで震度 5 強を観測した。

このときの新たな被害は JR 東日本管内で新幹線約 550 ヵ所、在来線で約 850 ヵ所に及んだ。8 日は東北新幹線一ノ関～新青森間、秋田新幹線盛岡～秋田間、山形新幹線福島～新庄間をはじめ、在来線も一部を除き終日全線で運休となった。

実は 4 月 7 日、私は日中岩手県北自動車と岩手県交通を訪ね、盛岡駅前のホテルに投宿していた。23 時を過ぎて、ホテルの部屋でテレビをつけ、バラエティ番組を見ていた。ちなみに 3 月中はバラエティ番組やドラマなど、娯楽番組は自粛されて特別編成の番組となり、CM も AC（公共広告機構）を中心とするものが繰り返されてきた。それがほぼ通常の番組編成に戻ったところだった。

23 時 32 分、画面に緊急地震速報の文字と警報音が流れた。その数秒後、ズン、という衝撃とともに大きな揺れが襲った。私の部屋は 12 階だったので、揺れも結構大きなものであった。そしてすぐにバチン！と電気が消えた。外を見ると、市街地にもかかわらず、いくつかの予備灯のような明かりが見える以外は真っ暗で、広域的な停電が発生したことがわかった。

このとき私の口から無意識に出た言葉は「またかよ」だった。この日、多くの作業員の努力の結果として、東北新幹線が午後から盛岡～一ノ関間で運転を再開、所用が済んでまだ比較的早い時間だったので、私もお祝いの意味で一ノ関まで新幹線で往復してきたばかりだった。ホームで一ノ関行の列車を見送っていた作業着の職員のまなざしが脳裏によみがえる。せっかくみんなの力で復旧を一歩進めたのに、ここでまた後戻りしてしまう悔しさに、居ても立ってもいられない思いが口走らせた言葉だったと思う。しばらくのちに宮城交通の大西哲郎社長（当時）と懇談した際に聞いたのだが、このとき大西さんの口をついて出た言葉も「またかよ」だったそうだ。思いはやはり、せっかくここまで復興してきたのに、という地団太を踏むような悔しさだったという。

昼間、ようやく盛岡は普通に食事などもできるようになったという話を伺った。駅前の松屋も 24 時間営業を再開したということで、ホテルからも黄色の電照看板が復興の一つの姿として輝いているのが見えていた。それも一瞬にして消えた。

その後も数回、体に感じる余震が続いたが間もなく収まった。しばらく待っても電気がつく気配はない。窓の外も真っ暗なままである。じたばたしても仕方ないので、あとは明るくなってから考えることとし、水が出るうちにとトイレだけ済ませて寝てしまうことにした。

翌朝午前 6 時半、外は明るくなっているが、電気はまだ通じていないようだ。小雨が降っていて空はぐずついている。8 日は宮古に行く予定であった。電気が来ていないからホテルのエレベーターも動いていない。真っ暗な非常階段を使って降りていく。たまたま泊まったホテルの別の店でもらっていた懐中 LED ライトが役に立った。

盛岡駅前に出てみると、あたりは一切の電気が消えた状態で、駅構内に入ると、新幹線も在来線も IGR も運転見合わせの張り紙が出ていて、改札を出てくる人もいないので森閑としていたが、盛岡駅前バスターミナルには、ふだんと全く変わりなく岩手県交通のバスがダイヤ通りに発着している。少なくともバスターミナルの様子は昨夜大きな余震があったようには見えない。道路の通行に支障さえなければ、電気が消えていようが水道が止まっていようが通常通り運行できるバスの強みを見せつけられた感じであった。

この日は当初予定通り 106 急行バスで宮古へ行き、その後山田町に足を延ばして宮古へ戻った。宮古から山田へ向かう頃にはまだ宮古も停電していたが、宮古に戻ってきた 15 時半ごろ、駅周辺の商店に照明がともっていた。駅売店で聞くと 15 時ごろ電気が復旧したという。それから 106 急行バスで盛岡に戻ったのが 18 時半ごろ。ホテルは連泊にしていた。当時の状況では沿岸部に宿泊できるところはわずかであり、少ない宿は復興作業員たちの宿泊によってほとんどとれる状態ではなく、また仮にとれたとしても私のような所用の者が占有するのは申し訳ないという思いもあって、比較的宿泊事情が改善していた盛岡に泊まって各地へバスで動くことにしていたのである。

盛岡も 16 時ごろに電気が復旧したそうだ。よかった、エレベーターで上がれる、と思ってフロントでキーを受け取ると、電気は来たがまだエレベーターの点検が済んでいないのであと 1 時間ほど待ってほしいとのこと。ロビーには点検終了待ちの他のお客さんもいたが、1 時間待つ気にはなれず、また非常階段を 12 階まで上ったのであった。

4 月 7 日の最大余震から一夜明け　鉄道は全面運転見合わせ（2011.4.8）

停電している市街地を平常運行していた余震翌朝の岩手県交通（2011.4.8 盛岡駅前）

〈コラム〉そしてその時も～ 4 月 11 日の福島県の余震

一連の被災地の交通事情を視察する旅を終え、4 月 11 日（月）夕方、私は東京へ帰るべく、郡山駅前バスターミナルにいた。東北新幹線は那須塩原以南での運転だったので、郡山～那須塩原間に福島交通が運行していた臨時高速バスを待っていたのである。翌 12 日には新幹線が福島まで営業を再開する予定だったので、この日が同臨時高速バス最後の日で、私が待っていたのは 17 時 40 分に郡山駅前を発車予定の最後の那須塩原行であった。

大きな地震というものはその予兆があるということをこのとき実感した。17 時 16 分ごろ、遠くからゴーッという音が、実際にしたかどうかはよくわからないのだが、唸りのように近づいてくるのが感じられた。続いてビリビリビリ、と建物が軋むような音が周囲に伝染するかのように広がった。そして次の瞬間、グラグラッと大きな揺れが起き、周囲で女性の悲鳴が上がった。バス乗り場の上屋がゆさゆさと揺れているのがわかる。

揺れと同時に、バスターミナルの中を、あるいはターミナルを出たところの路上を走っていた 6 ～ 7 台のバスは瞬間的に停車した。そのまま揺れが収まるのを待つ。

多分揺れていた時間はわずかだったのだと思う。揺れが収まってしばし、止まったまま様子をうかがっていたバスは、まもなく運行を再開した。揺れたときに一瞬街灯やビルの照明が点滅はしたが、幸い停電には至らず、信号も無事だった。

まもなく私が乗る予定の福島交通の那須塩原行臨時高速バスが入ってきた。待っていた 10 人ほどの乗客が乗り込む。その間にも小さな余震があり、3・11 後携帯電話に緊急地震警報をセットした人が多く、あちこちで「ピーピーッ、ピーピーッ」と警音が鳴る。JR 東北本線が運転を見合わせたらしく、駅ビルから人がぞろぞろと出てきて、福島行臨時高速バスの乗り場に長い列ができ始める。

発車時刻の 17 時 40 分になり、乗務員が地上係員と最終の人数確認をし始めた。比較的前方の席に座っていた私の耳に、運転席から流れる無線が届いた。「A さん、こちら福交郡山、とれますか」 車内名刺を見るとこのバスの乗務員が A さん。そこで無線が入っている旨伝え、A さんが無線をとると、営業所から東北道が通行止めになったので、そのまま待機して指示を待てとのこと。

とりあえず指示を待つという説明があり、乗客を乗せてそのまま乗り場で待機する。外では福島交通の係員が連絡を取り合っている。その間にも無線や外の係員のやり取りで様子が変わっていくのがわかる。この後に郡山を出る 18 時 16 分発の新宿行と 18 時 15 分発の新越谷行高速バスは運休が決まった。高速バス乗り場付近にいた係員が「A さん、無線使わせて」とやってくる。たまたまターミナルにいるバスでこのバスだけが無線を搭載した貸切車だった。携帯電話がつながりにくく、営業所との連絡も業務無線が最も信頼性が高いようだ。

17 時 55 分ごろになって、東北道の規制解除の見込みが立たないので那須塩原行は運転を取りやめるとの指示が下った。発券の係員が乗ってきて、事情を説明し、乗車券を払い戻すという。乗客の中には「した道を通っていけないのか」「今日中に帰らなければならないのだが」と食い下がる者もいたが、国道 4 号があおりで相当渋滞していること、その時点では那須塩原～東京間の新幹線も運転を見合わせており、仮に新幹線が運転を再開したとしても、渋滞する国道

余震が起きる直前の郡山駅前　宮城交通の高速バスが仙台から到着（2011.4.11）

を通って運行したのでは最終の那須塩原発東京行に間に合う可能性は低いことなどが情報として伝わると、「仕方ないか」といったムードになっていった。

とはいえ同時に運休を決めた福島行高速バスの方は、JR が止まって長蛇の列となっていただけに、国道を通っても何とか運行してほしいという声は強かったようだ。ちょうど 17 時 56 分に郡山を出る新常磐交通の会津若松発いわき行高速バスは、した道を通っていわきまで運行することになって、福島行の乗り場のすぐ前から出て行ったことも、待ち客の不満につながった面もあったろう。運休が決まった直後は JR 駅の方でもまだ「駅前から福島行のバスが出ていますから」という案内をしていたようで、あわてて福島交通の係員が JR に運休を伝えに行く場面もあった。

国道の状況が悪く先が読めない、那須塩原行の場合は行きつくこともしかしたらできないかもしれないという中での状況判断としては、福島交通の運休の判断は正しかったと言えるだろうが、確かに利用者サイドからすれば、した道に経路を変えて運行してほしかったという思いはあっただろう。私を含めて帰る手段をなくし、途方にくれた人は 100 人ではきかなかったと考えられる。すでに発車してしまった後であれば、あるいは庸車のブルー観光の運行であったなら、そのまました道を行けたのではないか…いろいろな思いがよぎった。

さて困った。これで今日中に帰ることはできなくなった私は、次善の策を考えなければならなくなった。とりあえずいくつかの市内のホテルに電話してみたものの、空室は見つからない。そんなとき、電話しながらふと脇に目をやると駅レンタカーの営業所が。ためしに車が空いているかどうかと、翌日の栃木県内乗り捨てが可能かどうかを聞いてみる。すると手配できるという。他に方法が思いつかなかったので、即決して翌日栃木県内乗り捨てでレンタカーを借り、どこか途中の車内で仮眠をとることにした。走り始めてしばらく、確かに国道 4 号は渋滞していた。渋滞で停まると、余震が続いていて車が揺れるのが体感できる。結果論から言うと国道 4 号経由で那須塩原には新幹線の最終前に到着し、新幹線は運転を再開していた。

この日の余震の震源は福島県浜通り、いわき市の西南西 30km 付近で、深さは 6km、マグニチュード 7.0 とされた。最大震度は 6 弱（福島県中通り・浜通り、茨城県南部）で、津波警報が発表されたが実際には津波はなく、約 45 分で解除された。震源に近かったいわき市田人では、土砂崩れに巻き込まれて高校生の命が失われた。私たちが NPO で保存しているボンネットバスを毎年秋、田人の「ほっこり祭」で走らせ、地域の人たちとも交流している。他人事とは思えない、心痛む出来事だった。

＜コラム＞原始的な手法が早期復旧に

JR 東日本の沿岸部が壊滅的な被害を受けた中で、幸い拠点となるべき石巻駅、気仙沼駅、宮古駅などが津波の先端が届くか届かないかの位置にあって大きな被害を免れた。そのことが内陸と沿岸を結ぶ JR 各線区の早期の再開にとって幸甚だったのは言うまでもないが、さらに再開を早めることができたのは、停電や通信設備の被災で信号装置が使用できない中、“昔取った杵柄”で実に原始的な方式を採用することで、電気に頼らずに列車運転ができたからである。

山田線上米内～宮古間が再開したのは 3 月 26 日。このときはまだ宮古駅構内の信号設備は復旧できていなかった。そこで盛岡支社では茂市～宮古間にスタフ閉塞式を導入した。スタフ閉塞式は、行違いができる最後の駅から末端駅までの間に、進入した列車が戻ってくるまで次の列車が入らないよう、当該区間に用意されたただ 1 つの物証であるスタフを、駅側と運転士側が確認作業の上で受け渡し、そのスタフを携行した列車のみが当該区間を走行できる仕組み。タブレット閉塞式と同様のキャリアが使用され、茂市駅で受け渡しが行われた。この方式は石巻線鹿又～石巻間、八戸線階上～種市間、仙石線石巻～矢本間でも暫定的に採用されている。

4 月の初めにはようやく、津波の被害を受けた地域にもバス路線が戻ってきていた。しかし状況は毎日変わる。がれきの除去によって新たに通行できる道路が増えるかと思えば、復旧作業などの関係でいったん開いた道路が通行できなくなったりする。その都度バスも運行経路や時刻を見直しながら“現物合わせ”の運行をするしかなかった。市街地が津波被害を受けた石巻市で運行するミヤコーバス石巻営業所も、まさに“毎日がダイヤ改正”という状況の中、まだ津波に洗われた痕跡が明らかな営業所で作業が続けられた。浸水でパソコンが使用不能となったため、毎日手作業でダイヤが引かれ、乗務員を張りつける。基本的な路線こそ変わらないものの、迂回ルートがあったりバス停の位置が変わったりしている上に、毎日運行時刻が変わる状態に、乗務員も大変だっただろうと思う。そして事務員は毎日、手書きのバス停時刻表を作成し、各バス停に貼って回ったという。しかしそうした手作業によって、バスの運行が守られたことは、特記すべきことではないかと思う。

スタフ閉塞というある意味原始的な手法が
復旧を早めた山田線の宮古駅（2011.6）

手書きの時刻表を毎日張替えに走った
ミヤコーバス石巻営業所の社員たち
（2011.4）

4-7 南三陸町に見る地域とバス

●公共交通のない地域となった南三陸町

被災地の一つ - 宮城県南三陸町では、合併前の志津川町、歌津町だった 1990 年代に宮城交通が国道 45 号ルートのバス路線を廃止、その後志津川から合併によって成立した南三陸町内と隣接市町を結んで運行していた路線は、分社会社の宮交登米バス（現・ミヤコーバス）が引き継ぎ、町の補助を得て運行してきた。しかし補助金がかさむことを理由に、南三陸町はそれまで運行していた宮交登米バスの廃止を促し、補助金の中止にともなって宮交登米バスは、2006 年に佐沼営業所志津川駐在所を廃止し、同町内から全面撤退した。これにより、南三陸町内の交通機関は町の自家用バスと乗合タクシーが町域のみで最低限の運行をするだけとなり、隣接市町と結ぶのは JR 気仙沼線だけとなった。

ところが震災によって JR 気仙沼線は壊滅状態に。隣接市町との間の交通機関はなくなったほか、町内交通も被災して運行できる状況ではなくなり、公共交通ゼロの状態となったのである。自家用車をもともと使えない、あるいは流失等によって使いたくとも使えない町民の移動手段は断たれる結果となった。南三陸町からは気仙沼市の津谷高校、気仙沼高校などに通う高校生が多い。その唯一の通学手段だった鉄道が寸断されたのである。代替手段を求めようにも、町民バスや乗合タクシーの運行を委託する事業者は小規模で、広域運行のノウハウを持たない。もちろんミヤコーバスにバス運行を要望するという考え方もあっただろう。しかしすでに撤退して 6 年ほどたち、しかもいわば追い出した立場の町としてはミヤコーバスに再度走ってほしいとは言えなかったことと思う。ミヤコーバス自体も当然、まずは自社の路線のあるところを優先して復旧せざるを得ない。

こうした状態をまる 2 ヵ月耐えた南三陸町民だったが、5 月に入って高校が再開すると、通学手段のないことが深刻な問題となった。そこで町民からの強い依頼によって、撤退したミヤコーバスが再び志津川～気仙沼間に臨時バスを運行開始した。

●通学対応のため鉄道とバスが連携

ミヤコーバスは震災後、4 月中に既存の気仙沼～津谷（本吉）間を結ぶ路線バス（三陸線）を、国庫補助の要件を最低限クリアする 3 往復で再開した。もともと同路線は JR 気仙沼線と並行するものの、通学は鉄道、通院や高齢者の買い物などはきめ細かくバス停のあるバスと棲み分けができていた。しかし震災後はバスが唯一の交通手段となったものの、高校が再開するとそのままの輸送力で通学輸送をさばくのは難しいのに加え、運賃差が高校生にとって大きなバリアとなるのは確実だった。

さらに路線バス空白地帯である南三陸町から気仙沼市への通学需要も大きく、何らかの手を打たなければ南三陸町の高校生は通学ができない状況となる。そこで地域からの要望も受けてミヤコーバスではJR東日本と意見交換を重ね、気仙沼線の振替輸送を兼ねた臨時バス路線の運行を決断した。

高校の授業が再開した5月9日、ミヤコーバスは気仙沼市役所前〜津谷（本吉）間三陸線の平日ダイヤを震災前の7往復に戻すとともに、臨時路線として志津川中学校〜本吉駅前間を延長、平日は志津川中から本吉駅前経由で気仙沼駅前までの快速便を2往復、志津川中〜本吉間の普通便を1往復新設した。土日祝日については気仙沼市役所〜本吉間は3往復、うち1往復が志津川中発着というダイヤを組んだ。JRの定期券・回数券はそのまま通用し、差額をJR東日本が負担する。高校生の集中する朝の本吉駅にはバスを待機させ、1便当たり最大3台の同時発車を行った。振替輸送のため、駅最寄りのバス停は振替指定バス停とし、路線バスの乗り入れを行っていなかった気仙沼、本吉は新たに駅前への乗り入れを行った。

なお、同じ5月9日、南三陸町内では町の自家用バス8台を使った無料巡回バスもスタートした。町立病院の仮設診療所や仮設役場などと町内集落や避難所を結んで11路線46便運行するもので、1系統あたりの運行は1日1〜3便。震災前に町民バス・乗合タクシーを運行していた地元のタクシー会社に運転を委託し、経費は町が負担した。

●臨時バスの改善

志津川〜気仙沼間のミヤコーバスの臨時バスは、気仙沼営業所の被災状況と車両運用の関係から、佐沼営業所が中心になって運行した。津谷〜気仙沼間の便と朝気仙沼を出る志津川方面を気仙沼営業所が担当する形をとった。当初は志津川系統には中型バスを充当した。これは国道45号小泉大橋が復旧できていない中で、陸前小泉〜本吉間で狭隘道路に迂回する必要があったからである。この結果、志津川および歌津で乗り込む高校生が多いこともあり、朝の気仙沼行通学便は毎日超満員の状況となった。

道路事情の悪さから、所要時間も志津川から気仙沼まで鉄道で1時間のところ、臨時バスは2時間かかってしまう。帰りの最終便も早めに設定せざるを得ず、部活ができないといった悩みも生じた。気仙沼高校では、2011年度当初に南三陸町からの新入生9人と2～3年生4人が通学困難などを理由に佐沼高校など内陸の高校に転校した。また自宅を流された在校生24人が、避難所からバスで通学するのは大変と校内の柔道場に寝泊まりすることとなった。

ミヤコーバスとしても南三陸から本吉まで約1時間、気仙沼まで2時間近くに及ぶ区間を立って乗ってもらっていることについて、何とか改善したい気持ちは当然持っていたが、改善策はバスを追加するしかなく、それには1日行程の仕業を追加しなければならない。乗務員数が逼迫する中で対応ができないまま道路事情の改善を待つしかなかった。

6月6日にダイヤを修正し、日中の快速運行の中止（快速は朝の気仙沼行と夕方の気仙沼発1往復)、本吉以北のダイヤ調整（数分おいて連行するダイヤから1便続行方式へ）などを行って輸送力を調整した。7月4日に小泉大橋が仮橋で復旧し、小泉小学校入口（陸前小泉駅振替）～本吉駅前間は所要14分から7分に短縮されるとともに、全区間で大型バスによる運行が可能となった。これを受けてミヤコーバスでは志津川方の起終点を志津川駅前に変更するとともに、北陸鉄道や名鉄バス、東濃鉄道から譲り受けた大型バスを三陸線に投入し、輸送力増強を図った。

7月11日には柳津へルートを延長、JRの振替輸送区間を柳津～気仙沼間とした。このときは柳津～志津川間の独立した系統で3.5往復運行される形だったが、8月19日から4往復に増強されるとともに、柳津～気仙沼間の直通運行が1往復設定された。これに合わせて朝の柳津発と夕方の柳津着は佐沼営業所が担当するため、佐沼営業所～柳津駅前間に1往復の臨時バス（運賃100円／JR振替対象外）が運行されることになった。2012年1月16日には志津川駅前広場が整備されたのを受けて、バス乗り場も路上から同所に移転、簡易待合所が設けられた。その後も2012年度に入って全線系統を6.5往復に増やし、本吉～気仙沼間は14往復を確保した（平日）のをはじめ、需要動向に応じてダイヤを変更するなど、ミヤコーバスはむしろ積極的に同路線を充実させていった。

●既存事業者のノウハウと信頼性

後述する気仙沼線BRTが運行開始する2012年8月までの約1年4ヵ月間、

ミヤコーバスは同町の唯一の基幹交通として、住民に喜ばれた。ちなみにこの臨時バスは、南三陸町をはじめ市町や県からの補助金は一切もらっていなかった。ミヤコーバスとしても、トータルの中で吸収し、地域貢献のつもりで走らせた路線と言える。結果的には JR の振替輸送の収入によってこの臨時バスは収支が相償っていたそうだ。結局、地域にとって頼りになったのは、県内で長年のノウハウをもつバス事業者だったということである。これは地域におけるバスのあり方を考える良い事例となるのではなかろうか。

志津川と気仙沼を結ぶ臨時バスが運行開始し　高校生の通学が可能に（2011.6）

当初始発地とした志津川中学校　避難所として使用されていた（2011.6 志津川中）

がれきの中を発車　当初は道路事情から中型バスで運用（2011.6 志津川駅前）

津波の爪痕が歴然と残る南三陸町を走るミヤコーバスの臨時バス（2011.6）

津波被害が大きかった歌津駅前に到着　ここでも多数の高校生が乗車する（2011.6）

被災した建物とがれきに囲まれた歌津駅前ここで多くの立客が出る（2011.6）

小泉大橋が通行可能となって大型バスに変更したが　それでも立客が（2011.10）

志津川駅前バス停には父母による送迎のマイカーがバス停に集まる（2011.10）

臨時バス運行区間が柳津に延長　気仙沼線全線で振替輸送が開始（2011.10 柳津）

朝日を浴びてがれきの残る南三陸町市街地を走るミヤコーバスの臨時バス（2011.10）

輸送力を確保するため朝の本吉以北はバス台数を増やして対応（2011.10 本吉駅前）

少し時間を置いて本吉を発車する気仙沼行バスにも順次高校生が乗り込む（2011.10）

本吉駅で本吉の高校に通う生徒が下車する　ここから新たに乗車する高校生もいて乗降が輻輳（2011.10）

満員の高校生を乗せてがれきの残る町を気仙沼に向かうミヤコーバス（2011.6 片浜）

約 1 年 3 ヵ月にわたって気仙沼線をカバーしたミヤコーバス（2012.4 志津川駅前）

津波の痕跡が歴然とした志津川の中心部をミヤコーバスの臨時バスが走る (2011.10)

損傷したままの気仙沼線高架橋を横目にミヤコーバスの臨時バス（2012.4 陸前小泉）

第5章 鉄道に代わって 基幹交通の役割を果たした高速バス

5-1 幹線鉄道の代替を果たしたバス輸送

●鉄道の代わりを果たせるのはバスしかない

東日本大震災によって、東北・北関東の鉄道網は大きな被害を受け、東北新幹線をはじめ幹線鉄道網も長期の不通を余儀なくされた。鉄道が大きな被害を受け、寸断したことにより、多くの人の移動手段が奪われた。鉄道の輸送は基本的には大量集約輸送であり、仮にローカル線であっても、単位輸送力は大きく、通学輸送などにおいてはその大量性をいかんなく発揮する。新幹線や都市圏輸送における鉄道の輸送量にあっては、列車1編成がバス何10台分にも及ぶため、新幹線を含む大規模な幹線輸送が寸断された場合は、バスでもその輸送量すべてをカバーすることは難しいが、とはいえ、この輸送を何とかカバーしようと思えば、肩代わりできる手段は、バス以外には考えられない。東日本大震災においても、鉄道が復旧するまでの間、既設、臨時を含めて多くの乗合バスが幹線輸送に力を注いだ。1本の定期バス路線が県庁所在地へ、首都圏へ、そして全国へとつながっていることへの被災地の安心感は非常に大きなものであった。

●高速バスに緊急通行許可

国土交通省は2011年3月16日に、首都圏のバス事業者の幹部を集め、「新幹線の代替手段として需要に十分応えられるように高速バスをとにかく走らせてほしい」「乗れなかったという事態を避けられるよう大量の資源を投入してほしい」と要請した。

これに先駆け、東北自動車道が緊急車両の通行で開通した時点で国交省は、高速バス車両を自衛隊や警察と同様の緊急車両に認定するよう通達、特例として、緊急通行許可証を取得すれば、当該区間に乗合許可がなくとも首都圏と東北を結ぶ高速バスの臨時運行を認めることとした。

これを受けて警察庁は、災害対策の車両に限定して通行を再開させている東北自動車道の緊急通行路について、当初は福島原発事故の対応車両と人命救助に向から車両を優先し、食料などの輸送に関して宮城県以北に限定していたが、2011年3月14日から福島以北に食料や生活用品を運ぶ車両（救援物資を運ぶ企業の車両・医師を乗せた車両などに限定）に加えて、高速バスにも通行を許可する確認証票を交付することとした。鉄道の寸断により、人の移動に制約が生じていることから、高速バスも交付対象としたものである。

臨時路線を含む高速バスにも交付された緊急車両通行証（2011.3 福島交通）

緊急車両として東北自動車道の料金所を通過する緊急支援バス（2011.4 京成バス）

5-2 走れる道路を使って都市間バス再開

●仙台〜山形間再開

震災2日後の3月13日、仙台〜山形間を結ぶ宮城交通と山交バスの高速バスが運行を再開した。本来高速バス路線だが、まだ東北道・山形道が通行できないので、国道286号を経由、所要時間は通常約1時間のところ、約1.5倍の1時間半ほどかかった。とはいえ、震災後唯一の宮城県から県外に向かう交通機関であり、山形からはすでに山形空港発の航空便が再開、山交バスの山形〜新潟間特急バスも再開していたため、首都圏にアクセスできる貴重なルートとなった。

このため、仕事や旅行で仙台を訪れ、仙台で2日間足止めされていた“帰宅困難者”らが、報道や口コミで運行再開を知って長蛇の列をつくった。両社はこの日、臨時バスの扱いで午前8時を最初に13往復を運行、被災事業者でもある宮城交通も、山形営業所を活用して手配できる限りのバスを出した。翌14日には仙台〜山形間は17往復に増便され、バスの手配がつく限り続行便も出されたが、それでも朝のうち、県庁市役所前と仙台駅前の2バス停に約1,000人が列をつくった。

この日の300m以上にも及ぶバス待ちの長蛇の列がマスコミで取り上げられ

たため、両社には国土交通省から、より多くのバスを手配し善処するようにとのお達しがあったらしい。だが、宮城交通にとってみれば、２日目のこの日はまだ、人命を救うための輸送に最大の力点を置いている状況の中。山交バスも仙台営業所を中心に救援輸送に心を砕いている最中だった。その中でできる最大限の都市間輸送再開だったと考えられる。３月 15 日には 17 往復の運行を行った。だが、両社とも軽油の残りが少ないため、この時点では 16 日以降の減便も想定された。

被害の少ない山形と仙台を結んだ高速バスの再開は多くのニーズをカバー（2011.4）

何とか燃料と乗務員を確保して運行を続け、３月 16 日には山形道の通行止め解除（緊急車両通行可）により高速経由のルートに戻したのち、３月 28 日には９時台の３本を除き通常ダイヤでの運行となった。

●非常時の高速バス運行に向けてのノウハウ

仙台と隣県を結ぶ仙台～盛岡間、仙台～福島間などの高速バスは、通常であればそれぞれの都市で２～３ヵ所のバス停に停車するスタイルで運行される。しかし再開当初はどの路線も便数を絞り、乗降バス停を各都市１ヵ所に指定した２点間輸送とした。すなわち、仙台での乗降は仙台駅前宮交高速バスターミナル１ヵ所として広瀬通一番町は通過、盛岡の場合であれば盛岡バスセンターには行かず、盛岡駅西口１ヵ所とした。便数を絞ったのは、当初から輸送力（用意できる車両・乗務員数）いっぱいの運行を設定してしまうと、乗り切れない人が出た場合の対応がしにくくなるが、便数を絞ることによって一時的に集中する需要に続行便で対応できるからである。また２点間輸送については、途中バス停での乗り残しを回避し、１ヵ所で並んだ順に乗っていただくことで、より効率的かつ公平な輸送が提供できることから宮城交通の提案で採られた手法である。

予約制の長距離路線の場合に課題となったのは、乗車券の発券であった。予約自体は電話やインターネットでできるものの、当時発券は各社とも 80% 前後がコンビニ端末で行われていた。そのコンビニの営業再開が遅れ、特に仙台市や盛岡市で不十分だったことから、発券が各社の窓口に集中することとなったのである。JR バス東北の場合は駅の「みどりの窓口」での発券も可能な路線が多かったが、鉄道の運転が再開されていないため、仙台駅などをはじめ、JR 駅が閉鎖されており、対応ができない状況だった。このため、一部の予約路線では当初予約制を中止したが、それはそれで利用者が集中して混乱を招くことになり、すぐに予約制に戻している。結局インターネット予約者は車内で発券、臨時の発券窓口を置くなど、人海戦術で捌いたのが実態であった。

当初の予約制高速バスは、続行便を設定してもすぐに満席の状態が続いた。ただ、実際には必ずしも全部埋まっていたわけではなかった。JRバス東北では、もし予約・発券済みのお客さんが予定通り来た場合のことを考え（個別にお客さんに連絡することは不可能だったので）、震災前に予約済みの席は残しておいたため、空席がすぐに埋まってしまって台帳上は常に満席状態になってしまった。実際には事実上キャンセルや来ることができない予約客も多く、キャンセル待ちがかなり乗れたのが実態であった。かといって、もともと事前に入っていた震災後の日の予約を、非常時だからとして一旦全部取り消し、真っ新にしてあらためて予約をとるというのは、（高速ツアーバスなどではそのようにしたケースもあったようだが）勇気がいる判断であろう。

高速バスが唯一の都市間移動の手段となり長蛇の列（2011.4 仙台駅前宮交高速 BT）

次々に発着する各方面への高速バスに利用者の期待（2011.4 仙台駅前宮交高速 BT）

当初復活した路線は 2 点間輸送の形をとり臨時輸送の位置づけ（2011.4 郡山駅前）

再開した東北地方内便はいずれも満席で仙台を出発（2011.4 仙台駅前宮交高速 BT）

5-3 東北新幹線をカバーした高速バス

●被害甚大の東北新幹線と東北自動車道の再開

東北新幹線は被害が大きかったため、当初は全線で運転を中止、4 月 12 日に福島まで再開して在来線に仙台との連絡列車が運転され、ようやく首都圏と仙台が鉄道で結ばれた。その間ほぼ 1 ヵ月、首都圏と東北地方の間は完全に鉄路が寸断された状況となった。

東北自動車道も当初は全線で通行止めとなったが、大規模な路盤崩壊などがなかったため、補修によって 3 月 16 日には全線で通行可能となった。

●東北自動車道利用可能直後の再開

高速バスについては当初から緊急車としての許可が得られたことから、3 月 16 日以降、首都圏と東北を結ぶ高速バスの運行再開が進められた。昼行便では 16 日に JR バス東北が新宿～仙台間を仙台発のみ 2 便で再開した。仙台発 8 時と 9 時 20 分の 2 便で、いずれも満席での出発であった。ただ、路面状況がまだ悪く、速度制限が大幅にかかっていたため、通常の倍近い約 8 時間かかっている。同路線には夜行便の設定もあるが、夜間は路面の状況が確認しにくいため、運行を見送った。17 日には新宿発を加えて 2 往復とし、21 日には 3 往復に増便、24 日には 4 往復に増便した。夜行便も再開して通常通りのダイヤに戻ったのは 4 月 1 日であった。

また JR バス関東・JR バス東北・福島交通は、福島・郡山～新宿間昼行高速バスを 3 月 18 日に当面 6 往復で再開した。その後体制が整うにつれて順次増便していった。

3 月 17 日には日本中央バスが拠点の群馬と板橋・新宿・さいたまから仙台への高速バスを計 3 便運行再開した。同社は金沢、名古屋、京都、大阪など広範に高速バスを運行するが、これら西への高速バスを一時減便して仙台線に資源を投入した。

日本中央バスは 3 月 17 日に高崎・前橋～仙台間高速バスを再開（2011.4 仙台駅東口）

首都圏～仙台間高速バス復活第一号となった JR バス東北の新宿線（2011.4 白石付近）

日本中央バスは新宿・さいたまと仙台の間も早々に再開し需要に応えた（2011.4）

JR バス関東は新宿～郡山・福島間を再開東京駅～仙台間臨時バスも（2011.4 郡山）

福島交通が再開した郡山発新宿行　各便満席の状況で新幹線をカバー（2011.4 郡山）

●夜行高速バス順次再開

夜行便は 3 月 17 日に国際興業が東京～盛岡間〈ドリーム盛岡〉を再開（盛岡発は 18 日から）したのを最初に、18 日ごろから急速に運行再開が進んだ。東京～盛岡間は 18 日から JR バス東北が、21 日から JR バス関東が加わり、需要に対応して相当数の続行便を設定した。

3 月 18 日には沿岸被災地への直行ルート復旧第一号として岩手県北自動車・羽田京急バスの品川～宮古間〈ビーム 1〉が再開したのをはじめ、東北急行バスが東京～仙台・山形間を再開した。19 日には東京駅～羽後本荘間が羽後交通便のみの隔日運行で再開した。20 日には弘南バスの上野～弘前・青森間、弘南バス・京浜急行バスの横浜・品川～弘前・五所川原間〈ノクターン〉、岩手県交通の花巻～池袋間〈イーハトーブ〉および盛岡～横浜・本厚木間、山交バス・近鉄バスの山形～京都・大阪間が再開した。21 日には関東鉄道・近鉄バスの水戸・つくば～京都・大阪間が運行を再開した。

また 21 日に富山～仙台間が富山地方鉄道便のみの運行で再開、22 日には金沢～山形・仙台間が北陸鉄道のみの運行で再開し、いずれもしばらくの間は北陸側の事業者のみの隔日運行となった。宮城交通が夜行バスの運行に着手できたのは４月になってからで、４月７日発から名古屋線、千葉・成田線、金沢線、８日発から京都・大阪線、新宿・渋谷線（仙台から）、富山線を運行再開した。

東京駅～盛岡間夜行高速バスは運行４社が多数の続行便を設定（2011.4 盛岡駅前）

国際興業は東京駅～盛岡間夜行高速バスに国際興業観光バスの応援を依頼（2011.4）

弘南バスの青森～東京間昼行高速バス〈スカイ号〉も利用が伸びた（2011.7 青森駅前）

東北・北関東と京都・大阪を直結する近鉄バスは被災地各社の運行をカバー（2012.2）

●首都圏～東北の輸送力確保

３月 22 日ごろには被災地の道路事情がともなわない一部の地域を除き、高速バスの大半はほぼ復旧を遂げた。22 日現在で東北地方に発着する高速バスのうち、首都圏を結ぶ 30 路線は、その 80% 近い 23 路線が運行を再開している状況であった。１日あたりの輸送力は続行便や臨時便の設定により、平常時の 1,980 人から 3,470 人と、175% にまで向上した。

その後も３月 24 日に青森駅～東京駅間と山形～新宿間（JR バス東北）、大阪・京都～宇都宮間〈とちの木号〉（関東自動車・近鉄バス）が、26 日に秋田～東京・横浜間（JR バス東北）、28 日に福島～横浜間（JR バス東北）、29 日には大阪・京都～福島間〈ギャラクシー号〉（福島交通・近鉄バス）が再開している。

４月４日には岩手県交通・国際興業の釜石・遠野～池袋間〈遠野釜石号〉が運行を再開した。通常は大槌が起終点の路線であるが、釜石以北に未復旧箇所があるため、当面は釜石営業所発着とし、現地の被災状況を考慮して国際興業では池袋発の下り乗客に朝食代わりの軽食（栄養補助食品とスポーツドリンク）を4月下旬まで無償提供した。また4月8日には岩手県交通の釜石・大船渡～池袋間〈けせんライナー〉が、国道45号の気仙大橋の復旧見込みが立たなかったため、とりあえず気仙沼･千厩･一関～池袋間で運行を再開した。〈けせんライナー〉は通常岩手県交通の単独路線だが、岩手県交通では被災地の輸送確保のため余力がなかったことから、もともと共同運行していた国際興業が運行を一部肩代わりした。

新幹線が不通のため、特に夜行高速バスには予約が殺到、1日2往復を運行する東京～盛岡間では21日以降は連日1便10台以上を張りつけ、3月27日には15台続行が見られた。JRバス関東は通常関西方面に運用するダブルデッカーを盛岡線に充当して少しでも多くの定員を確保、国際興業・岩手県交通はグループの国際興業観光バスの応援を得て台数を増やした結果、1便当たり500人前後の輸送力が確保できた。

東北急行バスでは関西方面の路線を共同運行の近鉄バスに肩代わりしてもらって仙台・山形への輸送力を確保、さらに同社が属する東武朝日グループの協力を得て関越交通などの貸切車両が続行便として手配され、台数を確保した。

こうした事業者の努力によって、3月27日には震災前の90%に相当する28路線で運行が再開され、1日あたりの輸送力は通常の221%にあたる4,370人に増強されている。さらに1ヵ月後の4月11日現在の輸送力は5,275人となり、通常の270%となっている。都市別に見ると首都圏～盛岡間が467%の1日約700人と最大で、首都圏～仙台間は415%の約1,600人となった。

震災直後は多くの長距離高速バスが運休を余儀なくされた（2011.3 秋葉原駅の告知）

再開した国際興業の〈遠野釜石号〉は被災地直結の重要な足に（2011.6 仙人峠道路）

JR バス関東は関西方面に運用する二階建てバスを需要の多い盛岡線に投入（2011.4）

盛岡駅で多数の利用者をさばく JR バス関東の二階建てバスの輸送力（2011.4）

応援で東京駅～盛岡間夜行高速バスの続行便についた国際興業観光バス（2011.4）

国際興業観光バスは正座席 45 人の貸切バスを最大 5 台ほど続行させた（2011.4）

老舗の東北急行バスも昼夜両方で東京と仙台を結んだ（2011.4 仙台駅前）

東北急行バスも輸送力確保のため続行便はグループ会社が応援（2011.4 仙台駅前）

東北急行バスの続行便で仙台～東京間を乗合運行した関越交通（2011.4 仙台駅前）

東北急行バスと同じ東武朝日グループに属する関越交通が応援（2011.4 仙台駅前）

●輸送需要に応じた増強

輸送力増強のため、既設便の増便や続行便対応が進められたほか、通常は設定のない長距離昼行便などが追加された。

国際興業と岩手県交通は、3月22日から東京～盛岡間に昼行便1往復の運行を開始した。同区間の夜行高速バス〈ドリーム盛岡号〉の増便の位置づけで、池袋は経由せず、東京駅と盛岡駅・盛岡バスセンターの間を直行扱いとした。東京駅八重洲口と盛岡バスセンターをそれぞれ9時に発車し、所要7時間10分（盛岡駅）で設定、正規の高速車両には余裕がないため4列シートの貸切車両を使用する関係で、運賃は定期夜行便の運賃から500円を割り引いて片道7,300円とした。通常の夜行便との往復利用を可とするなど、きめ細かく運賃の扱いが設定された。岩手県交通が運行を担当したが、続行便対応をする余裕がなかったため、続行便については国際興業観光バスが肩代わりして運行した。

同じ3月22日、岩手県北自動車も品川バスターミナル～盛岡南間で昼行便を臨時設定した。品川～盛岡南・宮古間の夜行高速バス〈ビーム1〉のうち、品川～盛岡南間を補完するもので、盛岡南営業所9時発と品川バスターミナル9時40分発の1往復を県北バスが単独運行した。所要時間は8時間、やはり4列シー

東京～盛岡間の昼行臨時便は4列貸切車で岩手県交通が運行した（2011.4 盛岡駅前）

新幹線をカバーする東京行昼行臨時便にも多くの利用者が（2011.4 盛岡駅前）

東京駅を9時に発車する盛岡行昼行便「盛岡1号」の表示（2011.3 東京駅）

岩手県交通昼行便の続行便で国際興業観光バスが盛岡行2号車に（2011.3 東京駅）

トの貸切車両による運行で、運賃は7,050円、往復1万円に設定された。盛岡南～盛岡駅東口間の路線バスを介して「106急行」バスに接続するダイヤを組み、通し乗車券を片道8,500円、往復13,000円で発行、夜行高速バス〈ビーム1〉との往復乗車券にも対応した。

国際興業観光バスによる盛岡行昼行臨時バス　2人乗務で対応（2011.3 東京駅）

東京では見られなくなった車両で東京駅を発車する岩手県交通の臨時便（2011.3）

岩手県北自動車も品川～盛岡南間に昼行臨時バスを運行（2011.4 東北道郡山付近）

品川バスターミナルに停車する県北バスの貸切車による盛岡南行臨時バス（2011.3）

●次第に進む復旧と増強

岩手県交通は、4月4日から釜石～池袋間で再開していた夜行高速バス〈遠野釜石号〉について、5月12日から大槌への延長運行を再開した。通常は鵜住居を経て大槌駅前が起終点となるが、鵜住居地区と大槌市街地が被災しているため、三陸道を迂回して大槌バイパス（ローソン前）を起終点として運行する形をとった。

夜行高速バス〈けせんライナー〉については、釜石・大船渡～気仙沼間を運休した形で気仙沼～池袋間で運行してきたが、6月1日（池袋発は6月2日）から、釜石・大船渡～池袋間〈けせんライナー〉を別途運行再開した。これは釜石営業所を起点に盛・サンリアSC前（大船渡）までは既存ルートを運行、市街地が被災した陸前高田はサンビレッジ高田に停車し、ここからは国道343号、東北自動車道経由で池袋駅西口までノンストップで結ぶもの。しばらく気仙沼～池袋間と２ルートで運行し、7月に通常ルートでの運行に支障がなくなったのを受けて、９月１日から釜石・大船渡・高田・気仙沼・千厩～池袋間の通常ルートに統合した。

ミヤコーバスは順次仙台発着の県内高速バスを再開（2011.4 仙台～大衡間）

3 月 16 日に再開した JR バス東北の仙台～古川間高速バスに通勤客が集中（2011.4）

東日本急行も仙台と県北各地を結ぶ高速バスを再開（2011.4 とよま発仙台駅前行）

三陸自動車道を走る東日本急行の仙台～とよま市役所間高速バス（2011.4 松島付近）

岩手急行バスの仙台～一ノ関間も新幹線再開まで大きな需要（2011.6 一ノ関駅前）

仙台～石巻間は 6 月に石巻専修大学まで一部の便を延長（2011.10 石巻運動公園付近）

水尻橋仮橋開通でミヤコーバスが気仙沼～仙台間に南三陸町経由便を追加（2011.10）

5-4 東北地方内の都市間バスの再開

●宮城県内高速バス

震災翌日の 3 月 12 日に早くもミヤコーバスは仙台～鳴子間、仙台～栗駒間、仙台～加美間、仙台～古川間を、13 日には仙台～蔵王・村田間を、14 日には仙台～大衡間と仙台～佐沼間を一般道経由で運行再開した。

3 月 16 日には JR バス東北による仙台～古川間 2 往復、東日本急行・岩手急行バスによる仙台～一ノ関間 4 往復、東日本急行の仙台～築館・金成間 2 往復、仙台～築館・一迫間 1 往復、ミヤコーバスと東日本急行による仙台～佐沼・とよま間 4 往復が臨時バスの扱いで再開した。また一般道経由で再開していたミヤコーバスの仙台～大衡間 3 往復、仙台～蔵王町間 6 往復、仙台～古川間、仙台～鳴子間、仙台～加美間は休日ダイヤでの再開となったが、17 日には平日ダイヤに戻している。東日本急行はこのうち仙台～一迫間を燃料確保の関係で 18 日にいったん中止している。

JR バス東北の仙台～古川間は、新幹線通勤が多い区間だけに利用者が集中、当初は便を絞って朝 6 時から 7 時 30 分の上り、夕方 17 時 40 分から 18 時 40 分の下りに各 10 台の続行便をつけられるように手配した。通常ダイヤに戻ったのは新幹線再開が近くなった 4 月 25 日で、4 月中同路線は対前年 186% の約 6 万 8 千人が利用した。

沿岸部と仙台の間は、3 月中に気仙沼～仙台間と石巻～仙台間がミヤコーバスによって確保され、大きな機能を果たしていたが、中間の南三陸町は志津川市街地の南に位置する水尻橋が交互通行の仮橋で、路線バス車両の通行がやっとの状態だった。5 月 20 日にミヤコーバスは、三陸道経由の仙台～気仙沼間を 1 往復追加、7 月 6 日にようやく水尻橋が仮橋ながら大型の通行が可能になったのを受けて、7 月 19 日から仙台南三陸線高速バス（県庁市役所前～三陸道・国道 45 号～気仙沼総合体育館）の本格運行を開始した。1 日 2 往復、所要約 3 時間、運賃 1,800 円（南三陸 1,500 円）であった。

仙台～石巻間はバスを出せば出すだけ利用者がつき、ミヤコーバスのドル箱となった。このため乗務員の手配がつく限り増便に対応し、6 月には 24 往復（うち 6.5 往復矢本経由）に増便し、平日は 5 往復を石巻専修大学まで延長した。7 月 4 日には 27.5 往復（矢本経由は変わらず／平日の石巻専修大発着は 6 往復）に増便、

8月22日には平日33.5往復、土休日26.5往復になり、10月28日には平日下り35本・上り37本、土休日下り33本・上り35本に増便、うち1往復を女川運動公園まで延長運行するとともに、石巻専修大学発着は7往復となった。

●仙台～福島・盛岡間の再開

宮城交通・JRバス東北・福島交通による仙台～福島間のうち10往復が3月16日に運行を再開した。仙台駅前宮城交通高速バスターミナルと福島駅東口の2点間輸送とした。同路線は24日から19往復、26日から20往復、28日から28往復に増便された。

3月23日には宮城交通・JRバス東北・福島交通による仙台～郡山・須賀川間高速バスがとりあえず宮城交通とJRバス東北各社1往復、仙台と郡山の2点間輸送で再開した。3月24日から福島交通担当便の再開を含めて11往復に増便、25日に15往復、26日に16往復と順次増便していった。さらに4月14日には宮城交通と福島交通が須賀川までの延長運行を実施、2点間輸送を解除して計26往復の運行となった。6月1日にJRバス東北の須賀川便が再開して通常ダイヤに戻っている。

当初2点間輸送で再開した仙台～盛岡間高速バスの宮城交通便（2011.4 盛岡駅西口）

仙台～盛岡間高速バスは3月17日、仙台駅前と盛岡駅西口の2点間で4往復の運行を再開、23日に月～木曜日は10往復、金～日曜日は13往復での運行とした。さらに25日からは月～木は14.5往復、金～日曜日は17往復に増便した。両路線は28日から2点間輸送のまま通常ダイヤに戻っている。

たくさんの乗客が待つ郡山駅前乗り場につけるJRバス東北の仙台行（2011.4）

2点間輸送でスタートした福島～仙台間高速バスのJRバス東北便（2011.4 福島駅前）

順次便数を増やしてニーズに応えた郡山～仙台間高速バスの福島交通便（2011.4）

東北自動車道を南下する宮城交通の仙台発郡山行高速バス（2011.4 村田付近）

●仙台と東北各都市を結ぶ高速バス

仙台に発着する東北地方内の高速バスは、仙台側の宮城交通、JR バス東北での対応に限界があったことから、まずは相手方の事業者が単独で運行を再開、対応できる事業者から運行を再開し、順次元に戻していくパターンが多かった。3 月 16 日には仙台～大曲間、仙台～湯沢間が羽後交通便のみ各 1 往復で再開、仙台～大館間が秋北バスの 1 往復で運行を再開した。17 日に仙台～弘前間が弘南バスの 1 往復で再開、18 日には仙台～北上・花巻間が岩手県交通の 1 往復で再開した。

17 日の仙台～弘前間再開当初、弘南バスは予約なしで運行を再開したが、問い合わせが殺到したため、20 日から予約制とした。22 日に宮城交通、23 日に JR バス東北が再開して 3 往復となり、26 日から 4 往復に増便となった。

3 月 20 日には仙台～八戸間についても、南部バス運行便 1 往復で運行を再開した。24 日から JR バス東北・十和田観光電鉄も運行を再開し、3 往復（仙台発 8:10 は 25 日から）となったのち、28 日には宮城交通が再開して 4 往復となった。

3 月 20 日には仙台～秋田間高速バスが宮城交通と JR バス東北各 1 往復で再開した。追って 21 日には共同運行の秋田中央交通が 3 往復を再開、宮城交通便も増発されて 7 往復に、26 日には 9 往復に増便した。

仙台～青森間高速バスは 22 日、宮城交通・JR バス東北・十和田観光電鉄の運行で 3 往復再開、仙台～江刺間については岩手県交通便のみ 2 往復で 22 日に再開、4 月 28 日に同社のみで 4 往復に増便した。

3 月 24 日には仙台～会津若松間高速バスが 2 往復（会津若松発の第 2 便は 25 日から）で再開した。臨時バスの扱いで会津若松駅と仙台駅東口の 2 点間輸送とした。26 日に通常の 8 往復に戻されている。

3月28日にいわき～仙台間高速バス（JRバス東北・新常磐交通）が3往復で、仙台～鶴岡・酒田・本荘間高速バス（宮城交通・庄内交通・山交バス・羽後交通）が10往復で、仙台～上山間高速バス（宮城交通・山交バス）も2往復で運行を再開した。

4月に入るとようやく仙台と岩手県沿岸部を結ぶ高速バスの再開が見られるようになった。4月4日には宮城交通と岩手県交通による仙台～遠野・釜石間が通常の2往復で再開した。また仙台～気仙沼・大船渡間は4月28日に岩手県交通便が千厩以北は摺沢～国道343号～陸前高田（高田ドライビングスクール入口）のルート（気仙沼経由せず）で再開、宮城交通便は当面仙台～気仙沼間の運行とした。7月に国道45号の通行止め区間も解消したことから、9月1日に同路線は

仙台～大館間高速バスは当初秋北バス1社で運行を再開した（2011.4 仙台駅前）

仙台～会津若松間の会津バス　当初2点間輸送で再開（2011.4 東北道国見付近）

仙台～湯沢間もまず羽後交通が1社で運行を再開（2011.9 仙台駅東口）

宮城交通が特別塗装車で運行再開した仙台～八戸間（2011.4 仙台駅前宮交高速BC）

仙台～江刺間高速バスも3月22日にまず岩手県交通1社で再開（2011.9 仙台駅東口）

仙台～釜石間高速バスは4月に入って再開　遠野付近を走る宮城交通便（2011.6）

通常の仙台～気仙沼～大船渡のルートを両社各2往復する形に戻した。陸前高田のバス停も仮設の市役所前に変更した。

仙台～釜石間高速バスの岩手県交通便　当初道路事情が悪いため2人乗務（2011.4）

気仙大橋の仮橋開通で宮城交通も仙台～大船渡間高速バス再開（2011.10 陸前高田）

●盛岡と各都市を結ぶ高速バスおよび岩手県内路線

盛岡～大館間高速バスは3月15日に岩手県北自動車と岩手県交通が再開、16日に秋北バスが加わった。盛岡～青森間高速バスは3月16日、盛岡～弘前間高速バスは3月17日にそれぞれ弘南バスが単独で1往復臨時運行で再開したのち、順次共同運行会社が再開していった。盛岡～八戸間は3月19日に岩手県北自動車が1往復再開、22日に南部バス運行便が加わり、途中バス停も再開して通常通りの運行に戻っている。3月23日にはJRバス東北が盛岡～二戸間、盛岡～浄法寺間をそれぞれ1往復で再開した。

3月20日に2往復で一関～気仙沼間の区間運行を再開した岩手県交通の一関～大船渡間特急バスは、24日には4往復に増便され、5月13日に7往復の運行に戻った（他に普通便千厩～気仙沼間2往復・一関～千厩間上り1本）。通常は貸切タイプのハイデッカー車両で運行される路線だが、車両のやりくりの都合で、一部の便は通常の路線バス車両での運行となった。

沿岸部との往き来が落ち着いてきた段階で、岩手県交通は限られた資源を効率的に配分するため、都市間路線の再編を行った。6月までに盛岡～大船渡間急行バスは、通常の盛岡バスセンター発着に戻り、途中バス停もすべて復帰した。臨時路線として運行してきた盛岡～陸前高田間直行バスは7月18日をもって運行を終了し、19日からは盛岡～大船渡間急行バス4往復のうち2往復が、途中世田米で世田米～鳴石団地間の陸前高田住田線路線バスに接続する乗り継ぎパターンに変更した。これにともない盛岡～陸前高田間2枚綴り大人4,000円の乗継回数割引乗車券が設定された。

一関～大船渡間特急バスは気仙沼までの運行で再開（2011.6 一ノ関駅前）

車両の都合により一関～気仙沼間は特急バスでも便により一般路線車で運行（2011.6）

●福島県内高速バスの復旧

福島県内では福島交通の福島～郡山間が3月14日に一般道経由で再開、16日の東北自動車道開通とともに高速経由となった。17日に郡山～会津若松間が福島交通と会津乗合自動車によって再開、20日に郡山～いわき間が福島交通と新常磐交通によって再開され、3月25日にはいわき～会津若松間の通し運行が再開された。福島交通と会津乗合自動車の福島～会津若松間は3月25日に再開した。

磐越道の開通でいわき～郡山～会津若松間も高速バスが早期再開（2012.4 三和付近）

東北本線再開までの間福島交通の福島～郡山間高速バスが大きな役割を果たした　両ターミナルでは常に利用者の列ができた（2011.4）

新常磐交通のいわき～郡山間高速バス　3月20日に再開された（2012.2 いわき市内）

給水車の待機する郡山駅前を発車する会津バスと福島交通の高速バス（2011.4）

●常磐道高速バスの復旧

常磐自動車道は被害が少なく、３月16日にはいわき中央IC以南の全線で通行が可能となった。このため、常磐線の復旧まで時間を要する中、常磐道を走る高速バスが大きな役割を果たした。

東京駅～水戸駅間高速バス（JRバス関東・関東鉄道・茨城交通）は、３月17日に運行を再開したが、水戸駅およびその周辺の地震による道路や建築物などの被災が著しいため、当初は全便県庁ルートに集約して運行を行った。３月27日までは平日ダイヤでの運行とし、予約制の深夜便〈ミッドナイトみと号〉も県庁ルートでの運行となった。道路事情の改善によって３月28日に赤塚ルート、茨大ルートを再開し、以降は通常の３ルートで平常ダイヤの運行に戻っている。常磐線が土浦～勝田間で復旧するまでは需要が集中、続行便でさばいたほか、JRバス関東では二階建てバスを投入して定員を確保した。

東京駅～日立駅間（JRバス関東・日立電鉄交通サービス）は３月17日に10往復で運行を再開した。22日から震災前の季節便２往復を含む22往復に戻し、平常ダイヤでの運行となった。しかし利用増著しいことから４月１日に下り２便を追加、日立以北の茨城県内への直行手段がないことから、４月４日には上り２便を追加するとともに「緊急支援バス」の位置づけで２往復を高萩駅まで延伸した。

東京駅～いわき間高速バス（JRバス関東・東武バスセントラル・新常磐交通）は、首都圏への避難を主とするニーズの高まりの中、３社で協議を行い３月18日に運行を再開した。当初は10往復で、すべていわき駅・東京駅の２点間輸送とした。新常磐交通の小名浜バスターミナルは津波被害で跡形もなくなっており、広野以北は原発立入禁止区域に入るため、小名浜系統と道の駅南相馬系統は当分の間運休としている。運行再開をPRする時間もなかったが、テレビのテロップや同社ホームページなどで情報を得たのか、初日のいわき駅にはいわきを脱出する人たちが集中、始発の8時前には300人以上が列をつくった。新常磐交通とJRバス関東いわき支店では貸切車も動員して出せる限り続行便をつけ、この日だけでいわき発31回、東京発17回のバスを運行し利用者をさばいた。ようやく落ち着きを見せた3月24日に途中バスストップ（綾瀬駅を除く）を再開、3月26日に12往復に増便、4月4日に33往復に戻している。3月末になるといわきから脱出した市民がいわきに戻り始め、4月上旬には利用者の流れが逆転した。JR常磐線がいわきまで再開した4月14日までの間（3月18日〜4月13日）に、同路線は片道1,560便を運行、40,900人を輸送した。

常磐線土浦以北再開に時間がかかり東京駅〜水戸間高速バスに需要が集中（2011.3）

このほか宇都宮〜水戸間高速バス（関東自動車・茨城交通・関東鉄道）、常陸大子〜東京駅間高速バス（茨城交通）は3月17日に平常ダイヤでの運行を再開した。

JRバス関東は二階建てバスを東京駅〜水戸間続行便に投入（2011.3 東京駅）

工事中の東京駅八重洲南口の水戸線乗り場には常に長い列ができた（2011.3）

唯一の交通手段となった東京駅〜いわき間の東武バスセントラル便（2011.3 東京駅）

4月には33往復に戻した東京駅〜いわき間の新常磐交通便（2012.7 東京駅八重洲口）

5-5 緊急支援バスと臨時高速バス

●首都圏～仙台間の「緊急支援バス」

首都圏と東北の間でも、特に東京と仙台の間の輸送需要は大きい。しかし仙台を拠点とする宮城交通グループは、会社自体も被災した上、県内の被災地の輸送で手いっぱいの状況であった。そこで、通常宮城交通と共同運行路線を持つ京成グループ（成田空港交通が成田空港～仙台間を運行）と京王電鉄バス（新宿・渋谷～仙台・石巻間を運行）が「緊急支援バス」の名で仙台へのバスを運行した。なお、「緊急支援バス」の名は今回、震災復興輸送のために新設または臨時設定された路線に幅広く用いられた。

京成バスは3月19日から、千葉県内から京成上野駅を経由して仙台（仙台駅前宮交高速バスターミナル）までの昼行直行バスを2往復運行（仙台発は20日から）、成田空港交通が3月18日から千葉・京成上野駅～仙台間夜行バスを運行した（仙台発は3月19日から）。昼行便は千葉駅を7時50分に出発して海浜幕張駅、西船橋駅を経て京成上野を9時10分に出る便と、新浦安駅を10時に出発して葛西臨海公園、葛西、一之江、新小岩の各駅を経て京成上野駅を11時10分に出る便の2便（仙台発は8時の京成上野駅経由千葉駅行と10時の京成上野駅経由新浦安駅行）、夜行便は成田空港21時15分発で海浜幕張駅、西船橋駅を経て京成上野駅22時50分発仙台行と、仙台22時発の京成上野駅、西船橋・海浜幕張両駅経由成田空港行の1往復となった。運賃は採算を度外視しても被災地へのアクセス確保を図りたいという京成バスグループの意志を反映し、片道昼行便4,000円、夜行便5,000円とした。

知人の安否確認、食料・物資の運搬など、日に日に首都圏と被災地の間の輸送ニーズが拡大する中、京成バスでは3月17日に緊急支援バスの運行を決定、1日強で運行準備を行い、19日の運行にこぎつけた。続行便体制の確立や予約センターの対応方法、仙台側の宿泊施設の確保などは、運行開始後も引き続き調整が行われた。予約は通常の高速バス予約センターのほか、貸切バスガイドなどグループ各社の応援を含む複数の担当者がもつ8基の専用携帯電話の番号をチラシに明示し、幅広い対応を行った。また同社では利用者がスムーズに乗車できるよう、すべての乗車バス停に案内員を置いたほか、多数の路線の利用者が集中し、混乱が予想される仙台駅前宮城交通高速バスターミナルに負担をかけないよう、日替わりで案内員を仙台に派遣し、案内と発券に対応した。

奥戸・千葉・船橋高速貸切センターの3営業所からトイレつき高速バス車両をねん出し、4月初旬までは少ない便でも続行便1台、多い便は続行便2台の3台体制で運行、グループの成田空港交通や千葉中央バスのトイレつき車両も応援に加わった。当初は東北自動車道が応急処置のみだったことから路盤状態も不安定で、50km/h 制限区間も多かったため、上野から仙台までの所要時間を約8時間で設定した。順次路面修復が進み、道路状況が好転したため、最終的には5時間程度に縮まったが、チラシ・ホームページ等の案内は当初の8時間のままで続けられた。

京王電鉄バスは宮城交通との共同運行により新宿〜仙台・石巻間の夜行高速バスを運行しているが、当面石巻までの直通は困難が予想されることと、東北新幹線の復旧に時間がかかるために需要が多くなることから、4月1日に、仙台まで昼行で行って夜行で戻る1往復の「緊急支援バス」を運行開始した。新宿高速バスターミナルを9時（4月10日以降は9：10）に出発して仙台駅前宮城交通高速バスターミナルに15時30分に到着、同所を22時30分に出て翌5時30分に新宿に到着するダイヤで、中央高速バス用のトイレつき4列シート車を使用、乗務員2人乗務で対応した。4月8日には仙台駅前宮城交通高速バスターミナルを23時20分に発車し、渋谷駅を経て新宿高速バスターミナルに5時45分に到着する便と、新宿高速バスターミナルを23時30分に出て渋谷駅経由で仙台に5時20分に着く通常便を隔日運行（新宿発は奇数日）で再開した。

3月24日にはJRバス関東が、東京駅〜仙台駅間の昼行高速バスを臨時設定した。JRバス関東は以前にJRバス東北・東北急行バスとの共同運行により、新宿〜仙台間〈正宗号〉を運行していたが、同路線から撤退したのちは仙台には入っておらず、路線許可を持っていなかった。JRバス東北の新宿駅〜仙台駅間の輸送を補完し、輸送力増強の要請に応える位置づけで1日2往復を運行、仙台発は25日からの運行となった。2点間輸送で、運賃4,000円とした。4列シートの高速車をやりくりしたほか、JRバステックが応援で続行便に入った。即日認可を得てすぐに運行に入るような状況であったが、乗務員たちは〈正宗号〉の経験者を中心に進んでこの勤務につき、路線習熟も〈正宗号〉の経験者と新人が組んで、運行しながら行ったのが実態であった。

名鉄バスも休止中の名古屋〜仙台間夜行高速バスに代わるものとして、3月26日から1か月の期間限定で、名古屋〜仙台間「緊急支援バス」を運行した。

ダイヤとルートは定期路線と同じだが、運賃は通常に比べて 3,190 円安い片道 7,000 円に設定された。

京成バスはいち早く千葉・上野〜仙台間に緊急支援バス（2011.4 東北道白河付近）

「緊急支援バス」のステッカーがめだつ京成バス（2011.4）

被災地との往き来やボランティアなどで京成上野駅前乗り場は長蛇の列（2011.3）

発着する仙台駅前宮交高速バスターミナルに交替で京成バスの係員が詰めた（2011.4）

新宿からの京王電鉄バスと京成バスがほぼ同時に仙台駅前に到着（2011.4）

京王電鉄バスは中央高速バス車両で仙台への緊急支援バスを運行（2011.4 国見 SA）

名鉄バスは名古屋〜仙台間再開に先駆けて臨時で同区間に緊急支援バス（2011.4）

●新幹線那須塩原再開にともなう臨時高速バス

東北新幹線は3月15日に東京～那須塩原間の運転を再開した。那須塩原以北の再開は時間がかかると見込まれたことから、那須塩原駅が一つの結節ターミナルとなった。

福島交通は3月20日から郡山駅～那須塩原駅間の臨時高速バスを運行開始した。郡山IC～那須IC間東北自動車道経由で1日7往復、所要1時間30分、運賃片道2,000円の設定であった。予約なしの座席定員制で、福島交通は貸切バスを工面してこの輸送にあたったが、続行便を設定するケースも続出し、すべてをまかなうことが難しかったため、貸切バス事業者のブルー観光を傭車し、一部の便の運行を依頼した。いずれにしても運賃収受の機器を装備しない貸切バスによる運行のため、那須塩原、郡山両駅に福島交通の社員が出て、運賃収受（領収書発行）を行った。4月1日には2往復の増便が実施されている。

山交観光は山形新幹線〈つばさ〉が運休しているため、会員募集形式で新幹線が運転されている那須塩原まで結ぶ東北新幹線連絡バス〈山形・那須塩原ライナー〉を3月31日から催行した。山交バスが貸切車両で運行し、山形駅東口を6時と8時に出て赤湯駅東口、米沢駅東口を経て那須塩原駅まで約4時間で結んだ（那須塩原発は15:30と17:30）。片道4,000円（赤湯・米沢は3,500円・小人同額）で定員40人限定とした。

このほか旅行会社主催の高速ツアーバスでも福島、仙台、盛岡、山形などと那須塩原駅を結ぶものが設定された。

東北新幹線が4月12日に那須塩原～福島間を復旧したことにより、これらは4月11日いっぱいで終了した。

福島交通の那須塩原駅～郡山間臨時高速バスに利用者が集中（2011.3 那須塩原駅）

那須塩原駅で臨時高速バスから下車する大荷物を抱えた乗客たち（2011.3）

福島交通の係員がプラカードを掲げて利用者の列を整理（2011.3 那須塩原駅）

福島交通は貸切車両を投入して臨時高速バスをさばいた（2011.3 那須塩原駅）

福島交通だけでは足りず臨時高速バスには貸切専業のブルー観光も入った（2011.4）

高速ツアーバスも各地から那須塩原へ　山形発のヨネザワバス観光（2011.3）

地元の西那須観光バスは那須塩原起点の東北向け高速ツアーバスを展開（2011.3）

那須塩原〜仙台間の西那須観光バスの高速ツアーバス（2011.4 東北道村田付近）

●福島県北部と仙台の間の臨時路線

福島交通と宮城交通では、常磐線の再開のメドが立たない相馬地区の広域交通をカバーするため、3月25日から相馬〜仙台間の臨時高速バスを運行開始した。両社２往復ずつ４往復の運行で、相馬側は相馬市役所と福島交通相馬営業所の２ヵ所、仙台側は仙台駅前宮城交通高速バスターミナルの１ヵ所。仙台東道路、国道６号を通って所要１時間25分、運賃は片道1,500円の設定となった。３月27日に新地町役場にバス停を追加した。この路線は原発警戒区域に近づくため、運行車両に放射能検知器とスクリーニング機器を搭載、検知器が反応した場合には運行を中止することとしてスタートした（運行中止のケースはなかったという）。2011年8月1日から4条許可による高速乗合バスに変更したのを機に、相馬～仙台間の運賃を1,200円に値下げしている。

貸切バス事業者のはらまち旅行も、独自にツアーバス形式で相馬～仙台間を3月25日から運行開始した。相馬側は駅東側の法務局前、仙台側は仙台駅東口の各1ヵ所で、朝の仙台行きと夜の相馬行きの1往復、料金は1,000円の設定であった。同様の形で4月15日から同社は原ノ町～仙台間にもツアーバスを設定している。

阿武隈急行の再開まで時間がかかるため、福島交通と宮城交通は3月30日から伊達～仙台間の臨時高速バスを新設した。福交3往復、宮交2往復の5往復で、伊達市側は福島交通梁川営業所と保原バスセンターの2ヵ所、仙台側は仙台駅前宮城交通高速バスターミナルの1ヵ所。所要時間は1時間00分、運賃片道1,200

常磐線をカバーする仙台～相馬間臨時バスの宮城交通便　(2011.9 国道6号新地)

当初から利用が集中した仙台～相馬間臨時バス（2011.4 仙台駅前宮交高速 BT）

貸切のはらまち旅行も独自で相馬～仙台間のツアーバスを運行（2011.4 仙台駅東口）

阿武隈急行沿線をカバーした仙台～伊達（保原・梁川）間臨時高速バスの福島交通便（2011.4 仙台駅前宮交高速バスターミナル）

円で、トイレなし高速車両での運行となった。この路線は阿武隈急行の復旧にともない、５月 22 日限りで運行を中止した。

●東北新幹線の北部をカバーする臨時都市間バス

東北新幹線並行区間の一部には、通常路線の設定されていない都市間にも、臨時路線の位置づけで高速バスが運行された。３月 26 日から運行を開始した郡山〜盛岡間臨時高速バスは、事業再生で同じみちのりホールディングス傘下となった福島交通と岩手県北自動車が共同運行し、郡山駅前と盛岡駅西口の２点間で１日２往復（両社各１往復）運行された。所要時間は４時間 30 分、運賃は片道 4,000 円の設定で、貸切車両による運転士２人乗務での運行であった。４月１日からは二本松バスストップでの乗降（対盛岡）扱いを追加した。

４月 12 日には東北新幹線が福島まで延長したのにあわせて、新たに同日から福島〜盛岡間２往復も運行開始した。所要３時間 40 分、運賃片道 3,500 円に設定された。郡山〜盛岡間は４月 12 日以降も継続運行することとなり、しばらく２路線が併存する形となったが、利用者が限定されることから、５月 23 日に郡山・福島〜盛岡間に統合再編された。所要時間は全区間で４時間 50 分、運賃は個別路線のときと変わらない。新幹線が通常の運転に戻り、利用者が減少したこともあり、８月 31 日限りで運行を中止している。

岩手山をバックに盛岡駅東口で発車を待つ岩手県北自動車の郡山行臨時（2011.4）

災害復旧車と並んで国見 SA で休憩する盛岡〜郡山間臨時高速バス（2011.4）

盛岡に到着した福島交通の福島〜盛岡間臨時高速バス　貸切車両で運行（2011.6）

郡山駅前バスターミナルに着いた岩手県北自動車　見慣れない光景だ（2011.4）

福島駅前に到着する岩手県北自動車の盛岡～福島間臨時高速バス（2011.4）

●高速ツアーバスの状況

高速ツアーバスは震災前から首都圏と仙台をはじめとする東北地方の主要都市との間に設定されていたが、震災による東北新幹線の不通を受けて、大幅に催行を増やした。東北自動車道を駆け巡った高速ツアーバスは数多かったが、実態はなかなか正確にはつかめていない。

仙台駅東口に独自のターミナルをもつ桜交通は3月20日に仙台駅～東京駅間「緊急支援バス」としての高速ツアーバスを片道4,000円で設定した。21日までは各1往復、22日は仙台行きのみの運行とした。しだいに運行便を増やし、7月ごろには不定期便を含めて仙台～新宿間に昼10往復、夜行5往復、仙台～横浜間に昼夜各1往復、仙台・福島から名古屋と京都・大阪へ夜行各1往復を設定していた。

ウィラートラベルは3月21日に八戸～東京間「緊急支援バス」を高速ツアーバスとして運行開始した。通常三沢・八戸～東京・千葉間で運行している高速ツアーバスを変更した形で、南部バスが運行を担当、6,000円で設定した。当初3月26日までとしていたが、その後も運行期間を延長した。

オリオンツアーは3月21日から新宿～仙台駅東口間、新宿～山形駅東口間、24日から新宿～盛岡駅西口間、新宿～八戸駅西口間の昼行臨時便を設定した。常設している夜行ルートについては、東京発は3月26日から、東北発は3月27日から再開している。富士セービングバスは25日から、新宿駅西口～仙台駅東口間3往復の「緊急支援バス」を高速ツアーバスとして設定した。

タビックスジャパンは23日から仙台～福島～郡山間の高速ツアーバスを設定した。2往復の設定で仙台～郡山間は2,000円、仙台～福島間と福島～郡山間は1,000円とした。もっとも東北自動車道が一般車両通行可となったため、24日で終了、２日間の催行となった。

エイチ・アイ・エス（H.I.S）は新宿駅西口～仙台駅東口間の高速ツアーバスを新宿発３月 25 ～ 27 日、仙台発 26 ～ 28 日の１日１往復で臨時設定した。このような短期間の設定も数多かった。

宮古市に本社を置くリアス観光は、３月 17 日に山田町と盛岡を直結する無料バスを運行した。このバスは岩手県北自動車の 106 急行バスの船越延長にともなって中止されるが、その後山田町の利便を図るため、８月４日からは山田を起点に宮古、盛岡を経由し、東京・千葉への高速ツアーバスを設定した。

首都圏と仙台の間には多数の高速ツアーバスが運行された（2011.4 佐野 SA）

桜交通は仙台と新宿などを結び多数の高速ツアーバスを運行（2011.4 佐野 SA）

ウィラーとタイアップした南部バスの八戸～東京間高速ツアーバス（2011.7）

短期間中型バスで運行された高速ツアーバスなども（2011.4 郡山駅前）

仙台～東京間のニュープリンス観光バスのウィラー契約高速ツアーバス（2011.4）

仙台駅前に到着した富士セービングバスの高速ツアーバス「旅の散策」（2011.4）

●茨城と東京を結ぶ臨時路線

茨城交通は3月20日に笠間～秋葉原間に笠間市の要請による臨時高速バスを運行開始した。1日4往復で、笠間市役所西と秋葉原駅中央改札口バスロータリーの2点間輸送とし、所要1時間50分、運賃片道1,800円で設定された。トイレなしの45人乗り貸切バス車両を使用し、予約なしの定員制をとった。常磐線が友部まで再開するまでの期間限定として運行したが、3月31日に常磐線の土浦～勝田間が再開されたのちも、列車の運転本数が通常より少ないことや特急が再開していないことなどから直行需要が少なからずあったため、4月15日まで運行を継続することとなった。運行については笠間市が財政支援する形をとった。

秋葉原駅のバス停に掲示された笠間行緊急支援バスの時刻表（2011.3）

茨城交通が貸切バスで運行した秋葉原～笠間間臨時高速バス（2011.3 秋葉原駅）

〈コラム〉京成バスの「緊急支援バス」に乗って仙台へ

2011 年 4 月 4 日月曜日、私は京成バスが運行する仙台行「緊急支援バス」に乗った。以前に取材でお世話になった京成バス企画課課長補佐（当時）の三浦裕樹氏と連絡が取れていたので、状況を伺いつつ予約を入れさせてもらい、宮城交通などを訪問し、被災地のバス事情を確認・記録する旅の行きがけに利用したのである。

朝 8 時 50 分ごろ、京成上野駅前に行く。ちょうど上野公園から下りてくる階段の前に台東区コミュニティバス「めぐりん」の乗り場があり、その隣に仮設のバス停が立てられている。9 時前後に「緊急支援バス」に乗ると思われる若者や家族連れが集まってくる。京成バスのスタッフが 2 人立ち会い、受付を始めている。1 人はバスの交替運転士と携帯電話で連絡をとっている。9 時 10 分の仙台行は千葉駅を始発に海浜幕張駅、西船橋駅を経由して上野に来る。このため 10 ～ 15 分の遅れが出ていると連絡がある。

やがて 9 時 20 分ごろ、バスが到着した。この日のこの便は 1 台で、船橋高速貸切センター所属の空港高速バス仕様のトイレつき 42 人乗り三菱ふそうハイデッカー。到着すると地上スタッフがトランクを開け、手際よく荷物を積み込んでいく。利用者の多くは現地の家族や友人の見舞いや手伝いなどの目的をもつ若者や親子連れ、中には高齢の夫婦などもいる。持てるだけの食料や日用品を抱えて、みんな荷物が多い。直結クーラーでホイールベース間がすべてトランクになった空港仕様の車種選択は非常に適切だった。キャリーバッグや段ボール、スポーツバッグなどの荷物を床下トランクが呑み込み、ほぼ満席の乗客が乗り込むと、9 時 30 分ごろに発車である。

発車後、2 人乗務のドライバーから自己紹介と案内がある。2 人は「緊急支援バス」運行開始後何度か仙台まで乗務しているそうだ。「皆様へのチラシでのご案内では仙台到着が 17 時となっていますが、これは東北道に 50km/h 規制がかかっていた時の計算です。今は速度規制も変わっていますので、もっと早く着くと思います。前回私が乗務したときは 15 時半ぐらいの到着でした」との案内がなされた。

首都高速から東北自動車道へ、順調に進む。2 時間弱で佐野 SA へ。ここで最初の休憩である。約 20 分の休憩中に、高速ツアーバスが 2 台、3 台と入ってくる。聞いたこともないような会社もあるが、いずれも首都圏から仙台をめざしているバスだ。隣に長大なトレーラーのタンクローリーが2台停まった。見ると福岡ナンバーをつけている。ドライバーが降りてきて、話しかけてくる。燃料輸送の応援で福岡から走ってきたそうで、これから陸前高田方面に向かうという。首都圏より北は初めてということだ。地図を示されたので、一関ICからの行き方を教える。

佐野から先すれ違う車両は俄然震災関連が増える。救援・復旧作業の自衛隊車両、物資輸送や資材輸送のトラック、いずれもフロントに「災害派遣」のマスクをつけている。さらに1時間半ほど走って那須高原SAへ。ここで軽く昼食をとる乗客が多い。ドライバー2人も軽食をとりに行く。SA内はやはり人や物を被災地に届ける車両でいっぱいだ。

「ここから先、道路状態はかなり悪くなりますよ」とドライバー氏。たしかに福島県に入った途端、クラックや横ずれを補修した跡、崩落を埋めたと思われる舗装の新しい部分が目立ち始める。白線がずれているところも随所にある。また、だいぶ補修は進んでいるが、路面の波打ちが顕著になってくる。速度を70km/hぐらいに落として進む。白河付近で12時40分ごろ、仙台を10時に発車した上野駅経由浦安行の京成バス「緊急支援バス」とすれ違う。新幹線の高架橋をくぐる。ドライバー氏が言う。「最初に来たころは架線の柱が倒れて悲惨な状態でしたね。前回ぐらいには撤去されたみたいですが」。今はすでに橋梁部は修繕が進んでいる。

福島県内の東北道の状態を見ると、かなり揺れがひどかったことが伺える。対向車線にはバスも多い。避難輸送やボランティア、救急要員などを現地へ派遣した帰りの貸切バスが次々とすれ違う。中には阪急観光バスなど、近畿方面からのバスもある。国見SAで最後の休憩を行う。だいぶ冷えてきて、雪が舞ってくる。ここで新宿からの京王電鉄バスの「緊急支援バス」と一緒になる。長野線に使用されている高速車が来ている。

仙台宮城ICを下りて仙台市内へ。広瀬トンネルを抜けて市街地に入ると、こちらもさまざまな救援車両やバスで混雑している。京王の「緊急支援バス」とほぼ一緒に仙台駅最寄りの仙台駅前宮城交通高速バスターミナル向かいに到着する。ドライバー氏の予想通り、15時14分の到着であった。少し落ち着きつつある時期とはいえ、バスを降りたところで迎えに来た家族や知人と再会を喜び合う光景が両方の「緊急支援バス」の前で見られ、バスが人の心をつなぐ大きな役割を果たしていたことを実感させられた。

これから京成バスは宮城交通名取営業所に回送し、翌朝8時発の千葉行きで折り返す。

佐野SAで休憩する京成バス緊急支援バス

救援活動に向かうマイクロバスと並ぶ緊急支援バス

仙台駅前に到着　さまざまな人たちの思いを乗せて

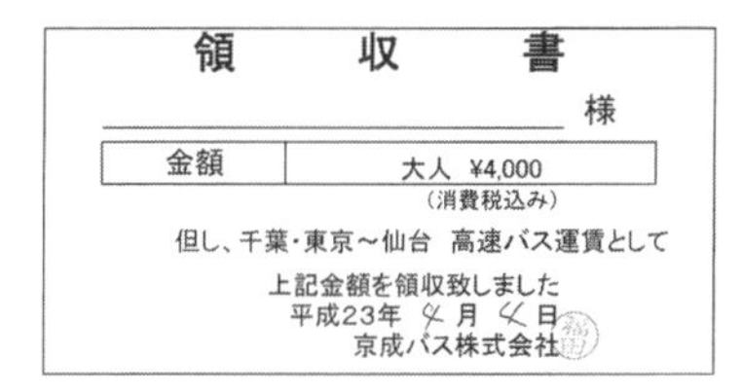
領　収　書

様

金額	大人 ¥4,000

（消費税込み）

但し、千葉・東京～仙台　高速バス運賃として

上記金額を領収致しました
平成23年 4 月 4 日
京成バス株式会社

第6章　迂回ルートと航空

6-1 鉄道とバスによる迂回ルート

震災後、上越新幹線は翌3月12日から運転を再開した。東北新幹線の再開めどが立たない中、東北各地からは新潟にたどり着ければスピーディーに首都圏にアクセスできるとあって、新潟は首都圏と東北を結ぶ重要なセクションとなった。また、山形県がホームページに山形県内を介しての広域交通事情をアップしたが、これが非常にわかりやすく、山形県に入ればバス・航空・鉄道によっていろいろな迂回ルートが組めるという情報が行き渡った。非常に効果的なホームページ情報であったが、これにより仙台から山形への高速バスに乗客が殺到したという一面もあった。

●震災直後に日本海側へ

JRバス東北は、第3章で述べたように3月12日と13日、八戸、盛岡、仙台、福島に足止めとなった新幹線の乗客を輸送するバスを臨時運行した。当初は新幹線に並行する形で大宮行きとして運行を始めたが、まだ高速道路が通れず、国道4号も通常の状態ではなかったことから、相当な時間を要した。すでに12日には羽越本線も運転を再開し、新潟経由で首都圏へのアクセスが可能だったため、八戸駅と盛岡駅から発車するバスは早めに奥羽山脈の西側に出て、酒田駅を目的地とした。これらの運行にJRバス東北は26台の貸切バスを投入した。

●仙台～新潟間高速バスの再開

3月14日にはJRバス東北と新潟交通による仙台～新潟間高速バスが、国道286号～国道13号～国道113号～国道7号のルートで一般道経由の運行を再開した。少しでも首都圏にアクセスできる手段を確保したいとする東北運輸局の後押しもあり、早期の再開に至ったもので、通常4往復のところ、8往復に増便し、1便3～5台程度の続行便対応を行った。この結果、14日1日で両社のバス29台が1,000人以上の乗客を運んだ。距離的には東北道～磐越道よりもかなり短いので、高速経由で約4時間のところ、5時間30分程度で両駅を結んだ。

3月15日には東北自動車道が一部通れるようになったことから、東北運輸局の手配によりいち早く緊急通行許可を受け、東北・磐越自動車道経由の運行に切り替えた。ただしこの時点では50km/h～60km/hの速度規制がかかっており、所要時間は一般道経由と変わらないか多少長くかかったという。それでも新幹線が東京との間を通常通り結んでいる新潟にアクセスできた意味は大きかった。

いち早く運行再開した仙台～新潟間高速バスの新潟交通便（2011.4 東北道福島付近）

仙台～新潟間〈WEライナー〉のJRバス東北便　新幹線再開後は落ち着き（2011.9）

●新潟へ向けての各路線

山交バスと新潟交通は、山形～新潟間特急バスを3月12日に運行再開した。山形の場合は山形空港が同日から運航を再開しているので、山形～新潟間特急バスへの集中度は高くはなく、定期の2往復で対応したが、航空便が満席でとれないケースも少なからずあり、その場合の迂回ルートとして注目され、乗車率は高かった。

福島交通と新潟交通は3月19日から、郡山～新潟間高速バスを通常ダイヤの4往復で運行再開した。この路線は本書後編Ⅱで述べるように、新潟県中越地震の際も迂回ルートとして機能した路線である。

もう一つの迂回ルートとなった山交バスの山形～新潟間特急バス（2011.4 山形駅前）

鉄道の迂回ルートを構成した会津鉄道　東武・野岩線に直通する〈AIZUマウントエクスプレス〉

●東武〜野岩〜会津鉄道による鬼怒川ルート

震災翌日の3月12日に野岩鉄道と会津鉄道が運転を再開、20日には東武鉄道が浅草から野岩・会津鉄道を介して会津地方まで直通するルートを復活した。東武鉄道では首都圏と被災地を結ぶ「救援・支援ルート」と位置づけ、会津若松から郡山方面へのバスとの接続によるアクセスを案内した。東武鉄道が計画停電にともなって運休していた特急〈スペーシア（きぬ）〉のうち2往復を22日から浅草〜鬼怒川温泉間に運転再開し、鬼怒川温泉で会津田島方面の列車と接続させ、会津若松への最短ルートを拓いた。当初は西若松発着だったが、23日に会津鉄道の列車に限り会津若松まで只見線の線路が使えるようになったことから、会津若松発着に切り替えられた。27日にはさらに1往復を増発、会津鉄道もこれに接続する鬼怒川温泉〜会津若松間の〈AIZU尾瀬エクスプレス〉と〈AIZUマウントエクスプレス〉の運転を再開し、首都圏と会津方面の鉄道輸送体制を強化した。

6-2 燃料輸送のための貨物迂回ルート

震災後、福島・宮城・岩手の3県はアクセス事情の悪さから、物資の供給が行き届かず、特に燃料を中心とする石油製品の供給がひっ迫していた。各地からの応援のもと、復旧した高速道路を利用してタンクローリーによる石油輸送が行われていたが、輸送力の面で需要には追いつかず、あらためて鉄道貨物の輸送力の大きさが評価されることとなった。油種にもよるが、タンク貨車10両編成で輸送できる量は最大約600kl、これを20kl積載のタンクローリーで運ぶと30台近くが必要となる。

●磐越西線経由の臨時石油列車

岩手県や宮城県については日本海縦貫線迂回ルートや仙台港を利用した海上輸送が24日までに利用できるようになったが、福島県の特に中通りにおいては道路輸送に頼るしかなく、燃料の供給は逼迫していた。

3月26日、磐越西線が全線で運転を再開した。東北本線の運転再開見込みが立たない中、JR貨物は磐越西線を利用した迂回ルートにより、臨時石油列車を設定し、福島県内の需要に応えることとした。

この列車は震災後まもなく操業を再開していたJX日鉱日石エネルギーの根岸製油所で生産された石油を、根岸から新潟貨物ターミナル経由で郡山までの約570kmで輸送する列車として計画された。磐越西線では勾配による制限により、1列車10両までしかタンク車を連結できないため、根岸からはタンク車20両編成の列車が隔日で21時31分に出発し、上越線経由で新潟貨物ターミナルに翌日16時26分に到着、ここで10両ずつに分割し、磐越西線は10両編成を毎日1往復（郡山発は空車回送）運転する形で根岸出発の翌々日とその次の日の朝6時45分に到着するダイヤとなった。

ただし磐越西線には2007年以降、貨物列車が運転されていない。すでに東日本管内で貨物列車が運転されている線区は電化路線だけのため、牽引するディーゼル機関車、それも磐越西線の急勾配をクリアしてタンク車10両をけん引できる強力型機関車の配置はなかった。そこでJR貨物はこの条件に該当するDD51形ディーゼル機関車を北海道・名古屋・大阪・九州から調達し、8両を新潟に臨時配置した。

車両配置がないということは乗務できる機関士も限られていた。そこでDD51形の乗務経験を持つベテラン機関士が選抜され、稲沢機関区（愛知）に出張して運転操作を復習して臨んだ。磐越西線の復旧により、営業再開前の3月25日にまずJR東日本の協力のもと入線確認が行われ、通常は相当な日数がかかるところ、1日で了解された。乗務員の線路見習いも同日集中的に行われ、指導にはJR東日本の運転士が協力した。

こうして臨時石油列車が3月26日夜に運転を開始、磐越西線区間はDD51形が重連で10両のタンク車をけん引した。

DD51形機関車が重連でタンク車10両をけん引し磐越西線を迂回（2011.4 郡山）

全国からDD51形が集められ　昔取った杵柄の乗務員が乗務（2011.4 郡山）

郡山に着いたタンク車はDE10形が推進してオイルターミナルへ（2011.4 郡山）

3月30日にこの列車は隔日から毎日運転となり、磐越西線内の運転が2往復に増便され、郡山着が根岸発の翌々日6時45分と13時18分となった。1日あたりの輸送力は最大約1,200klに増加した。東北本線の全通にともなって、磐越西線経由の臨時貨物は4月16日で終了したが、3月25日からの22日間で34本の石油列車が運行され、タンクローリー約1,000台分の約2万klのガソリン・石油を郡山へ輸送した。

●日本海ルートの臨時貨物列車

岩手県については3月18日までに青い森鉄道とIGRいわて銀河鉄道が開通したことにより、日本海縦貫ルートを通り、青森経由で盛岡貨物ターミナルまでの鉄道貨物輸送が可能となり、JR貨物は18日夜に根岸を発車する列車を最初に、上越～信越～羽越～奥羽～青い森～IGRの経路で盛岡貨物ターミナル行の臨時石油列車を運転した。通常の石油列車は輸送距離がせいぜい400km前後のところ、この迂回列車の距離は1,030kmに及んだ。しかしこれにより岩手県の燃料事情が改善された。

当初このルートを通過できるタンク貨車は国鉄時代製造のタキ38000形36両のみとされ、それでは2日間運転すると貨車がなくなってしまう。そこで急遽JR東日本の協力を得て新しいタキ1000形が通れるかどうかの確認作業が行われた。こちらもすぐに走行可能との結論が出て、3月21日からは1日2便に増便された。

羽越本線・奥羽本線を通る日本海縦貫ルートが3月15日に復旧したのを受けて、JR貨物は15～16日に福岡・大阪・新潟・名古屋と札幌を結ぶ定期列車4往復の運転を再開、16～17日には上越・羽越・奥羽本線経由で東京・名古屋と札幌を結ぶ臨時列車3往復を新設した。そして前述の根岸～盛岡貨物ターミナル間の石油輸送は、3月18日から日本海ルートを迂回する臨時貨物列車として設定された。

なお、当時は電力供給の逼迫による計画停電が想定されていたため、東北運輸局は東北電力に対し、「JR貨物の緊急石油列車の運行に影響する計画停電の見合わせ」を局長名で要請し、東北電力もこれを受け入れた。

4月21日に東北本線が全線で運転を再開したのにともない、日本海ルートの臨時列車は19日発をもって終了した。この間ローリー換算約1,850台分の石油を輸送した。

6-3 仙石線をカバーする迂回ルート

●直通快速便の運転

JR 東日本仙台支社は、仙石線の全線復旧のめどが立たない中、仙台と県下第2の都市 - 石巻の間のアクセスを向上させるため、小牛田経由で両都市を結ぶ直通快速列車を運転することにした。2011 年 11 月の時点で仙石線はあおば通～高城町間と矢本～石巻間で運転を再開しており、松島海岸～矢本間で代行バスを運行していた。このルートで仙台～石巻間を乗り継ぐと所要時間は約 1 時間 50 分かかるため、仙台～石巻間の都市間移動はミヤコーバスの高速バスが主力としてカバーする形となっていた。しかし高速バスは震災前の仙石線の直通快速と遜色ない所要時間で走るものの、定時性の問題などから通勤通学には使いにくい面もあり、石巻と仙台を直結する列車のニーズは高まっていた。

そこで 2011 年 12 月 1 日から、石巻～仙台間の直通快速列車を新設した。当面平日朝の上り 1 本で、石巻を 6 時 34 分に発車し、仙台に 7 時 59 分に到着、途中はノンストップで走る。同じルートを小牛田で乗り継いで利用する場合に比べ、13 分程度短縮された。運賃は仙石線経由の 820 円とし、仙石線経由の定期券が利用できる。石巻線が非電化のため、キハ 110 系気動車 2 両編成を充当、定員は 240 人を確保した。

追って通勤通学の帰りの足を確保するため、2012 年 1 月 10 日から、仙台を 17 時 58 分に出発して石巻に 19 時 02 分に到着する下りノンストップ快速が設定された。利用者が定着したため、2012 年 3 月 17 日のダイヤ改正時にはこの直通快速を毎日運転に変更するとともに、上りの時刻を石巻 6 時 27 分発、仙台 7 時 35 分着に変更し、通勤通学により使いやすくなったほか、新幹線への乗り

仙石線をカバーする石巻線・東北本線経由の石巻～仙台間ノンストップ快速（2012.4）

キハ 110 系 3 両の石巻～仙台間臨時快速 通勤通学利用者で満席状態（2012.4 仙台）

継ぎも改善された。また需要増から編成両数は3両に増強されている。

5月7日から仙台を朝出発する石巻行と夕方石巻を出る仙台行の1往復が6月末までの平日期間限定で臨時設定され、平日は2往復の運転となった。こちらはキハ40・48形2両編成が使用された。7月以降も継続され、7月30日には下りのダイヤが石巻への通勤通学に間に合うよう繰り上げられた。

6-4 空の便による迂回ルートをカバー

仙台空港を除く東北の空港が比較的早くから再開したため、通常は新幹線並行のため飛ばない東京便がいわて花巻空港と福島空港から臨時設定されたほか、山形空港からの東京便が大型化と増便で大きな役割を果たし、秋田、青森空港も増強された。これを受けて、通常の空港連絡バスのほか、空港と都市を結ぶ臨時路線などが運行され、迂回ルートを構築した。通常は400km程度までの新幹線並行区間は航空機の競争力が小さいため、就航していないケースが多いが、リダンダンシー・リスク管理の観点からは空路の必要性が実証された形であった。

●山形空港

山形空港は実質的な被害がなかったことから震災翌日の3月12日には運航を再開した。当初は自衛隊の輸送機やヘリコプターの物資輸送を優先したが、仙台から最も近い空港となったことから需要が急増、山形～東京線を運航するJALは臨時便を設定して輸送力を増強し、3月18日からしばらくは東京・大阪・名古屋・札幌の4路線15往復が発着した。さらに他の路線と機材を入れ替えるなどの調整が行われて機材を大型化し、通常400席だった座席数を9倍の3,700席に増やしたが、それでもなかなか予約が取れない状況が続いた。3月12日から4月30日までの間に羽田との間を飛んだ臨時便は片道487便に上り、各区間を飛んだ臨時便全体の4分の1を占めた。

震災当初は仙台周辺にいて帰れなくなった人たちの帰宅や東京方面に避難する被災者が主体だったが、3月20日ごろから被災地へ向かう赤十字関係、自衛隊の支援部隊、知人の安否確認、マスコミなどの需要が増え、両方向の利用者が増えて行った。

山形空港と山形市内を結ぶ交通機関は、通常は予約制乗合タクシーのみであった。そこで東北運輸局の要請により、3月16日から山交ハイヤーが航空便の発着に合わせて中型貸切バス車両による連絡バスを運行、山形～仙台間高速バスと合わせ、東京と仙台の間のアクセスを強化した。

仙台から山形空港を経由しての東京などへの迂回需要が高まったのを受け、山交バスは3月27日から、仙台駅東口～山形空港間直行バスの運行を開始した。このバスは近畿日本ツーリスト山形支店が山交バスを貸切で使用し、ツアーバス形式で運行したもので、山形空港発着航空便に合わせて仙台発11便、空港発12便を設定、所要時間は1時間10分、料金は大人2,000円となった。被災証明書を提示すると半額となった。

山形空港と仙台を結び山交バスがツアーバス形式で直行バス（2011.4 仙台駅東口）

東北新幹線・山形新幹線が復旧したことにより、仙台～山形空港間直行バスは4月28日で運行を終了、需要に落ち着きが見られるようになった5月22日をもって、山形市内～山形空港間の連絡バスは運行を中止し、通常の乗合タクシーに戻したが、この間2万2,552人を輸送

山交バスは高速車を運用し　近畿日本ツーリストが代行して仙台駅東口で販売を行った（2011.4）

山形駅～山形空港間は山交ハイヤーの中型貸切バスが乗合タクシーと交替（2011.4）

航空便に合わせて山形駅前を出発　仙台線高速バスからの乗継もあった（2011.4）

した。なお、空港アクセスを充実させる必要性が認められ、山形県の意向によりその後あらためて山形市内〜山形空港間はアクセスバスを運行することとなった。

●いわて花巻空港

いわて花巻空港では3月16日夕方から通常の大阪便、札幌便が運航を再開したほか、羽田を結ぶ臨時便をJALが設定した。4月30日まで運航され、その間に羽田との間を飛んだ臨時便は片道242便に上った。岩手県交通は、いわて花巻空港の再開に対応して、同日から盛岡〜いわて花巻空港間の連絡バスを特別ダイヤで再開した。17日からは航空便が正常ダイヤに戻ったのを受けて、航空便の発着に合わせたダイヤを設定した。

花巻観光バスは4月11日から、いわて花巻空港と仙台を結ぶ臨時バスを運行開始した。東北新幹線、仙台空港が復旧しない状況の中、いわて花巻空港を迂回して東京、大阪をめざす需要に呼応したもので、いわて花巻空港発は1日3便、仙台発は1便を設定、伊丹便と羽田臨時便の計6便に接続を図った。片道2,000円で設定、仙台は花京院にバス停を設けた。仙台空港の再開にともない、このバスは3日間で運行を中止した。

新幹線復旧後なので迂回ルートとしての位置づけではないが、5月21日にはフジドリームエアラインズ（FDA）が県営名古屋便を開設し、6月11日までは週2便（土・日）、16〜30日は週3便（木・土・日）、8月からは毎日運航した。いわて花巻空港では2010年にJALの中部便が廃止されており、これをカバーした形だ。

なお、宮古方面からいわて花巻空港へのアクセスの向上に配慮し、岩手県空港利用促進協議会が中心となり、岩手県北自動車の「106急行」バス（宮古駅前〜盛岡駅前）と岩手県交通の「空港シャトル」（盛岡駅〜いわて花巻空港）を通

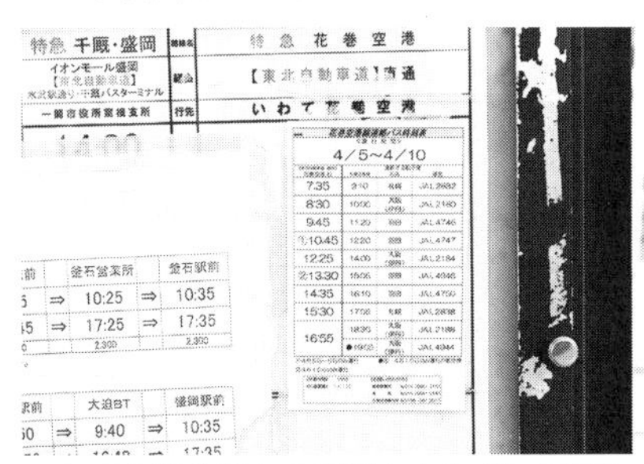

いわて花巻空港も1週間とおかずに再開し盛岡駅を結ぶ岩手県交通の空港連絡バスが臨時便も設定して対応した（2011.4 盛岡駅前）

仙台空港再開まで花巻観光バスが仙台といわて花巻空港を直結（2011.4 花京院）

しで１枚にし、正規の合算運賃より470円割り引いて2,900円とした「宮古らくとく空港きっぷ」が2013年３月31日に新設された。

●福島空港

福島空港も３月15日には運行を再開、JAL・ANAによる羽田～福島間臨時便、中部～福島間臨時便が設定された。３月15日から４月30日までの間に羽田との間を飛んだ臨時便は片道104便に上った。これにともない、福島交通は郡山駅、福島駅と福島空港を結ぶ臨時バスを、新常磐交通はいわき駅と福島空港を結ぶ臨時バスを航空便連絡で設定した。当初はまだ定期高速バスが運行を再開しておらず、鉄道の再開も見通しが立たなかったため、いわきから新常磐交通の福島空港行に乗り、福島空港で福島交通の郡山行に乗り継いでいわきを脱出するという利用も少なからずあり、両臨時バスは満席の状態が続いた。

福島空港にも臨時便が就航し郡山との間は福島交通が臨時増発（2011.4 郡山駅前）

●青森空港

青森空港は弘前寄りに位置するため、震災被害がわずかで済んだ。このため、翌３月12日の昼ごろには青森～羽田間定期便、青森～伊丹間定期便が運航を再開した。また３月15日には北海道国際航空（エア・ドゥ）が新千歳～青森間の臨時便を設定した。青森空港にアクセスする連絡バスは、弘南バスが３月12日始発から通常運行をしていたため、弘前～青森空港間はすぐに運行を再開したが、JRバス東北が運行する青森駅～青森空港間は、道路状況の確認などに時間がかかり、13日からの運行再開となった。しかし、再開後は利用が多く、４月の乗車人員は対前年208％の約１万５千人に上った。

●秋田空港

秋田空港も震災被害はわずかであり、翌3月12日には運航を再開、通常の秋田～羽田間、秋田～伊丹間、秋田～札幌間が就航した。

秋田空港が迂回ルートとして活用できることから、岩手県北観光では3月20日から、会員募集形式で盛岡～秋田空港間シャトルバスを設定した。盛岡駅西口から秋田空港までの直行便で、岩手県北自動車の貸切バス車両を使用し、1日2往復、所要2時間30分、会費2,000円とした。前日17時までの予約制で、最少催行人員は2名であった。知名度が上がるにつれて利用者がつき、毎日催行されるようになったことから、4月からは岩手県北自動車による盛岡駅西口～秋田空港間臨時乗合バスとしての運行に変わった。車両や運賃設定は会員募集のときと変わらず、県北バスの貸切車を使用し、運賃収受と荷物扱いでガイドが乗務した。

被害のなかった秋田空港と盛岡を岩手県北自動車が臨時高速バスで直結（2011.4）

迂回しても東京へ最速で着けた秋田空港ルートは一定の利用（2011.4 盛岡駅西口）

●庄内空港

庄内空港も被害はほとんどなく、3月12日に運行を再開し、ANAが羽田との間の定期便4往復を運行した。山形～鶴岡間高速バス（山交バス・庄内交通）9便は3月12日に運行を再開、仙台～鶴岡・酒田・本荘間高速バス（宮城交通・山交バス・庄内交通・羽後交通）は28日に運行を再開した。

日本海側と結ぶ仙台～鶴岡・酒田間高速バスも迂回ルートとして活用（2012.4 仙台）

●茨城空港

茨城空港は地震の揺れそのものによる被害が大きかった地域にあって、ターミナルビルに吊り天井落下などの被害が生じたが、天井板撤去などの応急復旧により3月14日に再開した。この段階ではJR常磐線がまだ取手以北で不通の状態であったため、スカイマークエアラインズは3月18日に羽田空港～茨城空港間の臨時便を1往復運航した。通常であれば航空便の守備範囲ではない短距離運航であったが、東京との連絡手段が断たれた状況下で利用された。常磐線の土浦までの再開により、2日間で運航を中止した。

6-5 仙台空港の運航再開と連絡バス

●仙台空港の復旧

津波の直撃を受け、空港ビルが孤立、1,600人あまりの乗客や空港職員、周辺住民が取り残された仙台空港は、2日後に周辺道路のがれきが取り除かれ、ようやく避難を開始、全員が空港を出ることができた3月16日から、自衛隊と在日米軍の手でがれきや流されてきた車の撤去、土砂の除去などの復旧作業が進められた。そして17日には3,000mの滑走路のうち1,500m余が使用可能となり、まず米軍の救援物資などを運ぶヘリコプターが着陸、その後救援機による物資輸送が可能となった。

3月29日には、長さ3,000mの滑走路で土砂やがれきの除去、舗装の補修点検が完了、全面使用が可能となった。当面は自衛隊や米軍機など救援機に限定して24時間運用とした。ターミナルビルや管制塔の損傷が激しいため、この時点では旅客機の運行のめどは立っていなかった。

その後管制塔の復旧が進められ、ターミナルビルについては東側と2～3階を閉鎖し、西側1階を間仕切りで区切って出発・到着ロビーや待合室、発券カウンターなどを設けて仮復旧、滑走路周辺や駐車場からがれきなどを撤去する作業が完了し、4月13日から一部国内線の発着を再開することとなった。とはいえ仙台空港付近はまだ停電と断水が続いており、発電機を使用しての運用であった。

ターミナルビルの2階搭乗口が使用できないことから、当初はタラップとビルの間を徒歩で移動、まもなく仙南交通、みちのく観光などの貸切バスが入ってランプバスの役割を担った。ターミナルビル内はすべて仮復旧で、被災から仮復旧までの足跡を写真パネルで展示した。

仙台空港は４月 13 日に暫定営業再開　まだ１階の一部を使用しての仮復旧（2011.4）

ターミナル１階の全日空仮設カウンター壁面には寄せ書きが掲出（2011.4）

体裁は整ったがあくまで仮設で出発・到着は同じゲート（2011.4）

待合スペースには被災から復旧までの写真を掲示（2011.4）

ブリッジが使ずランプバスとして貸切バスが空港内で搭乗客を輸送（2011.4）

航空機のタラップを降りてランプバス代わりの貸切バスに乗車（2011.4）

ランプバスではみちのく観光・仙南交通などが運用された（2011.4）

●東京との間の臨時便

東北新幹線開通後運航をやめていた羽田〜仙台間の航空便が、震災後の新幹線の不通をカバーすべく復活した。4月13日の仙台空港旅客運航再開にともない、13日から20日までの間、JALが1往復、ANAが3往復の羽田〜仙台間臨時便を設定した。JALは伊丹〜仙台間の臨時便も2往復設定した。21日からは計8往復に増便された。4月27日からは札幌便、名古屋便が加わり、29日には夜間運行も始められた。羽田臨時便については、4月29日に東北新幹線が復旧したのを受け、4月28日で運航を中止した。この間に羽田との間を飛んだ臨時便は片道132便に上った。

ふだんは新幹線のテリトリーとして飛ばない羽田〜仙台間に臨時便が就航（2011.4）

仙台空港の到着案内　2社5便の羽田便が設定されていた（2011.4）

羽田空港の出発案内に「仙台」の表示　同便だけ満席の×印（2011.4）

羽田空港の搭乗口の仙台行表示（2011.4）

搭乗口変更
Gate changed

スズキ　フミヒコ　様

行先 DESTINATION　仙台 SENDAI
搭乗日DATE　4月26日

便名 FLIGHT　ANA1501
出発時刻DEP TIME　7:00

BN 100

新搭乗口 NEW GATE
52

座席番号 SEAT 24B

＊ご搭乗前に座席が変更になる場合があります。
座席は搭乗口でお受取の「搭乗券」にてご確認ください。

搭乗口へは出発時刻の10分前までにお越しください。

●仙台駅直行のシャトルバス運行

仙台空港の再開によって必要となった空港アクセス輸送は、仙台空港鉄道の復旧見通しがたたないため、バスが担うこととなった。3月25日に仙台空港アクセス鉄道の代替輸送について関係者で協議する「仙台空港再開に向けたアクセス確保検討会議」が設置され、空港と仙台駅の間に直通アクセスバスを運行することが最善策であるとの結論に達した。

これにもとづき、宮城県バス協会が運行事業者の確保と仙台駅東口バスプール内のバス停確保に動き、4月13日の民間運航再開日から仙台駅東口直行バスと、仙台空港鉄道代行バス（後述）が設定された。仙台空港～仙台駅東口間シャトルバスは航空便に合わせたダイヤ設定で、当初の20日までは6往復、21日以降は8往復が運行された。設定便数は航空便の数だけにすぎなかったが、乗客数に応じて次々と続行便を出す形で態勢を整えており、実際には1便につき5～6台が運行された。仙台空港の乗り場は暫定供用の空港ビル前に3台分用意され、順次発車する体制となった。仙台駅東口は専用バースが確保され、係員を置いて満席になるごとに発車させる形をとったので、実質は続行便というより多数の便が一定の間隔で運行されているようなものであった。仙台空港IC～長町IC間仙台東部道路・仙台南部道路経由で所要約45分、片道1,000円で設定された。

7月25日には定期便の就航によって震災前の水準で航空便が発着することとなった。これに合わせてシャトルバスは航空便連絡のダイヤから定時ダイヤに切り替え、1日33～38便の運行とし、続行便体制は継続した。

宮城県バス協会が中心的役割を果たして貸切バスを毎日一定数確保、運行については仙南交通が、発券等については宮交観光サービスが幹事となった。貸切バスによる運行のため、仙台駅東口と仙台空港の乗り場では運賃収受の係員が配置され、車内での収受は行わなかった。運行会社は仙南交通のほか宮城交通、仙台

仙台空港と仙台駅を結ぶ直行バスを大きく表示した東洋交通便（2011.4 仙台空港）

航空便が着くと利用者の列ができる　愛子観光バス担当便（2011.4）

バス、東洋交通、みちのく観光、愛子観光バス、羽後交通宮城営業所、とよま観光バス、色麻観光、桜交通、日本三景交通、泉タクシーなど計18社が運行を担当していた。このシャトルバスは仙台空港鉄道が仙台空港までの運転を10月1日に再開したのを受けて、9月30日で終了したが、この間、空港発11万4,496人、仙台駅東口発7万6,491人の計19万987人を輸送した。

仙台空港乗り場には係員が常駐し乗車券を発券（2011.4）

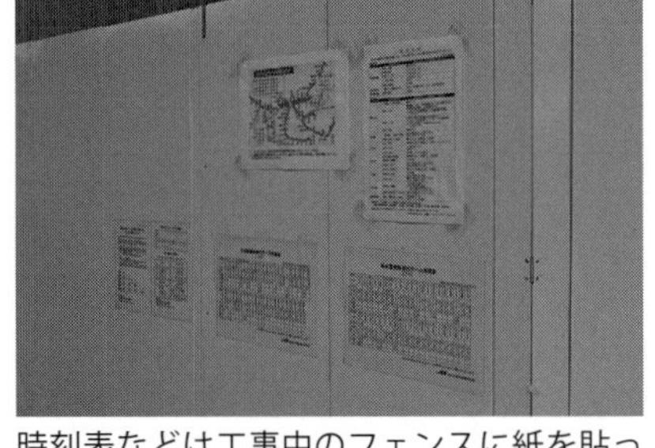
時刻表などは工事中のフェンスに紙を貼った簡易なもの（2011.4）

仙台駅東口を出る羽後交通宮城営業所担当の仙台空港直行バス（2011.9）

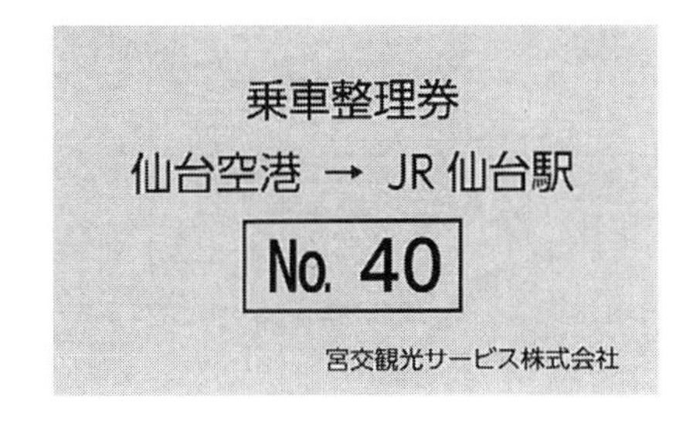

●機能を取り戻す仙台空港

仙台空港ではターミナルビルの復旧工事が進み、出入国管理や検疫のCIQ施設が仮設されたのを受け、6月23日から国際線チャーター便の受け入れが再開された。また7月25日にはJAL、ANA、IBEXエアラインズ、北海道国際航空（エア・ドゥ）の4社による新千歳、成田、中部、小松、伊丹、広島、福岡、那覇の8路線41往復の定期便が運航を再開（中部は新規）、ターミナルビル2階の国内線出発ロビーも再開し、ほぼ震災前の状況に戻った。ターミナルビル3階を含む空港の全面復旧は9月25日となり、これに合わせて国際定期便のソウル便が復活、10月2日にはグアム線が再開となった。

第7章　震災後の都市圏輸送

7-1 仙台都市圏の輸送確保

●仙台都市圏の被害

仙台市の震災被害について仙台市の資料により確認しておこう。仙台市内の震度は宮城野区で震度6強、青葉区、若林区、泉区で震度6弱、太白区で震度5強を記録した。2011年7月15日までに確認された範囲で死者は704名、行方不明者は35名、負傷者は重傷274名、軽傷1,999名であった。建物被害は全壊17,539棟、大規模半壊9,477棟、半壊22,132棟、一部損壊38,007棟に及び、避難勧告にあたった宅地被害は129世帯となった。火災も39件発生している。

インフラ被害は宮城県で138万戸が停電、市内各地で断水が起き、断水人口は約30万人、仙台市ガスは358,781戸で供給停止となった。

●仙台の都市活動の再開とバスによる輸送確保

仙台市では、宮城野区、若林区の沿岸部および隣接する名取市閖上地区の津波被害は大きかったが、中心部を含む津波が来なかった地区の被害は、一部の建造物を除いて大きくはなかった。停電も仙台市中心部では14日未明には解消、そのころ携帯電話もつながるようになった。市内には通電まで2週間近くかかったところもあったが、おおむね1週間もすると普通に生活ができる状態が戻ってきた。ただ、都市ガスだけは4月後半まで復旧できなかったため、飲食店では営業時間の短縮や、一部のメニューの休止などの対応を取っていた。

比較的市街地での被害が少なかったこともあり、仙台市における経済活動の復旧は早く、ほぼ1週間後の3月22日からの週には多くの企業、事業所が業務を再開した。そうなると、通勤需要が生まれる。しかしこの時点では、市営地下鉄の地下部分が運転を再開した以外、鉄道はすべて運休状態であった。平常時の仙台都市圏におけるJR各線のシェアは大きく、これをカバーすることは並大抵ではなかった。

●定期路線バスによる鉄道沿線のカバー～仙台市東郊～仙石線・東北本線方面

仙台に集まる定期バス路線の中で、通常以上の輸送に応えたのが仙台市営バス高砂系統であった。JR仙石線が不通のため、ベッドタウンである仙台市東部、多賀城市域からの通勤手段が断たれたからである。陸前高砂駅からは仙台市営バスが運行していることが知られるようになると、自転車や徒歩で陸前高砂まで何とかたどり着き、市営バスで通勤するパターンが増えてきた。特に多賀城市の市報で「高砂からはバスが運行されている」ということが広報されたことから、当初唯一の手段であったこの路線に集中したものと思われる。朝8～9時には約1,000人が集中して長蛇の列となり、8時のバスに乗るために6時台から並ぶような状況となった。メインで担当する東仙台営業所では高砂系統のダイヤを増やし、一部を担当する岡田出張所（宮城交通が受託）では、仮の車庫となった霞の目営業所で操車を行い、帰庫したバスをすぐ別の乗務員を乗せて高砂へ向かわせるなど、最大限の輸送力を高砂に配し、乗客がいる限り輸送を完遂した。他の営業所からも応援車両が出て、早朝深夜は続行便でさばいた。もっとも、仙石線の不通は並行する国道45号の大渋滞をもたらし、通常陸前高砂駅から仙台駅前まで30分程度のところ、当初は2～3時間を要するありさまであった。

3月23日、宮城交通はそれまで中野栄駅までだった仙台港線を、多賀城市の依頼にもとづき多賀城駅に延長した。仙台港フェリーターミナルの再開が見込めないため、臨時路線として多賀城駅に行先を振り替えた形で、1日18往復の運行を行った。

また、岩切についても、東北本線が3月31日に再開するまでは、市営バス路線が唯一のルートであったことから、交通局前～岩切間の路線に利用者がかなり集中した。

仙台市営バスが発着する陸前高砂駅に多賀城方面から通勤通学客が集中した

宮城交通フェリーターミナル行は多賀城駅行に振り替えて仙石線をカバー（2011.4）

7-2 仙台市営地下鉄の無料代行バス

●台原以北の不通をカバーした代行バス

仙台市営地下鉄は 3 月 14 日に富沢～台原間が運転を再開した。震災後わずか 3 日後。“地下鉄は地震に強い”と実感させるスピード復旧であった。しかし台原以北の地上区間については構造物被害が大きく、復旧までには数ヵ月を要するとされたことから、仙台市交通局は台原以北に代行バスを運行することとした。地下鉄が全面運休だった 3 月 12 日には市営バスによる泉中央駅～仙台駅間、八乙女駅～泉中央駅間、長町駅～仙台駅間の代替輸送を実施したが、3 月 14 日からは台原～泉中央間での代替輸送とし、まずは直行の代行バスを運行、3 月 17 日に八乙女（県道仙台泉線の路上）にバス停を追加した。

週が明けた 3 月 22 日、仙台市内の経済活動が再開するとともに、地下鉄代行バスに利用者が集中､混乱を避けるために台原駅の出入口を制限したこともあり、通勤時の利用者は泉中央駅で代行バスに乗るまでに 1 時間以上、台原で地下鉄に乗るまでにさらに数 10 分待たなければならないという状況だったようだ。このため、3 月 28 日にはバスを 14 台から 25 台に増強、バス待ちの列の整理員を配置し、朝ラッシュ時間帯の運行間隔を 6 分に短縮した。またバス専用レーンも一部区間に確保し、輸送力増強を図った。

4 月 1 日からは台原～旭ヶ丘～黒松間に別系統の代行バスを運行した。黒松駅の始発は 6 時 30 分、台原駅の始発は 6 時 50 分でともに最終は 20 時 30 分。この間 20 分間隔での運行となった。これとともに台原駅の乗り場を駅前広場から南 1 出口付近の路上に変更して混雑を緩和するとともに、途中の渋滞個所を避けるために台原～八乙女～泉中央間の無料バスの経路の一部を変更している。

地下鉄駅ホームの台原以北の無料代行バス案内掲示（2011.4 仙台）

台原駅の地下鉄から代行バスへの誘導表示（2011.4）

台原駅前の代行バス乗り場　次のバスが常に待機している（2011.4）

代行バスを降りて駅に向かう乗客たち　日中でも2台が満員で到着（2011.4）

●苦肉の策としての無料代行バス

これら代行バスは無料運行とした。無料運行は最終的にはトップ判断であったが、もちろん議論はあったところである。地下鉄と代行バスでは輸送力が違いすぎ、バスで十分なサービスはできない。運行開始直後は泉中央に多くの利用者が集中し、1時間半待ちといった状況であった。このため、サービス提供のレベルが違いすぎることから運賃を取らない選択をしたのが理由の1点であった。

もう一つは運賃を収受するうまい方法がないという理由であった。人員が足りず、利用者をさばくのと案内にすべてのマンパワーを取られ、運賃収受をする余力がないことと、仮に途中に運賃収受のためのラッチなり集改札を置くと、それだけで混雑に拍車をかけることになるため、特例で無料としたものである。

●宮城交通・みちのく観光の応援を得て

代行バスは当初仙台市営バスが運行を担当した。しかしやがて市営バス自身の路線が順次復旧していくにしたがって、市バス車両・乗務員をすべての地下鉄代行バスに充当するのが難しくなっていった。朝夕は続行便も設定されており、地下鉄代行バスの輸送力不足が顕在化する中で、宮城交通が一部を肩代わりできればよかったのだが、運行開始当初はまだ宮城交通自身が被災地の輸送やJR線の通勤客の代替輸送などに追われ、被災して復帰できない乗務員もいる中で、応援に回す余力を持てなかった。ようやく落ち着いてきてやりくりができる状況になった3月28日から、宮城交通が地下鉄代行バスの運行を一部肩代わりした。宮城交通は比較的近い富谷営業所のほか、各営業所から2台程度ずつ集めて対応した。

4月1日の黒松系統が新設された時には、さすがに宮城交通をもってしても、自社路線バスの復旧や、新たに仙石線などJR線の代替バスにもバスと乗務員が必要となったこともあり、対応が難しかった。このため仙台市交通局は、民間貸切バス事業者（みちのく観光）に運行を依頼し、黒松系統は貸切バス車両による運行となった。

代行バスは最終便を20時30分に設定した。最終便については全員が乗れるだけの台数を用意して一斉に発車させる形がとられた。また代行バスの終発以降の地下鉄利用者の足の確保のため、仙台市交通局では宮城県タクシー協会に協力を要請し、代行輸送の一部を担ってもらった。

地下鉄代行バスは地下鉄が4月29日に全線で再開したことにより、4月28日をもって運行を中止したが、この間延べ1万8,400便が運行されている。

途中から宮城交通が代行バスに加わった
各営業所から2台ずつ捻出（2011.4）

地下鉄の輸送力には及ばないが宮城交通では座席数の多い車両を使用（2011.4 台原）

黒松系統の代行バスはみちのく観光の貸切バス車両での運行となった（2011.4）

みちのく観光も車両をかき集めて大型55人乗りを中心に運用した（2011.4）

7-3 JR 各線をカバーするバス輸送

●宮城交通グループによる仙台近郊輸送

生活交通手段を失った地域住民が大量に発生した状況に鑑み、宮城県は 3 月 18 日、宮城交通に対してバス路線の確保に関する要請書を出した。

宮城交通自身が被災著しく、乗務員の確保に窮している状態ではあったが、地域の足を担っている交通事業者として、対応すべきところは運行するという考え方のもと、宮城交通は鉄道復旧に時間がかかりそうな地域と仙台を結ぶ臨時路線の計画に着手した。

ただし、必要なルートを確保しようとすると、路線許可のない区間の運行が多くなるため、通常の許認可制度の中では対応できない計画であった。これについて東北運輸局は、手続きを後日でよしとするなど柔軟に対応する、市町の意向を優先する、旅客の混乱を避けるため運行する事業者が複数ある場合は運賃調整を必要とする（同一運賃に設定する）という見解を表明した。

宮城交通では、すべてのニーズを宮城交通グループでまかなうことは困難であったため､宮城交通グループによる臨時運行の可否について､市町と調整を行った。調整の際の方針として次の 5 点が提示された。

①旅客の混乱を避けるため、極力 2 点間輸送とする

②あくまでも代替交通との位置づけで鉄道復旧までの期間限定とする

③便数を絞り、需要の集中に対しては続行便を設定する

④鉄道の輸送力のカバーは不可能なことから、通勤ラッシュ終了後の設定とする

⑤鉄道とバスの輸送原価の違いから鉄道運賃に比べ 2 倍以上になる場合は、利用者利便のため鉄道普通運賃の 2 倍を超えない範囲で運賃を設定する

多くの市町がこれを歓迎し、後節で詳述するように 3 月 20 日以降 6 市町と仙台市が宮城交通またはミヤコーバスで直結された。

もっとも、宮城交通や仙台市営バスは通常の路線の復旧と被災地区の輸送に手いっぱいの状況もあった中、自治体が地域の貸切バスをチャーターまたは運行依頼する形で、仙台と各地を直結する臨時バスも数多く運行された。これらは貸切バスのため、臨時の乗合許可（道路運送法 21 条）を得ての運行だが、運賃収受には係員を別途乗り場に配置するか、または車掌業務の社員を乗務させた。鉄道の復旧にともない、発着地をその都度変更の上鉄道復旧まで運行されたが、余震

による再運休などにより、かなり流動的な対応となった。いずれも運賃・ダイヤなどは独自に決められ、鉄道定期券などの相互利用はできない形であった。

●仙台市東郊～仙石線・東北本線方面～臨時バスでの対応

3月22日にはミヤコーバスが、仙台駅～利府駅間3往復の臨時バスを運行開始した。2点間輸送で片道500円の設定となった。3月31日にJR東北本線が仙台～岩切間で運転を再開したため、仙台～利府間臨時バスは30日で終了し、31日からは岩切駅～利府駅間の臨時バスに切り替えた。短縮した分増便され、1日10往復、片道280円の設定となった。4月5日の岩切～松島・利府間再開にともない、4日いっぱいで終了となった。

仙石線の仙台～東塩釜間は利用者が非常に多く、バスでのカバーはできないとしてJR東日本は代行バスを設定していない。3月23日にはミヤコーバスが、仙台駅～本塩釜間3往復の臨時バスを2点間輸送で運行開始した。片道700円の設定で、路線バス車両での運行であった。

4月1日には仙石線が青葉通～小鶴新田間で運転を再開したため、ミヤコーバスの仙台駅～本塩釜間臨時バスは3月31日で終了、新たに本塩釜駅（アクアゲート口）～小鶴新田駅間の臨時バスを運行開始した。1日6往復、片道500円の設定で、一般路線バス車両による運行であった。

4月5日には東北本線の松島再開を受けて、松島以北をカバーする松島駅～鹿島台（鎌田記念ホール）間、松島駅～松山町駅間にミヤコーバスの臨時バスがスタートした。利府関係の終了にともなう余力をこちらにシフトした形であった。鹿島台系統は7往復、片道600円、松山町系統は4往復、片道500円の設定で、ミヤコーバス古川営業所が担当した。東北本線の再開に合わせて、4月8日までの運行であった。

ミヤコーバスが運行した仙台～本塩釜間2点間輸送の臨時バス（2011.4）

東北本線の復旧に呼応して岩切～利府間を走ったミヤコーバスの臨時バス（2011.4）

岩切駅前のミヤコーバス臨時バス停（201.4）

小鶴新田駅前に集まった臨時バス用のミヤコーバス　続行運行でカバー（2011.4）

ほとんど被災のない松島地区を走るミヤコーバスの鹿島台方面臨時バス（2011.4）

仙石線の再開区間に合わせて小鶴新田〜本塩釜間に設定された臨時バス（2011.4）

小鶴新田駅〜本塩釜間直行臨時バスには座席の多い元名鉄車（2011.4）

東北本線松島駅に集まるミヤコーバスの鹿島台・松山町への臨時バス（2011.4）

東北本線松島駅前の松山町・鹿島台方面臨時バス停（2011.4）

●仙台市南郊～東北本線・常磐線方面

定期路線がほとんどなくなっている仙台市南郊部では、臨時路線が設定された。ミヤコーバスは3月20日に白石と岩沼から仙台を結ぶ臨時路線を運行開始した。いずれも2点間輸送で、仙台側の起終点は地下鉄の再開にともなって長町駅とし、白石からは白石城下広場発着で1日2往復、片道1,500円、岩沼からは岩沼駅発着で1日5往復、片道600円とした。3月21日にミヤコーバスは長町駅～亘理駅間にも4往復の臨時バスを運行開始した。片道1,000円の設定となった。

4月2日に東北本線が仙台～岩沼間で運転再開予定だったため、ミヤコーバスは岩沼～長町間の臨時バスを4月1日で終了、白石～長町間については白石～岩沼駅西口間に改め、4往復の運行とした（2日は前述のとおり岩沼～南仙台間運休のため代行バス運行）。また新たに大河原駅前～岩沼駅西口間の臨時バスが6往復、片道500円で運行を開始した。白石、大河原、亘理については東北本線の復旧に合わせて4月6日までとした。

長町駅で地下鉄を受けて岩沼へ向かう臨時バスにも多くの利用者が（2011.4）

東北本線が岩沼まで再開　接続で大河原に向かうミヤコーバスの臨時バス（2011.4）

列車からの乗客を受けて岩沼から白石へ向かうミヤコーバスの臨時バス（2011.4）

夕方の帰宅時には2台続行でも白石行に長い列ができた（2011.4）

●地域と貸切バスが組んだ臨時路線

仙台都市圏での交通需要は広範かつ大きく、定期バス路線と上記の宮城交通グループによる臨時路線ではまかないきれない地域が多くなった。このため各自治体は市民の仙台への交通手段を確保するため、定期バス路線のない、または不十分な区間をカバーすべく、貸切バス事業者と契約し、3月22～23日ごろから臨時の定期バスを運行する形となった。山元町のミヤコーバスを除き、いずれも貸切車両のため、車内での運賃収受は行わず、乗り場または車内に係員を配置した。

◇多賀城市

仙石線の不通により市民の通勤通学の足が確保できないため、朝夕に多賀城駅～仙台駅東口（榴岡図書館前）間に直行便を運行した。日本三景交通と仙塩交通に委託し、朝7時から仙台方面に10便、夕方17時から仙台発で10便を設定した。多賀城～仙台間は宮城交通の路線も臨時運行（仙台港行きを振替）されたが、データイムのみのため、通勤通学に特化した直行便として設定したものであった。宮城交通の普通運賃490円を参考に、片道500円の料金となった。3月28日からダイヤを変更し、朝多賀城発6時30分～8時まで7便と夕方仙台駅発17時45分～19時15分まで7便を主体に、同時間帯の逆方向をそれぞれ5便、3便運行、土休日は午前5便（仙台発は3便）、夕方3往復とした。

日本三景交通が運行する朝夕のみの多賀城～仙台直行臨時バス（2011.4 仙台駅東口）

通勤客の足となった多賀城直行バス　乗客数に応じて続行運行（2011.4 仙台駅東口）

多賀城市から依頼の多賀城～仙台間の一部は仙塩交通も担当（2011.4 仙台駅東口）

◇名取市

地元の仙南交通と桜交通に依頼し、両社が臨時路線の許可を受けて名取駅～地下鉄長町南駅間の平日運行を22日に開始した。長町南駅行きは朝を中心に21便、名取行きは朝と夕方を中心に23便のダイヤとなり、片道400円の運賃が設定された。東北本線が仙台～岩沼間で運転を再開したのにともない、4月1日いっぱいで運行を終了した。

名取市からの依頼で仙南交通が名取駅と地下鉄長町南の間を運行（2011.4 長町南駅）

貸切バスによる臨時バスでは運賃収受のため社員が添乗（2011.4 仙南交通）

◇角田市・丸森町

福島県南相馬市に本社を置き、角田市にも事業所をもつはらまち旅行は、阿武隈急行の再開に時間がかかることがわかると角田市に仙台直行便の運行を提案、3月23日から角田市の貸切の形で仙台駅東口直行便を運行開始した。阿武隈急行角田駅6時30分の仙台駅東口行きと18時30分仙台駅東口発角田行きの1往復で運賃は片道1,000円。同様に3月24日からは丸森町の貸切ではらまち旅行による阿武隈急行丸森駅～仙台駅東口間直行バスが、丸森発6時30分、仙台駅東口発18時の1往復運行された。

はらまち旅行が唯一の直行ルートとして運行した仙台～角田間臨時バス（2011.4）

丸森直行便も運行したはらまち旅行　朝仙台へ来て夕方帰る（2011.4 仙台駅東口）

◇柴田町

3月24日から地元の貸切バス事業者（タケヤ交通・スリーエス交通）に依頼し、船岡駅～地下鉄富沢駅間と槻木駅～地下鉄富沢駅間の2ルートで臨時バスを運行開始した。船岡発・槻木発それぞれ7時、10時、17時30分、富沢駅発それぞれ8時30分、16時、19時の3往復で、乗車券は発車30分前から先着順に発売した。帰りの便を指定する方式をとって定員を超えない形とし、7時発を利用した人は富沢発19時（通勤通学用）、10時発を利用した人は同16時（買物・通院等）、17時30分発は翌朝8時30分発と指定された。利用料金はどちらも片道500円に設定された。

岩沼駅に集まる柴田町からの依頼による船岡行と槻木行臨時直行バス（2011.4）

東北本線の岩沼再開にともない、両路線は4月2日から岩沼駅西口を結ぶ形に改められ、船岡駅～岩沼駅間と槻木駅～岩沼駅間の運行となった。朝夕1時間に1本、日中2時間に1本が列車に接続するダイヤで10往復ずつ、船岡は300円、槻木は200円で設定され、帰宅便指定はなくなった。

船岡行はタケヤ交通が運行　PRは町が広報に力を入れた（2011.4 岩沼駅西口）

列車接続運行の槻木行はスリーエス交通が運行（2011.4 岩沼駅西口）

◇大河原町

28日からは大河原町が東日本観光バスと東洋交通に依頼した大河原駅～仙台駅東口（ガーデンパレス前）間臨時直行バスが運行された。平日は大河原駅前を7時にバス7台続行で発車、帰りは仙台駅東口を18時、18時15分、18時30分（以上各2台）、19時（1台）の順で4便、利用料金は片道1,000円で設定された。30日から輸送力が見直され、朝の仙台行を5台続行とし、帰りは18

時発のみ２台とした。４月４日からは東北本線の岩沼〜仙台間再開を前提に、７時の仙台行を３台運行とし、帰りは 18 時 15 分を中止して 18 時から 30 分毎に３便を１台ずつで運行する形とした。土休日は大河原発７時（２台）と仙台駅東口 18 時・19 時の２便が設定された。

大河原〜仙台間は東日本観光バスを主体に朝夕の直行臨時バス（2011.4 仙台駅東口）

東北本線岩沼再開後も大河原〜仙台直行臨時バスは運行された（2011.4 仙台駅東口）

◇松島町

津波被害は少なく、比較的平常時に近い状況を早く取り戻した松島町は、東北本線が岩切まで再開したのをにらんで、日本三景交通に依頼し、３月 31 日から松島駅〜岩切駅間に臨時路線を運行した。午前６往復、午後６往復の 12 往復で、片道 500 円。東北本線の松島までの再開により、４月４日で終了している。

松島町の依頼で日本三景交通が運行した岩切〜松島間臨時バス（2011.4 岩切駅前）

駅から遠い乗り場をプラカードで表示　乗車前に係員が運賃収受（2011.4 岩切駅前）

◇山元町

山元町は仙台への足を確保するため、ミヤコーバスに依頼して予約制臨時バス３往復の運行を３月 25 日に開始した。これは山元町役場と仙台駅東口の２点間直行で、山元発９時、14 時、18 時、仙台発７時 30 分、12 時 30 分、16 時 30 分のダイヤとし、片道 1200 円。役場が前々日から前日いっぱいの間予約を受け付けた。ミヤコーバスは乗降性を考えて路線タイプの車両で運行したが、形態は貸切であった。

このバスも4月2日のJR岩沼再開にともなって山元町役場～岩沼駅東口間に変更され、予約制を廃止、1日5往復、片道700円の一般臨時バスとなった。また同時に山元町役場坂元支所～岩沼駅東口間が新設され、東日本観光バスがマイクロバスで坂元発2便・岩沼発3便を、800円で運行した。この2臨時バスは4月11日まで運行された。

山元町の依頼でミヤコーバスが予約運行した岩沼駅～山元町役場間臨時（2011.4）

山元町は別途岩沼～坂元間で東日本観光バスによる臨時バスを運行（2011.4）

◇亘理町

東北本線の岩沼再開により、ミヤコーバスの亘理～長町間臨時バスは運行を中止したが、常磐線の運休が続いているため、仙南交通とタケヤ交通は、亘理町からの依頼により亘理駅西口～岩沼駅東口間の臨時バスを4月4日から運行開始した。岩沼行きは13便（土日祝6便）、亘理行きは16便（同6便）で片道400円。朝夕は続行便対応も行った。

亘理町は東北本線岩沼再開に合わせ岩沼～亘理間臨時バス　仙南交通便（2011.4）

亘理～岩沼間の臨時バスにはタケヤ交通も参加　係員がバス停で運賃収受（2011.4）

●４月７日の余震発生にともなう臨時バス再運行

４月７日深夜に発生した最大規模の余震により、せっかく運転を再開した JR 各線が再び運転見合わせとなった。このためまず仙南交通が４月 10 日から、以前の臨時バスとほぼ同じ名取駅西口〜地下鉄長町南駅間の臨時バスを運行開始した。平日長町南行き 21 便、名取行き 23 便、土日祝日 10 往復とした。

ミヤコーバスは路線バス車両をやりくりして、４月 10 日に長町駅東口から白石（城下広場）まで２往復、片道 1,300 円の臨時バスを、４月 11 日に仙台駅前から本塩釜まで３往復、片道 700 円、鹿島台（鎌田記念ホール）まで２往復、片道 1,100 円、利府駅前まで３往復、片道 500 円の臨時バスを運行開始した。いずれも２点間輸送であった。

15 日に再び仙石線が青葉通〜小鶴新田間で復旧したことから、ミヤコーバスは本塩釜〜仙台間を小鶴新田発着の臨時バスに再度変更し、１日６往復で 18 日まで運行した。東北本線の再々開により、長町〜白石間は２日目の４月 11 日をもって終了したが、仙台〜鹿島台間は４月 20 日まで運行した。

7-4 仙台市内での輸送確保

●仙台市内路線の復旧における折返し・迂回運行

別項で述べたように、仙台市営バスが休日ダイヤから通常ダイヤに戻ったのは４月 18 日であった。この時点でも津波被災地域への路線が折返し運行を行っていたほか、道路の被害により一部の区間で迂回運行を行った。

折返し運行となっていたのは蒲生線（陸前高砂駅）、六丁の目岡田線荒浜・岡田車庫・キリンビール系統（南高屋敷）、深沼線深沼・農業園芸センター・藤田荒町系統（加茂皇神社前）、井土浜線閖上・藤田・七郷市民センター系統（六郷小前）、沖野線荒町・藤田系統（六郷小前）であった。これらのうち六郷小前での折り返しは 19 日に藤田系統が藤田北裏まで延長され、沖野線と井土浜線七郷市民センター系統は全区間で運行再開となった。

蒲生行の表示を出しつつ「高砂駅止」の補助表示で走る仙台市営バス（2011.4）

また迂回運行を行っていたのは霊屋橋付近の道路崩壊にともなう迂回が緑ヶ丘線、八木山南線、西ノ平線、大倉ダム付近の道路修復にともなう定義線と、岩切線・卸町線（国立病院経由）、福田町４丁目線・東部工業団地線（扇町２丁目経由）であった。

●企業がチャーターした通勤バス

十分な通勤手段が確保できない中、規模が大きな事業所では貸切バスをチャーターした通勤バスを運行したケースも少なからずあった。また、事業所の被災にともなう移転により仮設の事業所での操業を余儀なくされたケースなどでも、事業所と仙台駅など主な鉄道駅を結ぶチャーターバスの運行が見られた。

企業が従業員の通勤用にチャーターした貸切バスも特に仙台市周辺で多数見られた（2011.4 仙台駅東口）

仙石線沿線の社員通勤用に貸切バスをチャーターし仙台まで往復（2011.4 仙台駅前）

第8章　全国への波及～帰宅困難と計画停電および高速道路政策

8-1 震災当日の鉄道全面ストップと帰宅困難者

東日本大震災が発生した3月11日、最大震度5強だった東京都内を中心とする首都圏では交通網のマヒにより、数多くの人が帰宅の手段をなくし、いわゆる帰宅困難者となった。鉄道が止まり、渋滞で道路がマヒする中、徒歩で帰宅した人も多かったが、帰宅をあきらめて公共施設などの避難所に泊まった人は東京都内で約9万4千人と推定される。職場やホテルなどで一晩を過ごした人も含めた帰宅困難者は、外出者約1,000万人のうち約300万人と、ある調査会社が推計している。内閣府のインターネット調査による推計では、首都圏で約515万人が当日自宅に帰れなかった帰宅困難者であるとしている。

●鉄道のストップから順次運転再開まで

地震直後、首都圏の鉄道は全線でストップした。幸い首都圏では脱線や死傷者が出る鉄道事故は1件もなかったが、運転再開までには時間を要し、帰宅時間帯を直撃した。通常地震で運転を中止した場合、線路や設備に損傷がないか点検し、2～5回の試運転をして安全確認をしたのち運転を再開するのが復旧のセオリーである。

多くの企業では「帰れる人は帰るように」という指示を出したようで、駅などを中心に都心の歩道は人で埋め尽くされた。しかし一方で17時半過ぎに、枝野官房長官（当時）が記者会見を行い、「帰宅せずに職場など安全な場所で待機を」と呼びかけた。これによって鉄道各社の対応は分かれることとなった。

18時20分に、JR東日本は在来線の終日全面運休を決定し、混乱を避ける意味で新宿、渋谷などの主要駅からすべての人を外に出し、シャッターを下ろした。このことが駅前広場や連絡通路等の混雑に拍車をかけ「乗客を閉め出した」との批判も相次いだ。この点についてはのちの4月5日にJR東日本社長が陳謝し、その後対応を変更することとした。

公民鉄では運転再開の判断とタイミングは各社まちまちだった。東武鉄道、京成電鉄、京浜急行電鉄は3月11日の運転再開を行わないことに決めた。一方、20時40分には東京メトロ銀座線と都営地下鉄大江戸線が運転を再開した。比較的距離が短くて点検が迅速に済んだからであった。しかしJR山手線が動かなかったため銀座線には乗客が殺到､混乱を防ぐための警備体制を上回る集中度に、運転を何度もストップせざるを得ない状況が続いた。21時過ぎからは下表のように、地下鉄と西武・京王・東急・小田急の各私鉄が順次運転を再開した。

再開した各線区は終夜運転を行い、順次帰宅者を沿線に輸送したため、帰宅困難者は次第に減少した。

3月11日の各線区運転再開状況

再開時刻	線区・区間
20:40	東京メトロ銀座線／都営大江戸線
21:15	都営三田線（三田～西高島平）
21:20	東京メトロ南北線（白金高輪～赤羽岩淵)･半蔵門線（九段下～押上）／都営浅草線（西馬込～浅草橋）／埼玉高速鉄道
21:41	相模鉄道本線・いずみ野線
21:55	西武池袋線（池袋～所沢）・新宿線（西武新宿～所沢）・国分寺線・多摩湖線・豊島線・拝島線
21:58	都営新宿線
22:10	京王電鉄京王線・相模原線・高尾線・井の頭線
22:15	東京メトロ有楽町線（池袋～新木場）
22:16	埼玉新都市交通
22:30	東京メトロ半蔵門線（渋谷～九段下）
22:35	東京メトロ千代田線
22:43	東急東横線・田園都市線・目黒線・大井町線・多摩川線・池上線・世田谷線
22:50	横浜高速鉄道
23:00	東京メトロ丸ノ内線
23:08	東京メトロ東西線（高田馬場～妙典）
23:13	東京メトロ南北線（目黒～白金高輪）
23:15	横浜市交通局ブルーライン・グリーンライン
23:32	東京メトロ日比谷線（上野～中目黒）
0:00	小田急小田原線（新宿～相模大野）・多摩線／東京メトロ副都心線

●道路渋滞と動かないバス

首都圏においては、地震がおさまるとともにバスは運行を再開した。バスは道路が通行止めにならない限りは運行再開が容易である。しかし自動車で家路をたどる人たちが大量に流入した幹線道路には車があふれかえった。さらに帰宅困難となった人たちが徒歩で家路をたどり始めたため、歩道はもとより車道にも歩行者があふれたのである。加えて首都高速が全面閉鎖となり、一般道には車が集中した。3月11日19時の都内の主要道路254路線（2,617km）における渋滞は、その前週の同時間帯の10倍にあたる1,107kmだったという。

鉄道の運転再開がすぐには困難とあって、バスはフル回転するはずであった。また実際に首都圏のバス事業者は臨時増発対応も行った。しかし道路渋滞によってバスが全然動かなかったのが実態であった。救急車やパトカーなどの緊急車両でさえ動けない状況であった。

●バスによる終夜運行

国土交通省は首都圏を走るバス事業者に、増便や終夜運転を要請した。これを受けて、近郊のバス事業者は私鉄等の運転再開の状況を見ながら、最終バスの延長～終夜運行を行った。

川崎市では、市内を通るJR線、京浜急行全線が当日は運休となったため、川崎駅や南武線各駅に帰宅困難者が発生した。また東急線が23時前に、小田急線が0時過ぎに動き出したため、東京方面からの帰宅者が“とりあえず行けるところまで”電車に乗る傾向となり、ターミナル駅に多くの人が吐き出された。そこで川崎市交通局では、京急大師線をカバーする川崎駅～市営埠頭間、南武線を

[終夜運行を実施した路線（平成23年3月11日）]　川崎市交通局提供

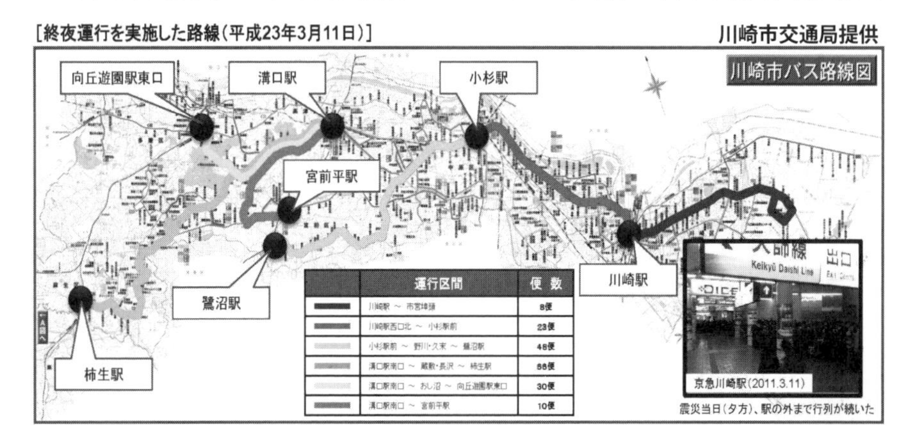

震災当日（夕方）、駅の外まで行列が続いた

カバーする川崎駅西口北～小杉駅前間、小杉からのフィーダーとなる小杉駅前～鷺沼駅前間と、溝口駅南口から宮前平駅、柿生駅、向ヶ丘遊園駅東口への計6路線において終夜運行を実施した。溝口駅南口～柿生間の66便を最高に、6路線計185便が運行された。また、徒歩帰宅者に対し、井田営業所ではバス車両を休憩所として開放するなど臨機応変の対応を行った。

西東京バスでは、京王線の運転再開により、23時ごろから順次京王八王子駅や高尾駅に帰宅者が増え始めた。JR中央線利用者も京王線に振り替えたことから、膨大な人数が集中したため、通常の深夜バスではさばききれず、京王八王子駅～恩方車庫間など4区間で終夜運行を実施したほか、JR線並行区間となる日野～八王子間、八王子～高尾間で増便、西武拝島線の再開にともなって深夜に拝島から武蔵五日市、河辺方面に臨時便を運行した。

●地域の協力

東京都や千代田区、新宿区などの都心自治体は、公共施設や公立学校などを一時避難所として開放、私立学校なども校舎や体育館を提供した。JR東京駅周辺では、商業ビルが空きスペースの開放や毛布の提供を自主的に実施、さらに飲食店も炊き出しを行った。

●翌日以降の運転再開

翌12日、JR東日本の各線は東海道線、横須賀線（東京～逗子）、総武線快速、京浜東北・根岸線（大宮～桜木町）、中央線快速、中央・総武線各駅停車、埼京線（大崎～大宮）、常磐線各駅停車、相模線（茅ヶ崎～海老名）、横浜線、南武線が9時前後までに運転を再開した。山手線は午前8時に復旧の予定だったが、外回りについては予定が延び延びとなり、全面再開は12時30分となった。その他横須賀線（逗子～久里浜）、根岸線（桜木町～大船）が12日夜にずれ込んだほかは、宇都宮線、高崎線、常磐線快速（上野～取手）など、14時前後までに運転を再開している。

また11日中には再開できなかった東武鉄道、京成電鉄、新京成電鉄、京浜急行電鉄、東京臨海高速鉄道、東京モノレール、東葉高速鉄道、小田急江ノ島線なども12日には順次運転を再開、東京駅30km圏で12日夕方には運転再開率95%になった。幸い12日は土曜日であったため、大きな混乱にはならずに済んだ。

●首都高速道路

首都高速道路では地震発生とともに一斉に電光表示が「地震発生　左側停車」「入口閉鎖中」「最寄りの出口から出てください」と変わり、料金所係員は入口ゲートを閉鎖した。9分後には特別パトロールカーが出動し、道路上の状況確認を行った。幸い、荷物の落下等が8件発生していたものの、事故や負傷者はなかった。

続いて道路の点検部隊が300人体制で各地に飛んだ。高架道を走って道路状況を点検する部隊と、一般道から高架橋の橋脚などを点検する部隊に分かれたが、後者は道路渋滞のためほとんど動かず、徒歩での点検に切り替えたため、確認作業は翌朝までかかったという。点検の結果、29ヵ所で損傷が発見されたほか、千葉県内の市川PA、舞浜入口などでは液状化の影響が確認された。しかし致命的な被害はなく、すぐに24時間体制で復旧にあたり、翌12日未明には1号羽田線などの通行止めを解除、順次再開区間を拡大し、14日には大半の区間で通行を再開した。

●その後の帰宅困難者対策

今後予想される南関東直下地震などの首都圏直下型地震が発生すると、東京、神奈川、千葉、埼玉の1都3県で650万人の帰宅困難者が発生するとの予測がある。首都直下地震の対策を検討する「首都直下地震帰宅困難者等対策協議会」は、交通機関の能力を超えた帰宅者が集中することを避けるため、企業や学校に対しては基本的に「一斉帰宅を抑制するよう」要請することを方針とした。

東京都は上記の方針を受けて、2013年4月から「東京都帰宅困難者対策条例」を施行している。これによると、企業に対しては会社に従業員が数日間待機することを念頭に、3日分の食料・飲料などの備蓄を努力義務としているほか、鉄道や集客施設では利用者の保護に努めることなどを定めている。千代田区は区内6ヵ所に帰宅困難者のための支援拠点を設置することとした。また東京駅など拠点駅の周辺には、行政と鉄道事業者などを交えた「帰宅困難者対策地域協力会」が結成され、防災訓練などに取り組んでいる。

8-2 計画停電

●電力事情の悪化から計画停電へ

東日本大震災で社会を混乱させたことのひとつが電力事情であった。東京電力福島第一原発の事故による稼働停止に加え、広野、鹿島、五井など主要な火力発電所も数多く被災したため、東電が供給する電力の約26%がストップする事態となり、深刻な電力供給の逼迫が予想され、首都圏の生活や企業活動を一変させることとなった。震災直後から東京電力が「計画停電」の名のもとに、地区と時間を設定して停電を行うと発表したことから、首都圏を中心とする鉄道も、区間や時間帯を区切って運休や運転本数の削減などが行われ、多くの人の足が大混乱した。

大幅な電力不足が予想されることから、東京電力は3月14日から、輪番で電力供給をストップする「計画停電」を行うことを決めた。震災前に5,200万kWあった首都圏の電力供給量は、震災直後には3,100万kWに減少、その後も4,000万kW未満の状態が続いた。3月17日、海江田経済産業相（当時）は「大規模な停電が発生する恐れがある」として節電を呼びかけた。

●3月14日の鉄道大混乱

それにしても、東電が計画停電の実施を発表したのが前日3月13日の20時過ぎ。これを受け、鉄道会社は対応に追われた。初日の3月14日月曜日には首都圏を中心に鉄道の運休や大幅な減便が行われた。しかし東電は当日の午前4時過ぎに突然実施見送りを発表、その後も二転三転したばかりか発表資料の自治体名の誤字なども指摘され、鉄道各社は急遽運転計画を再検討するなど、大混乱となった。

JR東日本は前日の営業終了時点では「山手線と中央線快速は運転し、それ以外は検討中」としていたが、14日始発ギリギリになって京浜東北線の一部、東海道線などの終日運休を決定した。停電は回避されたものの、安全確認や人員確保ができず、再び停電の可能性もあることから、大事をとったものと思われる。この日は結局新幹線を含む11路線を昼ごろまでに運転したが、本数は通常の2割程度であった。

東武鉄道は伊勢崎線浅草〜竹ノ塚間と東上線池袋〜成増間に絞って運転、小田急電鉄は新宿～経堂間のみの運転とした。いずれも本数を減らしての運転となった。京王電鉄は運休区間こそなかったものの、通常時の5割程度の本数とした。西武鉄道は電力供給に合わせて運転区間をきめ細かく変更して運転した。比較的通常の状態に近い運転ができたのは東京メトロのみであった。

この結果、最も混乱したのは横浜周辺であった。JR東日本は京浜東北線、東海道本線、横須賀線を運休とした。一方、京浜急行は運転することとした。このため、JRの利用者を含めて通勤客などが京浜急行に殺到、入場制限をしてもなお、駅前まで人で埋まる状態となった。本来なら各社が情報交換して、相互に代替機能を持たせるのか、全部止めてしまうのかなど、計画的に決められればこのような混乱にはならなかった。それができないほど東電の決定と発表は急で事後報告的だったといえる。

●その後の計画停電による鉄道事情

国土交通省は3月14日午前、経済産業省資源エネルギー庁を通じて、計画停電に関して鉄道輸送への配慮を東京電力に申し入れた。東電は、鉄道を計画停電の対象から完全に外すことは難しいとしたが、15日からは鉄道の変電所にピンポイントで給電するなど、一定の輸送ができるように配慮がなされた。また東北運輸局は3月17日に東北電力に対し、JR貨物の油送列車の運行に影響する計画停電の見合わせを申し入れている。

JR東日本は14日夜までに上越・長野新幹線、山手線、中央快速線（東京～高尾）など在来線12線区で運転を再開、15日朝ラッシュまでに総武快速線（東京～千葉）、宇都宮線（上野～宇都宮）など10線区で運転を再開した。しかし15日も中央線で見ると高尾～甲府間は50%の運転率、甲府以西は運休となるなど、JR線の多くで通常運転はできなかった。

公民鉄の15日の状況は次の通りであった。東武鉄道は伊勢崎線竹ノ塚～久喜間、日光線東武動物公園～南栗橋間、野田線春日部～船橋間、東上線成増～小川町間に運転区間を拡大した。京成電鉄は千葉線と千原線を除き3～5割の本数で運転を再開、京王電鉄は運転本数を8割程度まで引き上げた。小田急電鉄は運転区間を相模大野まで延長し、多摩線、江ノ島線も運転された。東急電鉄は全線で運転を再開し、東横線で7割、田園都市線で5割の列車を運転、京浜急行電鉄は本線品川～金沢八景間、空港線、大師線、逗子線で運転を再開した。西武鉄道は14日の方式では安定的な輸送が難しいとして運転区間を指定、池袋線池袋～練馬高野台間、豊島線、新宿線西武新宿～鷺ノ宮間での運転とした。富士急行は時間帯を区切って運休し、観光列車と特急を運休とした。

JR 東海は東京電力エリアの東海道本線熱海～富士間、身延線、御殿場線全線を 14 日に終日運休、小刻みに区間やダイヤが変わる方式だと踏切等の安定的な動作が難しいとして、御殿場線と身延線はその後も運休を継続した。

その後、首都圏の JR、大手私鉄等については、東京電力との調整の結果一定量の電力を確保できたことから、運転事情は改善され、朝夕のラッシュ時間帯はほぼ通常の列車本数が確保された。一方 JR 東日本の吾妻線、両毛線、八高線、

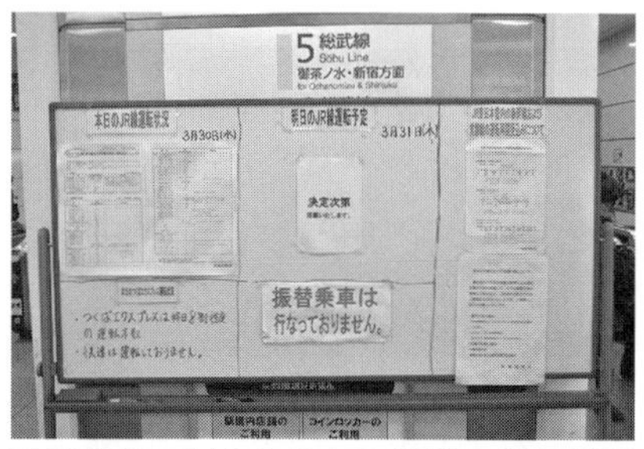

計画停電で刻々と変わる鉄道の運転状況告知は難しかった（2011.3 秋葉原駅）

計画停電の影響で運休が続いた山梨県内の中央東線と身延線（2011.3 甲府駅）

通常は見られない日野春行の行先表示が甲府駅に見られた（2011.3）

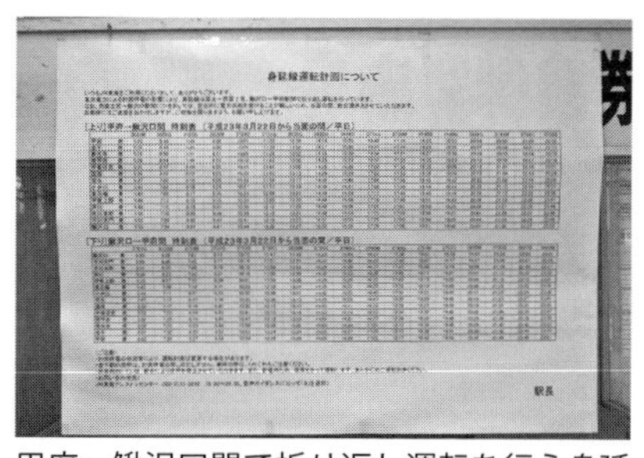

甲府～鰍沢口間で折り返し運転を行う身延線の告知（2011.3 甲府駅）

計画停電により中央東線では特急列車の運休が相次いだ（2011.3 塩尻駅）

小海線、JR東海の御殿場線、身延線については、計画停電の影響により信号、踏切に電力が供給できず、全線または一部区間での終日運休を余儀なくされた。JR相模線については踏切の電力を東京電力からの供給で賄っていたが、震災以降に工事を行い、自社変電所からの供給に変更するとともに、各変電所が計画停電の対象外となったため、計画停電の影響を受けないこととなった。

●計画停電の混乱

東京電力は「計画停電」について、3月28日からそれまでの対象地域5グループを25グループに細分化した。対象地域のわかりにくさの解消との説明がなされたが、実際のところ計画停電は直前にならないとやるかやらないか、どこで実施するかが明らかにならないなど、とても計画的とはいえなかった。しかも計画変更が繰り返され、そのたびに企業や工場は業務を中断し、事業計画を変更した。病院などでもすべてを自家発電でまかなえるわけではない。長時間かかる手術や電力で作動する人工心肺装置など、人命にかかわる問題も多く発生した。

また、信号やエレベーターなどが多く、企業の本社機能などが集積して影響が甚大であるとして東京23区が対象から外された一方、宇都宮市や前橋市、藤沢市など約2週間で7回も停電した地域もあり、不公平感も募ったのは事実であった。

信号が消えた交差点での出合い頭の事故が続出した。著者も実体験したのは、通常でも信号のない一時停止標識のある交差点は、ふだん通りみんな気をつけて通るのだが、通常は信号のある交差点の信号が消えると、何を優先すべきなのか判断に迷い、非常に怖いということだった。

そしてもうひとつ、これだけ電車を止めて都市機能を混乱させておいて、電力会社からは鉄道が運休などの対応をしたことによって「これだけ電力が節約され、今後このような見通しが立てられるようになりました」という報告が一切なされなかった。移動に苦労し、それでもなお協力した市民に対して、本来礼儀としてもなされなければならないことだったにも関わらず。

鉄道会社も市民・利用者に対してよりわかりやすい説明が必要だったと思う。市民のなかには鉄道、特にJRなどは自家発電で動いていると思っている人も多く、東京電力の停電で電車が止まるというのは意外だったに違いない。また、電力＝電車を動かすというイメージしか持っていない市民にとっては、八高線や小海線沿線で投げかけられた「なぜ停電でディーゼルが止まるの？」という疑問も無理からぬことであろう。信号や踏切、駅の発券システムや券売機など、どの部分で一般の電力を使用していて、なぜ停電＝運休なのかを、わかりやすく知らせるべきであったろう。

●計画停電による鉄道運休とバスによる代行

一部の鉄道線区では、計画停電による不通が長期にわたり、沿線地域に及ぼす影響も大きくなった。

JR 身延線は、3 月 15 日から JR 東海の計画停電対応で運転を休止し、西富士宮～甲府間の運休は長期化することが予想された。甲府市周辺や山梨県峡南地区には身延線で通学する高校生が多く、15 日には身延線通学の多い峡南高校（久那土）では臨時休校となるなど影響が大きいため、沿線住民からはバスによる代行が求められたが、JR 東海自身による鉄道代行バス運行の予定はなかった。そこで山梨県からは山梨交通に対し、バスによる公共交通の確保を要望した。山梨交通ではこれを受けて対処方法について検討した結果、グループの山交タウンコーチによる臨時路線バスの運行を決めた。

3 月 17 日から運行を開始した臨時路線は身延駅～甲府駅間で、途中国道 52 号と県道 4 号をルートとして塩之沢駅、波高島駅、飯富、切石、西嶋（久那土・甲斐岩間）、鰍沢口駅入口、市川大門駅入口、東花輪駅入口の 8 ヵ所にバス停を設け、身延駅～甲府駅間に 4 往復、鰍沢口駅入口～甲府駅間に 3 往復を設定し

山交タウンコーチが身延線一部運休の代替に運行した甲府～身延間臨時バス　甲府駅前の高速バス乗り場から出発　事務職の社員が車掌として乗務し発券を行った（2011.3 甲府駅）

た。東花輪以北の各駅については山梨交通の一般路線でカバーできるため直行とした。運賃は一般路線バスの運賃から割り出して身延～甲府間1,500円、鰍沢口～甲府間900円などに設定された。貸切バス車両を使用し、本社事務員が車掌として乗務し、誘導・発券を行った。22日には臨時バス専用回数券（200円券×35枚つづり5,600円）を設定、車内で発売した。

3月23日には南部町などからの要望に応じて、臨時バスを内船駅まで延長し、内船駅～身延駅～鰍沢口駅入口～甲府駅間とし、22日から身延線が鰍沢口～甲府間で運転を再開したため、甲府駅～鰍沢口駅間の区間便は中止し、全線2往復の運行に変更した。

4月7日にJR東海が身延線全線で運転を再開することとなったため、臨時バスは4月6日をもって運行を終了した。

8-3 計画停電の中止と「節電」

●見通しのない電力事情

東京電力は2011年4月8日に、以後は原則として計画停電を実施しない旨の発表を行った。これによりとりあえず「計画停電」自体は中止となった。しかし発電所が被災しているから電力は不足している。そこで3月中旬から取り組まれたのが「節電」である。

節電自体はよいことである。今や電気がなければ生活が成り立たない時代ではあるが、無駄な使い方もあるのは事実である。50歳代以上の世代になれば、30～40年ほど前に戻ったと思えば我慢できることも多い。ただそれにしても、みんなが協力し、節電に努めているのに、電力会社から「どれだけ余裕ができて、今後の見通しはこうです」という広報がほとんど見られなかったのはやはり不誠実であった。しかも電気はストックできないという。それなら、どんな節電をするのが最も効果的なのかという情報も提示されてしかるべきであった。そしていつまでどのような節電が続くのかという見通しが全く示されなかった。当時は「被災地の人のことを考えればこのぐらい我慢しなければ」と誰でも思った。しかしそれに甘えて今後の見通しを示さずにずるずる続けると、電力会社にも鉄道会社にも、市民が不信感を募らせることになるのだった。

首都圏を中心に鉄道も節電に取り組んだ。JR東日本ではエスカレーターを原則停止し、エレベーターのみの運転としたほか、照明の減灯を実施した。電車内では1両につき2～6本程度の蛍光灯を外した。そして夏が近づくと、冷房の設定温度を高めるなどの節電を行った。

●バリアフリー軽視の「節電」

節電自体は必要なこととはいえ、節電を理由に首都圏の鉄道駅のエスカレーターが停止している光景はやはり疑問であった。それも高齢者が多い時間帯に止まっていることが多かった。エレベーターは動いているからいいではないかという考え方もあるが、エレベーター利用には迂回しなければならない駅も多いし、エレベーターの輸送力は小さい。構内の照明の暗さも含めて、バリアフリーの面が軽視されているような印象を受けた。エスカレーターについては各駅の判断で混雑時は運転するなど柔軟な運用が指示された。中央線国立駅を例にとると、上りホームのエスカレーターは朝7時から9時までの2時間しか動かしていなかった。とりもなおさずこれはラッシュ時にスペースを確保するためであってバリアフリー目的ではない。高齢者や障がい者、妊婦などが利用する機会の多い日中時間帯には一切動いていなかった。ほかの駅を見ると、高低差の大きい駅は動かすのかと思えば必ずしもそうではなく、最近エスカレーターを整備したために、通路からホームへのアクセスの片側が上下のエスカレーターのみという駅でも、エスカレーターが2基とも停止したため反対側の階段を回らなければならない駅も多かった。対応が駅ごとに違うために、バリアフリーコースが予想できず、E233系電車などのドア上の駅設備情報も全く役に立たない。エスカレーターの停止は首都圏に限った対応だったが、ほかの地域から東京にやってきた交通関係者がつぶやいた。「なぜ本当に必要な人が多くなる時間になると止めるのでしょうね」

エスカレーターを止めている一方で、構内の飲料自販機や“エキナカ”の店舗がふつうに稼働していたり、駅名や時刻表・乗換表示などのインフォメーションの内部照明が消されて目立たないのに、広告料をもらっているからか広告には煌々と照明がついていたりするケースもあった。また、構内の照明が場所を考えず一律に減らされて視覚障がい者には危険がともなう駅も多く、節電のやり方はちぐはぐとしか言いようがなかった。東京メトロと都営地下鉄は最も早く5月25日から、電力の需給バランスが比較的安定してきたことから、エスカレーターの運転を再開した。

節電はどんな企業も取り組んでいるが、駅ビルを含む商業施設や集客施設で利用客を対象としたエスカレーターを止めているケースはまずない。利用者のほうを向いた取り組みをするならば、エスカレーターを優先的に止める理由は見つけにくい。どのような手法をもって節電を行うべきか、ということは、もっと議論がなされるべきだったと考えられる。

著者がたまたま利用したとき東急では、駅のエスカレーターは普通に動いていた。その代り、日中時間帯は駅の自動改札機を一部閉鎖し、車内とホームの照明を消し、電車は需要に照らし合わせて80％程度に減便していた。消灯は場所に配慮する必要があるが、著者はこの方法がいちばん理にかなっていたと思っている。サービスやバリアフリーを損なわずに、需要の少ない部分をカットする節電だからである。

●電力使用制限令による節電

経済産業省は5月25日、冷房の使用などで再び電力不足が懸念されるとして7月から9月の間、東京電力と東北電力の管内で法律にもとづく電力使用制限令の発動を発表した。対象期間は7月1日から、東京電力管内が9月22日、東北電力管内が9月9日までのいずれも平日で、企業などの大口需要家は一律15％節電の義務づけられることとなった。省令などで適用除外と制限緩和が示されたが、鉄道は人の流動への影響が大きく、電力の使用時間帯が変えられない業態であることから、朝夕ラッシュ時の制限は外された。しかしラッシュ時ではない12～15時の間は15％が義務付けられた。これにもとづき、新幹線と青函トンネル、1時間に片道3本までの線区は節電対象外だが、4本以上の場合は5％節電が求められた。

冷房などの消費電力が増えるのが確実な中、従来の施策だけでは15％節電の達成は難しい状況のため、鉄道各社はさまざまな節電対策を打ち出した。東急は多くの企業でサマータイムが導入されたのを受けて始発電車の繰り上げと早朝時間帯の増発を行う半面、日中の運転本数を削減することにより、利用者に早朝時間帯にシフトしてもらい、電力消費がピークとなる昼間の輸送力を削減する施策を打ち出した。同様にほとんどの鉄道で日中の本数の10～50％削減が行われた。このほか、冷房温度の引き上げ（京王・東武・相鉄など）、駅照明のLEDへの変更（京急・横浜市交など）、駅冷房の日中3時間停止（東京メトロなど）、編成両数の削減（京王・江ノ島電鉄など）などが新たに挙げられている。自社で火力・

水力発電所をもつJR東日本は、自家発電のフル稼働によって首都圏の電車を動かす電力を極力まかない、さらに日中（12～15時）の運転本数を70～90%に削減し、南武線などの快速運転中止、武蔵野線などの直通電車（〈むさしの号〉など）の運転取りやめによってトータルで節電し、余った電力を東京電力に売電することとした。

東京メトロや西武鉄道ではその他の施策で節電目標に達成のメドがついたとして、車内冷房は例年通り、エスカレーターもすべて動かすこととした。

●節電時に威力を発揮したバス

7～9月といえば冷房の問題がある。冷房をストップしたり送風に変えたりすることも、わかりやすい節電である。しかし今の鉄道車両はもともと冷房がなかった時代とは違い、窓が開かない、または開いてもその開口部が小さいため、とても外から入る風で快適に過ごせるような状況にはない。極端なケースを想定すれば不快な通勤で体力気力を消耗して仕事の効率が落ちることによる社会的損失は大きい。また暑い車内で体調を崩す人が出れば、救護で電車の遅れを発生させる。サービスとの兼ね合いも考慮の余地がある事柄であった。

“節電の夏”を迎えた2011年7～8月、首都圏の乗合バスは若干ながら利用者の増加が見られた。これはバスの場合、エンジンに冷房が直結しており（走行のためのエンジンで冷房用の発電機を同時に回す方式）、いわば“自家発電”で冷房を動かしているようなもので、東電の供給電力とは関係なかったため、バスは通常通りの冷房使用であったことから、“涼しいバス”を利用者が選択したためと考えられる。

●“節電の夏”の終了

夏季の電力使用制限令は、所期の目標を達成し、電力にも余裕が出てきたことから、時期を早めて9月9日に解除された。これにともない“節電ダイヤ”で運転していた首都圏の鉄道各社は、9月10日から12日にかけて一部の線区を除き通常ダイヤに復帰した。また一部で使用停止していた自動券売機・精算機などの機器やエスカレーターなどの設備、駅構内の案内表示の照明なども通常の稼働に戻された。各社とも車内の蛍光灯の一部取り外しなどの節電対策は継続された。

8-4 燃料不足

●限られた燃料にマイカーが集中

燃料不足にともなう混乱は首都圏にも及んだ。東京都内や近郊においても、スタンドへの燃料供給が思うに任せず、スタンドでは営業時間の短縮や給油量の制限（例えば１人 20 リットルまでとか 2,000 円までなど）を行ったところが多い。ガソリンが不足するとの報道がなされると、（おそらく不要不急ながら不安から給油を求めたマイカーも多かったと思われるが）営業しているスタンド周辺には自家用車が殺到、給油を待つ車が道路上に渋滞、多くの幹線道路が“スタンド渋滞”でマヒする状況となった。このためバスの運行にも大きな影響を及ぼした。西武バスによると、都内や多摩地域を運行する路線で通常 30 分の所要時間のところ、最大６時間かかるといった状況が見られたという。

●他地域への影響も

燃料不足は被災地のみならず、広範囲に影響を及ぼした。軽油の供給を鉄道貨物に相当割合依存している長野県では、計画停電にともなう JR 中央東線の区間運休により、油送貨物のルートが断たれ、軽油が入ってこなくなった。このため川中島バス（現アルピコ交通）では３月 15 日ごろの時点で、通常通りの運行を続けた場合、22 〜 23 日ごろまでしか燃料確保の保証がない状況となった。そこで同社では、震災後の出控えなどがあって需要が減退している長野〜新宿間高速バスの一部を計画運休し、燃料を節約して生活路線バスなどの運行を１日でも長く確保できるよう調整した。

●長距離の救援貸切バスの苦労

燃料不足が大きく影響したのは、全国から被災地に救援、行政支援、復旧作業、ボランティアなどで向かう人たちを輸送する貸切バスも同じであった。現地での給油が困難であったため、予備タンクまで満タンにして出たとしても、あらかじめ高速道路のサービスエリアや現地の営業スタンドなどと連絡をとり、給油の確約を取ってから出発しなければ不安な状況であった。

8-5 東日本大震災と高速道路政策

●被災者対象の高速道路無料化

「私たち、普段の生活の中で高速道路を使ってどこかに出かけるなんてことはまずないんですよ。“被災地復興の支援のため”というけれど、沿岸部の人にとっては特にありがたみは感じないですね」

2011年6月20日から、東日本大震災の被災地の復興支援という名目で、被災者を対象に、東北地方を中心とした高速道路20路線の無料化が始まった。それに対する岩手県沿岸部に住むある著者の知人の感想である。

被災者の高速道路無料対象区間は、東北自動車道の白河以北、常磐自動車道の水戸以北と磐越自動車道から北のすべての東日本高速道路会社が運営する高速道路と地方道路公社の運営による有料道路区間。東北6県と茨城・新潟県の一部が含まれる。被災者と原発事故の避難者が乗った車両は当面1年間、中型車以上のトラック・バスは被災者如何に関わらず2011年8月末まで、入口か出口のどちらかが対象区間であれば、途中料金所を通らない限り区間外の走行も含めて無料となる。

震災被害の小さかった日本海側の高速道路が含まれる半面、冒頭の三陸沿岸は東北自動車道から50～100km離れ、日常生活エリアに高速道路はない（三陸自動車道の部分開通区間はもともと無料扱い）。津波被害甚大だった沿岸部の人たちが無料化の恩恵を感じないのも無理からぬことであろう。

被災地の料金所ではスルーできる災害緊急輸送車両のレーンを確保（2011.4 仙台東）

政府はさらに、2011年度第2次補正予算案に被災者以外の利用者も無料化するのに必要な予算約1,200億円を盛り込んだ。しかし菅政権（当時）が退陣時期を巡って迷走した結果、2次補正では本格的な復興予算がつかず、先送りとなった。

●被災者無料化の課題

被災者が高速道路を無料で利用するには、市町村が発行する被災証明書、罹災

証明書、罹災届出証明書などが必要で、これを料金所で提示することで無料となる。このうち被災証明書には特に基準は定められておらず、発行する市町村の判断で、書式などもバラバラであったという。このため、かなりの市町村で停電が２日程度あったことによってこれを被災とみなし、被災証明書を発行する形となった。一部の自治体では、親族が被災した場合も被災証明書の対象とした。無料化対象者はかなりの数に上ったはずだ。

これに対しては岩手や宮城の地元の新聞紙上などでもかなり疑問を呈する投書が掲載された。「実質的な被害が少なかった内陸部の人も、たった２日間停電したことで被災とみなされて、高速道路を無料で利用できるという制度には違和感を覚える」「他県からボランティアで被災地に入った人は被災者ではないので対象にならないが、むしろそのような人たちこそ無料にすべき」といった内容が多かった。たしかに家を失い、住むところも仕事もない沿岸の人と、数日停電したことで不便を被った人が、同じ基準で被災者というのは、納得しがたいことであった。また、車を持たない人への恩恵が小さく、公平性に問題ありとした意見もかなり見られた。

とはいえ、これを発行する市町村の責任に帰することはできまい。当時、被災地を抱える市町村はてんてこ舞いであった。そこに新たに“高速道路を無料で利用するための”被災証明書の発行という、新たな事務作業が加わったのである。一つ一つどのような被害だったかを確認して、被害状況に応じた証明書を発行するような作業はとてもできなかっただろうし、どのような基準で線を引くかという議論ができるような余裕もなかったと思われる。いきおい、不公平だといわれないためにも基準を低く設定して申請者全員に行き渡るような方法しかとれなかったのだろう。

国が制度だけ作ってその実務を市町村に投げた形なのだから、仕方のない結果である。証明書の受付開始日には、仙台市や盛岡市などの人口の多い都市では、長蛇の列ができ、職員は他の事務作業が何もできない状態だったらしい。

新聞の投書などでももう一つ数多く見られたのは「被災者の高速無料化による料金減収分は国の財源から補てんすることになるが、そのお金があるのだったら、一日も早い被災地の復興に使ったほうがいい」という意見であった。このときの東北の被災者無料化と引き換えに、それまでの休日 ETC1,000 円と、地方の高速道路の無料化社会実験が終了した。このことで余裕のできた財源を復興に回すというのがストーリーだったはずだが、ここで新たに、それほど困っているとは思えない人にむしろ恩恵のある東北の高速道路無料化に財源を使うことには著者自身違和感を禁じ得なかった。

●休日 1,000 円・無料化実験の終了

上記のように、東日本大震災をめぐる復興財源の確保を理由に、自民党政権時代の 2009 年 3 月に始まった「休日 ETC 料金の上限 1,000 円」と、民主党政権の高速道路施策の目玉として 2010 年 6 月に始まった「地方高速道路の無料化実験」が、2011 年 6 月 19 日かぎりで廃止された。有料に戻った高速道路は全国 37 路線 50 区間で、31 都道府県の計 1,650km 余であった。

これら 2 つの高速道路料金政策は、マイカー利用者には歓迎され、観光地を抱える地域や観光関連産業からは高い評価もなされたが、課題も大きかった。何より環境面を含めて自動車の総量を抑制すべきという考え方が世界的にも当然になりつつある時代に、マイカーの利用を促進する政策自体に疑問が生じた。また、200km 程度の範囲の移動や本四架橋など割高感の強かった区間がかなりマイカーや社用車に転移した結果、公共交通への影響が大きくなった。本四架橋および四国内のケースで見ると、宇野～高松間をはじめとする本四間のフェリーが大きな打撃を受けたのをはじめ、“ドル箱”だった神戸淡路鳴門ルートを経由する高速バスの利用者が 2 割方減少、高速バスでの利益がなくなった分、地場路線の維持にも影響が出かねない状況となった。また四国内は長くても 300km に届かない距離のため、都市間流動がマイカーにシフトし、JR 四国は“頼みの綱”の特急利用者が激減、鉄道そのものの存続さえ危ぶまれることが予想された。

東北地方においても、首都圏を結ぶ夜行高速バスなどへの影響は少なかったものの、隣県クラスの昼行高速バスの利用者は明らかに減少した。東北の場合は無料化・休日 1,000 円実験終了に代わって被災者無料が始まったため、その後もなかなか利用者は戻っていない。全国的に見ると、実験終了後の高速道路通行量は半減したが、実数で言うとほぼ実験開始直前に戻った状況だったという。つまり、本当に必要な人は有料でもやはり利用するということになる。

●渋滞激化した料金所

さて、被災者無料化が始まって間もなく、東北道や常磐道のインターチェンジでは時ならぬ渋滞が発生した。ETC などを使ったシステム変更が追いつかなかったため、対象者が無料で通るためには（これまで ETC を促進するために ETC

レーンを増やしてきたのに）料金所では一般レーンで料金収受員に被災証明書を提示、収受員はそれと免許証など本人確認できるものを照合してOKとなるのだから、1台あたりの確認時間はけっこうかかる。このため仙台宮城ICやいわきIC、盛岡ICなどの主要ICでは、料金所から本線までつながる渋滞となった。被災者以外の車両がETCレーンを通過したくても、アクセス路まで列がつながってしまったために直前まで回避できない状況だった。

2011年8月まで無料扱いとなるバスやトラックの事業者も、高速道路を有効活用できるメリットは認めつつも、自家用車が多くなって料金所渋滞があると効率的に運行できない恐れがあるとして、懐疑的な見方も多い。せめて外見でわかるバスやトラックはETCでフリーに通行できるような仕組みを作ることは不可能ではなかったはずだ。また、制度導入後、有料区間との境界に近い水戸ICなどでは、制度を悪用し、遠回りして無料区間で乗り降りする被災地と関係のないトラックやトレーラーが横行するという事態も発生した。このことも踏まえ、トラック・バスの無料化は延長なく8月末で打ち切りとなった。

●被災3県の高速道路無料化とその後

その後、国土交通省は2011年12月から2012年3月末まで、東北地方における高速道路無料化を実施することとなった。東北道白河～安代間、常磐道水戸以北、磐越道西会津以東、八戸道全線など、福島・宮城・岩手県内の高速道路全線が、被災地支援のため全車種を毎日無料化（ETC利用可）、山形・秋田県内全区間と新潟・青森県内の一部が観光振興のためETC搭載の普通車・軽乗用車・バイクを土日祝日に無料化とすることで第3次補正予算に250億円が盛り込まれた。被災者支援枠があり、福島・宮城・岩手3県と青森県の3市町、茨城県の12市町村から被災地外に避難・転居した住民は、生活拠点が移転したことを証明する書類の提示により、出発地または到着地が無料エリア内であれば被災地以外の区間を含め無料となる。2011年12月以降、該当する高速道路を通行する自動車の交通量は2倍前後に増加、これにともなって週末や通勤時間の渋滞が激化したほか、事故件数も1.5倍に増えた。一方で宮城交通などによると昼行高速バスの利用者、特に県外高速バス利用者は、マイカーへの転移と渋滞による遅れなどが影響し、10～20%減少したという。

この施策が終わった2012年3月以降は、東京電力福島第一原発事故の避難者に限って、福島県内を中心とする3路線の15のICから出入する場合に無料で全国の高速道路を利用できる施策を半年間継続することとなった。また、福島・宮城・岩手３県で活動する自治体の証明を受けた災害ボランティア向けの高速道路無料化は、がれき類の運搬などに限定されたものの６月末まで延長された。避難者対象の高速道路無料化はその後も 2017 年度まで継続され、さらに顔写真付き通行カードを提示する方式に切り替えて 2020 年３月末まで延長されることになった。

高速道路割引・無料化政策の発端は 2008 年秋、ガソリンの高騰への対策として自公政権が打ち出した高速料金割引制度で、それが無料化を唱える民主党への対抗とリーマンショック後の景気対策で 2009 年３月の休日上限 1,000 円につながった。そして政権交代後の 2010 年６月に地方の約２割の路線で無料化実験が開始された。その１年後には被災者無料制度に移行、さらに被災者に対象を限らない無料化という流れであった。

いずれにしても場当たり的にその都度変わってきた高速道路政策をきちんと検証して見直す作業が必要であったと考えられる。

第9章　不通となった鉄道の代替輸送

9-1 鉄道代行バスと振替輸送対応

●鉄道が不通となった場合のバス対応の仕組み

通常、鉄道が災害等によって長期不通となる場合、バスによる「代行輸送」が設定されることが多い。ここでいう代行輸送とは、鉄道事業者がバスを確保して（貸し切って）鉄道駅に該当する区間で運行を依頼するもので、ダイヤ・停車地は鉄道事業者が決め、運賃は鉄道に準拠して、基本的には鉄道の乗車券、定期券・回数券などで乗車する形をとる。バス事業者はあくまで運行するだけで、運賃収受等は行わず、鉄道事業者から貸切バスとしての対価を受け取る。

このほかに、鉄道に並行して運行している路線バスや臨時バスに、鉄道定期券・回数券などで鉄道駅に該当する指定停留所間で乗車でき、鉄道会社が乗車した人数分のバス運賃相当額をバス事業者に補てんする「振替輸送」のパターンがある

●東日本大震災の鉄道代替の特徴

東日本大震災では、鉄道会社の責任で運行し、鉄道乗車券で乗車してもらう「代行バス」が運行されたのは、震災後かなり時間がたってからで、しかも局地的であった。これは、広域の被災によって鉄道不通区間が非常に長く、すべてをカバーするだけのバス輸送力の確保が難しかったこと、そして仙台市など大都市圏の鉄道網が被災したため、その輸送を代替するためには相当な輸送力が必要となり、中途半端な輸送力での代行輸送はかえって混乱を招くとの判断もあったものと考えられる。また、震災が3月11日と、高校がそろそろ春休みにかかり、通学輸送の需要が減退する時期だったことも、その傾向に拍車をかけた。こうしたことから、特にJR東日本主体の代行バスは短距離の線区と、ある程度復旧が進んで代行が必要な区間が短くなってから対応したケースが多かった。一方、沿線のバス路線が復旧もしくは臨時路線として確保された時点で「振替輸送」の対応をしたケースも気仙沼線、大船渡線、山田線などに見られた。

私鉄・第三セクター鉄道については、鹿島臨海鉄道、ひたちなか海浜鉄道、仙

台空港鉄道では復旧まで自社で代行バスを手配した。三陸鉄道は代行バスは実施しなかったが、沿線のバス事業者が臨時路線を運行して鉄道不通区間をカバー、一部については途中から振替輸送対応を行った。

結果として鉄道不通区間については、最低限必要な通学輸送などに合わせた設定ではあるが、常磐線の原発事故による立ち入り禁止区域を除き、すべてバスが運行され、カバーされている。

9-2 JR東日本による鉄道代行バス

JR東日本は被災線区が非常に多かったため、代行バスは一部線区・区間にとどまった。最初に代行バスを運行したのは2011年3月17日の飯山線（戸狩野沢温泉～十日町）で、運行本数は戸狩野沢温泉～森宮野原間が4往復、森宮野原～十日町間が6往復となった。

●釜石・大船渡線代行バスの一時的運行

東北地方では3月25日に釜石線（花巻～釜石）で1日3往復の代行バスを運行したのが最初だった。ダイヤは下りが花巻発6時、10時30分、18時30分、上りが釜石発6時、11時30分、17時で、途中13駅は臨時停留所。道路から大きく外れる上有住は通過扱いとなった。釜石線は28日夕方に花巻～遠野間が復旧したため、代行バスは29日に遠野～釜石間に短縮、遠野～釜石間を3往復、所要1時間20分で運行した。釜石線代行バスはJRバス東北が主体となり、岩手県交通の応援を得て運行した。釜石線が4月6日夕方に全線復旧したため6日いっぱいで終了となった。

また大船渡線（一ノ関～気仙沼）では復旧直前の3月28～31日の4日間、代行バスが設定された。1日3往復の運行で、JRバス東北が岩手急行バスの応援を得て運行した。

●仙石線代行バスの変遷

仙石線代行バスは、4月5日に東北本線岩切～松島間が再開したのに合わせて、石巻駅～東北本線松島駅間で運行開始されたのが最初である。ダイヤは両駅を9時、11時、14時、16時に発車する1日4往復で、途中停車駅は陸前山下、蛇田、陸前赤井、東矢本、矢本、鹿妻、陸前小野。所要時間は1時間09分となった。矢本は駅前に入り、JR社員が旅客扱いを行うが、他は経路上にバス停標識を置き、当初は案内にガードマンを置いた。JRバス東北の貸切バスが運行を担当する形でスタートしたが、4月10日には宮城交通が引き継いだ。当初は車掌役を務める添乗員が乗務した。

4月19日朝から仙石線小鶴新田～東塩釜間が運転を再開した。これにともない、代行バスは東北本線松島駅アクセスを中止して、東塩釜～矢本・石巻間の運行に変わった。運行系統は東塩釜から国道45号ルートで石巻へ向かうルート（手樽～鹿妻間は通過）が下り19本・上り16本、東塩釜から国道45号～県道奥松島松島公園線を通り、各駅停車で矢本まで行くルートが8往復、矢本～石巻間の折返し系統が8往復、東塩釜～国道ルートで矢本までの区間系統が朝の上り2本の4系統となった。東塩釜～石巻間は国道経由で1時間31分。この時点から仙石線代行バスは宮城交通が幹事となって必要台数を他の貸切バス事業者の協力を得て確保する形となり、日本三景交通、東洋交通、みちのく観光、東日本急行の4社が運行に加わった。東塩釜、矢本、石巻ではJR社員が旅客扱いを行った。

5月28日には高城町まで列車運転区間が延長された。もっとも高城町には駅前広場がなく、代行バスの乗り場が離れてしまうことから、代行バスの起終点は松島海岸とし、松島海岸～石巻間の運行となった。松島海岸駅前にはJRグループの東北総合サービスによる代行バスセンターが設置され、案内と操車を行った。

7月16日に矢本～石巻間が気動車運転によって再開したことから、代行バス区間は松島海岸～矢本間に短縮された。1日19往復の設定で、所要47分。矢本で石巻を結ぶ全列車のダイヤと接続を図った。それなりの需要があったことから、1便2台を充当した便が多く、朝夕については3～4台での運行も行った。2012年3月17日に陸前小野～矢本間が再開するが、陸前小野にはバスが折返しできるスペースが確保できないため、代行バスの運行はそれまで通り松島海岸～矢本間となっている。

東北本線松島駅にアクセスする形でスタートした仙石線代行バス（2011.4）

石巻駅前から発車するJRバス東北の仙石線代行バス（2011.4）

石巻駅ではJR東日本が乗車券発売を行った（2011.4）

石巻駅前に建てられた代行バス停ポール（2011.4）

途中駅は道路上にバス停ポール1本（2011.4）

まだがれきが残る道路をたどり、代行バスが走る（2011.4）

仙石線代行バスは主に国道45号を通行、当初はJRバス東北が運行（2011.4）

がれきや流木の散乱する線路に沿って走る代行バス（2011.4）

松島駅前に到着した仙石線代行バス（2011.4）

2011 年４月から仙石線代行バスを引き継ぐ宮城交通の習熟運転（2011.4）

仙石線東塩釜再開により代行バスは東塩釜発着に（2011.4）

県道を走って途中駅をカバーし矢本までの便を運行する日本三景交通（2011.4）

仙石線代行バスは宮城交通が幹事会社となって運行（2011.4）

矢本発着に変わり、矢本駅に到着する２台続行の仙石線代行バス（2011.9）

津波被害の痕がそのままの野蒜駅前を走るミヤコーバス２台の代行バス（2011.9）

少なくなったとはいえ沿線に住む住民の足を守る代行バス（2011.9）

運転再開した区間の仙石線電車内に掲示された代行バス案内（2011.9）

代行バスには共通のステッカーが貼付されている（2011.9）

高城町再開により松島海岸駅が発着点となった仙石線代行バス（2011.9）

矢本駅を発車する日本三景交通運行の代行バス（2012.4）

流失したままの野蒜駅の前を走る仙石線代行バス（2012.4）

更地と化した東名付近を走るミヤコーバスの仙石線代行バス（2012.4）

ホームだけが残る東名駅をオーバークロスする東洋交通の仙石線代行バス（2012.4）

松島海岸駅前に設置された東北総合サービスの代行バスセンター（2012.4）

矢本駅改札内に設置された代行バス誘導案内（2013.7）

●石巻線・気仙沼線代行バスの変遷

石巻線も仙石線と同じ４月５日から石巻～小牛田間で代行バスの運行が実施された。運行本数は仙石線と同じ始発時刻のデータイム１日４往復で、途中曽波神、鹿又、佳景山、前谷地、涌谷、上涌谷に相当する国道上のバス停が設けられた。所要時間は１時間22分。９日には柳津～小牛田間に気仙沼線代行バスが運行を開始した。石巻線・気仙沼線代行バスは小牛田～前谷地間の復旧によって17日に涌谷～石巻間と涌谷～柳津間に変更された。

４月21日には石巻線石巻～女川間に代行バスが加わった。女川は駅周辺が被災しているため、高台の仮設役場に近い女川運動公園に発着地（女川駅扱い）が設定された。便数は石巻～女川間が６往復、石巻～渡波間が３往復、涌谷～石巻～渡波間が片道１本という構成で、涌谷側は涌谷～石巻間下り８本・上り10本であった。気仙沼線代行バスは涌谷～柳津間（のの岳・陸前豊里通らず）と涌谷～陸前豊里間（和渕通らず）にそれぞれ下り４本・上り５本、石巻～柳津間と石巻～陸前豊里間に朝の石巻行と夕方の各方面行それぞれ１往復（途中鹿又のみ停車）が設定された。所要時間は涌谷～石巻間が１時間01分、石巻～女川間が52分。JRバス東北が貸切バス車両で運行を担当、石巻駅にバスを待機させ、通学時間帯の便は３～４台の続行となった。

気仙沼線代行バスは前谷地～柳津間の復旧により４月28日に終了した。石巻線代行バスは涌谷～石巻間と石巻～女川間で継続されるが、５月19日に前谷地～石巻間が復旧したことにより、代行バスは石巻～女川間のみに変更された。７月16日には下り９本・上り７本に増便となった。

その後は石巻線の運転区間の延伸にともない、代行バスは2012年３月17日には渡波～女川間に、2013年３月16日には浦宿～女川間に運行区間が短縮された。いずれも運転される全列車に接続する便数が確保され、通学時間帯には

石巻駅で発車を待つ小牛田への石巻線代行バス（2011.4）

まだ雑然とした石巻駅代行バス乗り場　炊き出しの青年も往き来する（2011.4）

2～4台の続行運行が行われた。石巻線代行バスはすべてJRバス東北が運行を担当した。

JRバス東北の女川行代行バス　小牛田方面とは石巻で系統が分かれた（2011.4）

渡波までの再開時点で石巻線代行バスは渡波～女川間に（2012.4）

石巻線代行バスは高校生の通学需要をカバーした（2012.4）

通学時間帯は2～3台での運行が多かった（2012.4）

高台の仮設役場に近い運動公園前が臨時の女川駅に（2011.10）

津波に洗われた痕跡が残る女川付近を行く代行バス（2011.10）

津波と地盤沈下による被害が大きな地区を走る石巻線代行バス（2011.10）

浦宿まで列車運転が再開され　接続運行する女川への代行バス（2013.7）

浦宿駅前に回転スペースが設けられ浦宿～女川間で代行バス運行（2013.7）

JR バス東北が運行する代行バスとバス停（2013.7）

●常磐線代行バス

4月12日に常磐線岩沼～亘理間が復旧したことにより、亘理～相馬間に初の常磐線代行バスが新設された。亘理～相馬間は普通便と途中新地のみ停車する快速便に分け、普通便は下り13本・上り15本、快速便は下り14本・上り12本を設定、ほかに山下～亘理間に3往復の区間便を設けた。所要時間は相馬～亘理間で快速55分、普通1時間13分となった。運行はJRバス東北が主体となり、仙台バスが応援で加わった。

5月23日には原ノ町～相馬間にも代行バスが設定された。先の亘理～相馬間はJR東日本仙台支社による輸送であるが、こちらは水戸支社による運行である。運行本数は1日9往復で、原ノ町～相馬間の途中停車地は鹿島駅前と日立木（道の駅そうま）の2駅。所要時間は55分となった。運行ははらまち旅行（現東北アクセス）が委託を受けて実施した。このうち下り3本・上り2本は亘理まで直通し、亘理～原ノ町間の運行となった。このとき相馬～亘理間の代行バスもダイヤ改正が行われ、普通便は下り19本・上り22本、快速便は7往復（ほかに原ノ町直通便）を設定、山下～亘理間の区間便は朝の下りのみ2本となった。

12月21日に原ノ町～相馬間が独立して運転を再開したことにより、原ノ町～相馬間の代行バスは運行を終了、代行バスはJRバス東北が主体となって運行する亘理～相馬間のみとなった。なお、ルートは基本的には国道6号を走行、新地町、山元町の役場をそれぞれ新地、坂元の駅として扱って構内にバス停を設置、山元町役場には定期券利用者用パーク＆ライド駐車場を設置している。

一方いわき側では、7月1日からいわき～久ノ浜間の列車が運転を再開したのを受けて、水戸支社は8月1日から、久ノ浜～広野間に代行バスを新設した。途中駅の末続は国道6号上のラーメンショップ久ノ浜店前にバス停が設置され、

常磐線亘理～相馬間の代行バスは仙台支社が担当しJRバス東北が主体に（2011.4）

本社・車庫が被災した仙台バスも常磐線代行バスに加わり仕事を確保（2011.4）

亘理駅舎に表示された代行バス乗り場誘導案内（2011.4）

相馬から亘理に到着した代行バス　乗客は駅舎へと急ぐ（2011.4）

国道6号山元町内を走るJRバス東北の常磐線代行バス（2011.9）

2台口で相馬から亘理へ向かうJRバス東北の常磐線代行バス（2011.9）

下り４本・上り５本が運行された。８月中は新常磐交通が担当したが、９月になると新学期に入り、新常磐交通はスクールバスなどの需要に対応しなければならないため、同社からの依頼で浜通り交通が運行した。久ノ浜〜広野間は10月10日に運転を再開したため、代行バスは10月９日いっぱいで終了した。

代行バスもボランティアや帰省客など長距離客も多く利用した（2011.9）

相馬駅を発車する仙台バスの亘理行き代行バス（2011.9）

代行バス利用者のための駐輪場が確保された（山元町役場 2011.9）

代行バス山下駅は山元町役場の構内を使用した（2011.9）

のちに東日本急行も亘理〜相馬間代行バスに加わった（2015.3）

相馬〜原ノ町間代行バスは水戸支社が対応通学など需要が多かった（2011.9）

国道６号相馬市域を走るはらまち旅行の常磐線代行バス（2011.9）

相馬～原ノ町間代行バスの運行ははらまち旅行が担当した（2011.9）

途中鹿島駅に立ち寄った相馬～原ノ町間代行バス（2011.9）

原ノ町は駅前駐車場の一角に乗り場を確保 JR 社員が集札する（2011.9）

久ノ浜までの再開時点で広野への代行バスが運行された（2011.10）

即席感の強い広野駅の常磐線代行バス乗り場（2011.10）

広野駅に掲出された代行バスの案内（2011.10）

久ノ浜駅前で乗客を乗せる広野行き代行バス　浜通り交通が運行（2011.10）

●東北本線代行バス

北関東では４月８日に東北本線（黒磯～豊原間）代行バスが運行を開始した。新学期が始まったことから、高校生の通学輸送を主眼に設定されたもので、黒磯～豊原間３往復（上り朝２本・夕方１本／下り朝１本・夕方２本）、黒磯～黒田原間２往復（朝夕各１往復）が平日のみ運行された。地元の那須中央観光バスが委託を受けて運行を担当、大型からマイクロまで総動員で輸送を行った。黒磯～安積永盛間が17日に再開するまで運行された。

短期間だったが黒磯～黒田原間に運行された東北本線代行バス（2011.4）

黒磯駅に着いた東北本線代行バス　那須中央観光バスが運行（2011.4）

通学輸送主体の東北本線代行バス　マイクロバスまで動員（2011.4）

●八戸線代行バスの変遷

八戸線は３月30日に鮫～久慈間で代行バスが運行された。１日３往復をJRバス東北が貸切バスを配車して運行した。４月６日からは便数はそのまま階上～久慈間に短縮となった。４月20日には通学に配慮して早朝時間帯に上り１本を増便して４往復とし、５月12日には上り１便をさらに増便した。階上～久慈間の所要時間は１時間24分であった。種市まで再開区間が延長したのにともない、８月８日には代行バスが種市～久慈間に短縮された。運行便数は下り４本・上り５本で変わらず、所要時間は１時間06分となった。

●岩泉線代行バス

震災による代行輸送ではないが、2010 年 7 月に発生した土砂崩壊により全線で運転を休止し、バス代行を行っていた岩泉線（茂市〜岩泉）は、震災によりいったん運行を中止した代行バスを 3 月 20 日に 1 日 2 往復で再開した。4 月 1 日には従前の 4 往復に戻している。運行は岩泉町の東日本交通が受託し、マイクロバスで運行した。

前年の災害で不通となっていた岩泉線代行バス　一部は宮古から運行（2011.6）

鉄路の廃止が決まり代替輸送用の新車が配置された岩泉線代行バス（2014.1）

9-3 JR 線振替輸送の設定

●山田線の振替輸送

JR 東日本盛岡支社では、4 月 20 日から山田線宮古〜岩手船越間で、路線バスへの振替乗車を開始した。同区間は 3 月 18 日にすでに岩手県北自動車の宮古駅前〜船越間の路線バスが運行を再開しており、この路線の 12 往復に振替乗車の扱いをすることとなった。

4 月 12 日から、釜石〜大槌間に設定されていた岩手県交通の無料バスが道の駅やまだまで延長されており、道の駅やまだで宮古駅前〜船越間の岩手県北自動車と乗り継ぐことによって、山田線の宮古〜釜石間全線についてバスでの振替が可能となった。岩手県交通の通常の路線は釜石から大槌を通って浪板海岸までで、岩手県北自動車の路線とはつながっていないが、JR 山田線が不通となっていることから、両社の路線をつなげることにしたもの。このとき両社でどこを接続バス停にするか調整を行ったが、浪板海岸は、折返しスペースはあるがベンチも上屋もなく、船越駅前は国道の脇の起終点スペースが不十分で 2 台のバスの同時着発や、折返し・待機スペースがとれない。そこで国道沿いで利用者が待てるスペース・施設のある道の駅やまだが選ばれたのである。

岩手県交通の方はこの時点では釜石市と岩手県の補助による無料バスだったため、岩手船越～釜石間についてはJRの振替輸送区間の位置づけとはなっていない。振替対象はJRの定期券または回数券利用者で、回数券・定期券は当面宮古、釜石のみでの発売とした。８月１日に釜石～大槌・道の駅やまだ間は通常運賃に戻されたので、正式に岩手県交通の方もJRの振替輸送路線となった。この時点では従来のそれぞれの路線を延長しつなげた状態だったので、県交通6.5往復、県北バス17往復が道の駅やまだに発着するというだけで、接続がうまくいくの

山田線の振替輸送対象となった岩手県北バス宮古～船越間（2013.8）

振替輸送が加わって宮古駅に長蛇の列ができた船越行バス乗り場（2011.4）

大槌町仮設役場前を行く岩手県交通　山田線の振替輸送を兼ねる（2013.8）

岩手県交通は釜石～浪板線を道の駅やまだまで延長して山田線振替に対応（2012.8）

道の駅やまだには岩手県交通・県北バス両社のポールが並んで建てられた（2011.12）

道の駅やまだを発車する岩手県交通　山田町へ初めて乗り入れた（2011.12）

は1日上下1～2回しかなかったが、次第にダイヤが調整され、2013年には岩手県交通12往復（土休日7往復）、岩手県北自動車20往復（土休日17往復）となり、20分以内で乗り継げるダイヤが増えて行った。

ちなみに岩手県交通は在来路線を延長したため、道の駅やまだを出る時点での方向幕表示は「上大畑」。沿線の人から見れば釜石側の終点であることはわかるものの、振替輸送で外来者が利用するようになると、なかなか理解してもらいにくい。著者は岩手県交通本社にお邪魔した際、せめて「釜石・上大畑」のように「釜石」を併記できないかと提言をさせていただいた。この結果、その後ほぼ「釜石（上大畑）」の表示に変更されている。

●大船渡線の振替輸送

JR東日本盛岡支社では、2011年4月22日から大船渡線摺沢～陸前高田～盛間でもバス路線への振替乗車を開始した。岩手県交通が一関～摺沢～陸前高田～盛間に臨時バスを運行開始したことにともなうもので、バスの運行本数は1日2往復。定期券・回数券のほか、JR乗車券でも振替乗車可能で、盛～気仙沼間の乗車券などは盛、気仙沼の両駅のみでの発売とした。臨時バスは気仙沼を経由しない暫定ルートのため、気仙沼～盛間を移動する場合は気仙沼～一ノ関間で運転を再開している大船渡線列車に気仙沼から摺沢まで乗車し、摺沢で振替輸送のバスに乗り継ぐ。摺沢～盛間など区間によってはバスの運賃の方が安くなるので、その場合はバス運賃を支払えばよい。

8月1日には岩手県交通が細浦経由高田線（権現堂～鳴石団地）の路線を通常運賃により6.5往復で運行再開したのにともない、陸前高田～盛間の各駅はこの路線での振替輸送を開始した。

10月1日に国道45号ルートでの運行環境が整ったことから、岩手県交通が

一関～大船渡間を国道343号で結ぶ臨時バスが大船渡線の振替輸送に活用（2011.6）

更地となった陸前高田市を走る大船渡線振替の一ノ関～大船渡間（2013.8）

一関～盛間の路線を本来の一関～気仙沼～陸前高田～盛間に変更したことにより、振替輸送区間は気仙沼～陸前高田～盛間に変更された。振替輸送は対象区間のJRの定期券・回数券のみとなった。８月１日からの陸前高田～盛間の途中駅に関する振替輸送はそのまま継続した。

大船渡などで無料市内バスが運行されていたため振替輸送は有料表示（2011.6）

建物だけ残る高田病院付近を走る高田～大船渡間の振替臨時バス（2013.8）

●気仙沼線の振替輸送

気仙沼線については、別項で述べたように、ミヤコーバスが志津川～気仙沼間に臨時バスを新設した2011年５月６日に、同路線でスタートした。運行ルートは国道45号を基本とし、当初は陸前小泉～本吉間で迂回ルートを採らざるを得ず、狭隘道路のため中型バスでの運行となった。特に朝の通学輸送のニーズが高いため、本吉～気仙沼間では３台続行のダイヤと、気仙沼西高を経由する系統も用意された。

その後７月11日には柳津へ延長され、振替輸送区間も柳津～気仙沼間となった。道路事情の改善によりバスの大型化、ダイヤの調整が行われ、比較的小刻みにニーズを反映したダイヤ改正が行われている。振替輸送の臨時バスは2012年８月に後述する気仙沼線BRTが運行開始するまで運行された。

気仙沼線はミヤコーバス三陸線で振替輸送　気仙沼駅を発車する支援車両（2011.6）

振替輸送のためJRが駅前にバス回転スペースを確保（2011.6）

被災した築堤を見ながら泥に覆われた志津川を行くミヤコーバス（2011.10）

振替輸送当時は志津川駅前広場に乗り入れて乗降扱い（2012.4）

9-4 第三セクター各線の代行バス

●ひたちなか海浜鉄道

ひたちなか海浜鉄道では2011年3月19日から、親会社の茨城交通に依頼して勝田～阿字ヶ浦間に列車代行バスを運行開始した。通勤や買い物の利用に配慮し、6～22時台に1時間ヘッドで1日16.5往復を設定、勝田～那珂湊間を20分、那珂湊～阿字ヶ浦間を18分で結んだ。経路は県道那珂湊那珂線を通り、鉄道駅に相当する茨城交通一般路線バスの停留所に停車し、運賃も鉄道と同額に設定した。茨城交通の路線バス車両を使用したため、外見上は一般路線との区別がつけにくかったが、代行バスは駅に相当するバス停のみの停車で、バスの定期券・回数券は使用できなかった。4月4日にはラッシュ時のバス便数を増やした。ひたちなか海浜鉄道の社員がバスに添乗して運賃扱いを行った。

ひたちなか海浜鉄道は茨城交通に依頼して列車代行バスを運行（2011.3 勝田駅）

列車代行バスは1時間ヘッドで路線バスと同じ県道を路線バス車両で運行（2011.3）

●鹿島臨海鉄道

鹿島臨海鉄道は４月７日に大洋～鹿島サッカースタジアム間が運転を再開、８日には大洗～新鉾田間も復旧した。同社では鹿島サッカースタジアムからJR鹿島線に乗り入れ、鹿島神宮まで列車を運転しているため、４月７日から、16日に予定されるJR鹿島線の運転再開までの間、鹿島サッカースタジアム～鹿島神宮駅間の代行バスを７日から運行開始した。

４月16日に列車運転区間が鹿島神宮～大洋間と新鉾田～水戸間となったのを受け、新たに大洋～新鉾田間に列車代行バスを設定した。下り７本・上り８本の設定で、大洋での列車接続を重視したダイヤだったため、新鉾田では一部接続がよくなかった。所要時間は25分で、沿線の貸切バス事業者である吉川交通が中型貸切バス車両で運行、運賃扱い等は駅で鹿島臨海鉄道が行った。

大洗鹿島線が最後に残った不通区間で設定した新鉾田～大洋間代行バス（2011.5）

大洗鹿島線代行バスは地元の吉川交通の中型観光バスで運行（2011.5）

●仙台空港鉄道

仙台空港鉄道は、東北本線仙台～岩沼間の運転再開に合わせて４月２日から、代行バスの運行を開始した。運行便数は名取～美田園間が32往復、名取～仙台空港間が２往復と、仙台空港がまだ機能していない状態だったため、沿線の生活輸送を主体に代行バスを設定した。名取～美田園間は所要約20分、運賃は鉄道運賃の210円で、各駅乗り場に社員を配置して乗車券の発券を行った。仙台空港の航空便が再開された４月13日には空港発着便を9.5往復に増便した。４月21日にダイヤ改正を実施し、航空便ダイヤと空港従業員の通勤に配慮して名取～

仙台空港の仮復旧で仙台空港に乗り入れた仙台空港鉄道代行の仙台バス（2011.4）

仙台空港間を13往復に増便、名取～美田園間は1.5往復減便して29.5往復とした。この段階での代行バス運行は仙台バスを主体に宮城中央バスなどが加わった。

7月23日に名取～美田園間で鉄道運転が再開したため、代行バスは運行区間を美田園～仙台空港間に短縮した。代行バスは33往復で、早朝・深夜を除き全列車に1～2便が接続するダイヤとなった。東日本観光バス、パノラマ観光バスなどが運行を行った。

名取駅前に仙台空港鉄道代行バス乗り場が設定　宮城中央バス運行便（2011.4）

名取駅舎をバックに仙台空港に向けて発車する仙台バスの代行バス（2011.4）

代行バス乗り場には仙台空港鉄道の社員が配置され　乗車券を発券した（2011.4）

JR名取駅構内には代行バスへの誘導案内と時刻表を掲示（2011.4）

トンネルを含む最後の不通区間となった美田園～仙台空港間の代行バス（2011.9）

美田園駅を発車して仙台空港に向かうパノラマ観光バス担当の代行バス（2011.9）

仮設住宅をバックに走る東日本観光バスの美田園～仙台空港間代行バス（2011.9）

美田園駅の出口で社員が代行バス乗車券を発売（2011.9）

●三陸鉄道沿線

三陸鉄道沿線では、4月7日に岩手県北自動車が北リアス線の不通区間を結ぶ形で小本～陸中野田間に臨時バスを運行開始した。津波被害の大きい途中各駅周辺は住民が避難していることと、大きく迂回しなければならないことから、国道45号と三陸北道路を通るルートで運行され、島越、田野畑などの各駅付近は通らない形となった。平日4往復（土休日は全便運休）の運行で、通学の利用を最低限確保できるようダイヤが組まれた関係で、宮古～小本間の列車と陸中野田～久慈間の列車をつないで宮古～久慈間を通して連絡できるダイヤは1日上下1回ずつのみであった。6月11日から4往復のうち2往復について土曜も運行することとなった。

南リアス線沿線では4月12日に岩手県交通が盛～釜石間に1往復の臨時バスを運行、これも道路が寸断されていることから鉄道ルートはたどらず、国道45号と三陸自動車道で短絡するルートをとった。陸前赤崎・甫嶺と吉浜の各駅はそれぞれ大船渡市が岩手県交通に委託する無料バスが大船渡市内との間を結んだ。このときの盛～釜石間は盛から釜石高校への通学をベースにして盛を朝出て午後戻るダイヤだったが、4月22日には釜石営業所を朝出て大船渡東高・大船渡高を通って大船渡病院まで行き、夕方釜石へ戻る1往復が追加された。6月6日に大船渡病院・盛～釜石高校間が4往復に増強されている。この時点で同路線は500円の定額運賃となった。その後、8月1日に運賃が正規の乗合運賃に変更され、路線も一般路線として大船渡病院～上大畑間の系統となった。

恋し浜、甫嶺、三陸については、沿岸の道路の復旧が遅れ、大船渡側からは道路の確保ができなかったため、ようやく6月6日に、大船渡～吉浜間、大船渡～崎浜間の岩手県交通無料バスの途中の越喜来で接続する形で、越喜来～三陸駅・

小石浜・砂子浜間の甫嶺・砂子浜線が設定された。大船渡市の委託バスとして越喜来に車庫をもつ三光商事が小型貸切バスで平日のみ 4 往復運行した。

いずれも代行バスや振替輸送ではなく、バス事業者（または行政）による臨時バスであったため、三陸鉄道の乗車券等では乗車できなかったが、岩手県北自動車の陸中野田～小本間、岩手県交通の盛～釜石間については「臨時代替バス」という位置づけでほぼ三鉄運賃相当の臨時運賃が設定され、運行赤字を三陸鉄道が負担する形をとった。盛～釜石間は 2011 年 10 月 17 日から振替輸送に移行し、三陸鉄道の駅に相当する指定バス停間の乗降に限り、三鉄の定期券での利用が可能となった。

このほか普代村は 6 月 20 日から普代駅～陸中野田駅間（白井・堀内経由）に無料村民バスを平日 1 往復運行した。

2012 年 4 月に田野畑～陸中野田間が再開して以降の動きについては後編Ⅱを参照されたい。

北リアス線小本～陸中野田間には岩手県北自動車による臨時バスが運行（2011.6）

臨時バスは列車を受けて発車するが到着時には必ずしも接続はなかった（2011.6）

南リアス線区間の岩手県交通盛～釜石間臨時便　朝夕に 500 円定額で設定（2011.6）

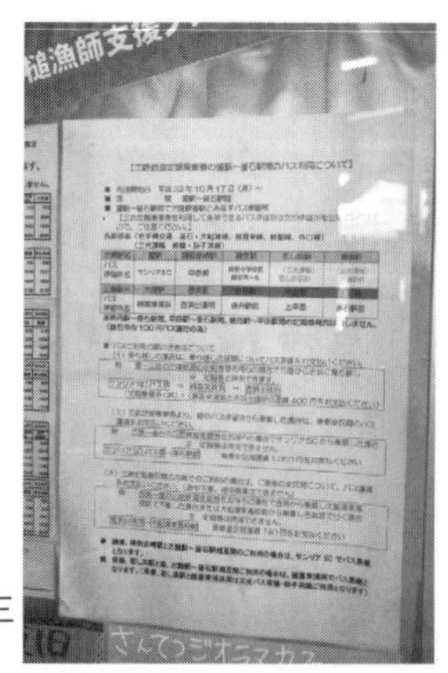

2011 年 10 月から盛～釜石間臨時バスに三鉄定期券で乗れるようになった（2011.9）

被害を免れた吉浜を走る大船渡市委託の岩手県交通（都営バス支援車両）（2012.8）

甫嶺・恋し浜両駅は越喜来乗継ぎで三光商事の支線バスがカバー（2012.8）

9-5 東北地方の鉄道並行区間の路線復旧と臨時路線

●福島県内の東北本線沿線

福島交通は 2011 年 3 月 24 日から、東北本線の不通区間で並行する国道 4 号を走る臨時路線を新設した。郡山駅前～二本松駅前間 6 往復と新白河駅～須賀川駅前間 7 往復で、貸切バス車両により運行された。後者は須賀川駅前で郡山を結ぶ路線バスに 10 分前後で接続するダイヤで、30 日に泉崎駅入口、鏡石駅入口の 2 バス停が追加されている。また 3 月 29 日には通勤利用者の便を図るため、二本松～福島間の直行バスを 1 往復、片道 1,020 円で新設した。これらのうち郡山駅前～二本松駅前間と二本松～福島間直行バスは、東北本線郡山～福島間の運転再開により、4 月 4 日で運行を終了した。

●福島県内の常磐線沿線

常磐線の復旧メドが立たない中、相馬～原ノ町間では 3 月 31 日から、地元タクシー会社の馬陵タクシーが独自で代替輸送を行うことになった。9 人乗りジャンボタクシー（ハイエース）を使用し、平日のみ 1 日 2 往復、区間は相馬市役所～南相馬市文化センター間の運行となった。代行バス運行後もルートを変えて運行を継続している。

4 月 18 日からは、通学輸送に限定して、はらまち旅行が原ノ町～相馬間でバスを運行した。このバスは 5 月 23 日に JR 東日本による鉄道代行バスが設定されたのにともない、そちらに移行した。

いわき地区では常磐線の復旧メドが当初立たず、とりあえず 3 月 23 日に新常

常磐線相馬〜新地間で地元のホクショウが乗合タクシーを運行（2011.9）

磐交通は国道6号旧道経由でいわき〜日立市内間の通勤バスを運行した。当初はバス1台で運行したが、年度明けの4月4日以降は12〜13台を稼働させ、運行した。4月11日に常磐線がいわきまで復旧するのを受け、その前の金曜日である4月8日で運行を中止している。この間延べ131台のバスを運行した。

●阿武隈急行沿線

阿武隈急行が順次復旧するまでの間、沿線では福島交通の路線バスが鉄道をカバーした。4月6日の梁川〜保原間再開後、保原と福島の間は伊達経由掛田系統、伊達経由保原系統、月の輪経由梁川系統、月の輪経由保原系統が結ぶ形となった。福島交通は阿武隈急行をカバーするこの4路線について、4月8日から500円の上限運賃を採用した。4月18日からは瀬上〜富野間に列車運転区間が延長されたが、福島との間はやはりバスに乗り継ぐ必要があった。瀬上駅と最寄りの瀬上本町バス停の間は徒歩15分とされ、「乗り継ぎバスのご案内」がチラシやHPで告知され、瀬上本町と福島駅東口の間の福島交通バスは10〜15分に1本出ていたものの、乗り換えの不便さからあまり利用は多くなかった。

小刻みに再開した阿武隈急行の不通区間は福島交通が上限運賃でカバー（2012.4）

4月18日に角田〜槻木間が運転を再開したのにともない、丸森町は通学と丸森病院への通院の便を図るため、角田駅〜丸森駅〜丸森病院前間に朝夕各1往復の臨時バスを町民バスの間合で設定した。料金は200円で土休日は運休とした。

9-6 茨城県内の鉄道不通にともなう臨時バス

常磐線は3月18日に取手〜土浦間が再開したのち、復旧工事に時間がかかり、長期間の不通を余儀なくされた。勝田までは3月31日、いわきまでは4月11日に再開されたが、その間、早期に通行できるようになった常磐自動車道を使ったバス輸送が計画された。茨城県内で常磐線を利用して通勤する人は多い。自家用車の普及率の高い茨城県では常磐線の不通によって、自家用車に切り替えた通勤客が多かったが、ガソリンの入手が困難となって長距離通勤が難しくなったため、マイカー通勤を断念した人も多く、臨時バスが大きな役割を果たした。

●関鉄観光バスによる水戸以南の臨時高速バス

関東鉄道グループの関鉄観光バスは、３月 13 日につくば～水戸間の定期高速バス〈TM ライナー〉を運行再開、14 日にはつくばエクスプレスの運転再開によって唯一水戸と東京を結ぶルートとなったため、16 日にはつくばセンター～水戸駅南口間臨時高速バスとして１時間ヘッド 14 往復に増便し、さらに続行便を仕立てて対応した。この臨時高速バスは定期の〈TM ライナー〉を区間変更して途中ノンストップの直行便として増便したもので、つくば発７時～ 18 時、水戸発６時～ 18 時の間約１時間間隔、運賃は 1,000 円で設定された。

常磐線の３月 18 日土浦再開を受けて、関鉄観光バスは次の週明けの３月 21 日に、土浦～水戸間の臨時高速バスを新設し、勝田再開までの間、通勤通学を含めて多数の利用者を輸送した。こちらは既設路線のない全くの臨時路線で、途中高速石岡バスストップに停車し、土浦駅東口～水戸駅南口間を結んだ。土浦発７時～ 21 時、水戸発６時～ 19 時の間、１時間間隔で運行され、運賃は全線で 800 円の設定となり、回数券も発売された。事実上常磐線の代替バスの役割を果たし、通勤通学利用もあったため、関鉄観光バスでは出せる限り続行便や臨時便を運行して需要に対応した。朝は１便当たり４～５台が続行し、夕方は 16 時過ぎぐらいから水戸駅南口の乗り場に長蛇の列ができた。

震災時のＴＭライナー輸送実績

	運行区間	運行本数	下り人員	上り人員	合計	運行期間
定期便	土浦～つくば～水戸	168	1,226	1,119	2,345	3/1-3/31
臨時便	土浦～水戸	399	5,499	4,401	9,900	3/21-3/30
	つくば～水戸	512	4,942	4,762	9,704	3/16-3/30
合　計		1,079	11,667	10,282	21,949	

関鉄観光バス㈱資料による

常磐線再開までの間土浦〜水戸間を結んだ関鉄観光バス　貸切車両を動員（2011.3）

水戸駅南口の土浦行き臨時便　通勤からボランティアまで多くの利用（2011.3）

水戸駅付近で関鉄観光バスの土浦便と日立電鉄交通サービスの日立便（2011.3）

つくば〜水戸間を１時間ヘッドに増便しTXと接続した関鉄観光バス（2011.3）

●茨城県北をカバーする臨時バス

3月22日から茨城交通は日立電鉄交通サービスとともに水戸〜日立間、勝田〜日立間臨時高速バスと、水戸〜大甕間臨時バスを「緊急支援バス」の位置づけで運行開始した。

水戸〜日立間は水戸駅南口〜日立駅中央口間、勝田〜日立間は勝田駅西口〜日立駅中央口間を常磐道経由で直行する２点間輸送で、いずれも運賃は片道800円。貸切車両を使用して45人の定員制とし、乗り場に係員を配置して運賃収受と人数管理を行った。どちらも１日19往復で茨城交通が15往復、日立電鉄交通サービスが４往復を担当した。所要時間は水戸系統が１時間20分、勝田系統が１時間05分であった。

水戸〜大甕間は水戸駅北口、勝田駅西口、佐和駅、東海駅西口、大甕駅にバス停を設置、一般路線車両を使用して運賃は290〜400円。各バス停に係員が立って運賃収受を行った。運行便数は19往復で、所要約１時間。この臨時バスも４往復を日立電鉄交通サービスが担当したほかは茨城交通が運行した。朝夕は毎時２本、日中は毎時１本の割で、利用の多い時間帯は続行便や増発便が設定された。

日立電鉄交通サービスは20日から、常磐線に並行する大甕駅〜日立駅〜十王駅間で国道６号経由の臨時バスを運行した。また、十王駅～磯原駅間にも６往復の「緊急支援バス」を設定した。途中高萩駅東口、南中郷駅入口（石水ドライブイン）にバス停を設けた。26日からはこれに接続する十王駅～日立駅間を土日限定で２往復運行した。

常磐線水戸～大甕間の各駅は路線バス車両による臨時バスでカバーされた（2011.3）

勝田駅西口で乗客を乗せる日立電鉄交通サービス担当の水戸行臨時バス（2011.3）

勝田～日立間は貸切バス車両で直行臨時バス　茨城交通社員が運賃扱い（2011.3）

緊急支援バスの扱いで運行された水戸～大甕間臨時バスの表示（2011.3）

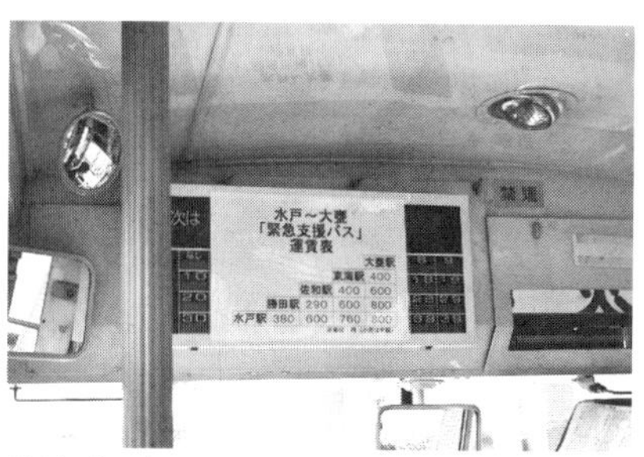

路線バスとJRの運賃をそれぞれ勘案して設定された臨時バスの運賃表示（2011.3）

水戸駅南口で日立行き高速経由臨時バスに乗り込む乗客たち（2011.3）

日立から水戸へ到着した日立電鉄交通サービスの臨時バス（2011.3）

●水郡線をカバーする緊急支援バス

茨城交通は3月28日から、大子町と水戸市を結ぶ「大子町支援バス」を運行開始した。水郡線の不通にともなう通勤通学対策として、大子営業所を6時10分に出発、途中同社大宮営業所で乗降扱いをし、水戸駅北口に8時に到着、復路は水戸駅北口を16時20分に出て大宮経由で大子に向かう。常陸大宮では常陸太田方面の路線バスに接続する。高速車両を使用し大子から1000円、大宮から500円の設定となった。1日1往復でスタートし、高校が始まった4月以降、増便がなされている。

3月31日には水戸～常陸太田間の「緊急支援バス」を設定した。水戸駅北口・南町3丁目～常陸太田市パルティーホール間の運行で、1日2往復、運賃片道700円の設定となった。高速バス車両による運行で座席定員制となった。

高校の始業にともない、通学輸送が急増することから、水郡線の開通までの間をカバーするため、緊急支援バスとして臨時運行が4月11日から行われた。同線が10日以降順次運転を再開するのにともなう措置で、運行期間は水郡線水戸～常陸青柳間が復旧するまでとされた。茨城交通は上菅谷発水戸駅行きの朝2便と常陸青柳発茨大前行きの朝5便を運行、関東鉄道は常陸青柳駅発水戸短大入口・県庁バスターミナル行きの朝5便を運行した。

水郡線不通区間をカバーし茨城交通が運行した大子～水戸間緊急支援バス（2011.3）

水戸への足を確保した緊急支援バスは大子町などの支援により運行された（2011.3）

●水戸線沿線の臨時バス

茨城交通は3月31日から、水戸線沿線の利便を確保すべく、友部～笠間・桃山間の「緊急支援バス」を設定した。友部駅北口から笠間駅前を経て笠間市の西端の桃山まで、国道50号を走るルートで、水戸線の宍戸、笠間、稲田、福原の各駅をカバーした。平日に友部～桃山間3往復、友部～笠間間2.5往復の運行で、土休日は朝の桃山発友部行と友部発笠間行の1往復のみの運行となった。路線バス車両を使用し、運賃は160～500円であった。

同日、関鉄観光バスが水戸線全線をカバーする臨時バスを運行開始した。友部駅北口～下館駅北口間と下館駅北口～小山駅東口間の2系統に分け、国道50号を運行、水戸線各駅の最寄りに「○○駅入口」の臨時バス停を設けた。各駅停車便のみの運行で、友部～下館間は6時台～19時台まで1時間ヘッドで12往復、所要1時間10分、運賃は200～700円（50円単位）、下館～小山間は6時台～20時台まで朝の一部30分、ほかは1時間ヘッドで15.5往復、所要1時間、運賃160～500円（初乗りの160円以外は50円単位）となった。なお友部～下館間は、上記の茨城交通の運行との兼ね合いで、宍戸駅入口、笠間駅入口、稲田駅入口、福原駅入口については羽黒駅入口以西との間の乗降のみ取り扱った（友部駅～福原駅入口相互間の乗降は不可）。

いずれも水戸線の運転再開にともない、4月6日で運行を終了した。

●カバーしきれなかった常磐線水戸以南

これらの臨時バスが果たした役割は非常に大きかったが、課題も残った。臨時バスは主要駅をカバーするのが精一杯で、水戸以北は一応2系統で各駅がカバーされたものの、水戸以南は途中駅については一般路線バスを乗り継ぐしか方法がなかった。関鉄観光バスの臨時高速バスは土浦～水戸相互間で途中石岡は高速バスストップでの利用となった。このため、神立～赤塚間の各駅については、常磐線ルートに並行する代わりの手段はなく、通勤先の近くの同僚や親族の家に下宿させてもらったという人も少なくなかった。

9-7 JR貨物の代行輸送

●トラック代行輸送

JR貨物は鉄道コンテナ一貫輸送サービスを確保すべく、2011年3月14日から運送事業者と協議を重ね、3月25日から29日にかけて、運休している主要区間について、トラックによる代行輸送を実施した。取扱いを行う駅は宇都宮貨物ターミナル、郡山貨物ターミナル、仙台貨物ターミナル、盛岡貨物ターミナル、新潟貨物ターミナルなどで、宇都宮～郡山間、郡山～仙台間、仙台～盛岡間、新潟～郡山間、仙台～秋田間、水沢・六原～盛岡間、土浦～友部・水戸・日立間、東京・

隅田川～神栖間でトラック代行輸送を開始した。4月1日からは岩沼・名取の両貨物駅の営業を再開、仙台～岩沼間、仙台～名取間のトラック代行輸送を開始した。

4月17日に東北本線が仙台まで復旧したことにより、これに並行する区間のトラック代行輸送は19日までに終了した。また21日の全線復旧にともない、東北本線並行区間と新潟地区で実施されていたトラック代行輸送は4月20日までに終了した。

●船舶代行輸送

東京と北海道の間の輸送については、東京港～苫小牧港間を航行する日本通運のROROコンテナ船「ひまわり1」「ひまわり2」を3月24日から、近海航行の定期貨物船を3月29日から利用し、船舶代行輸送が行われた。運航回数はそれぞれ週4回、片道の輸送量はJRの12フィートコンテナで計110個程度となった。ほかに3月14日から舞鶴港～小樽港間の新日本海フェリーを利用したフェリー代行輸送も、コンテナの個数は片道1回15個程度だが実施している。

4月21日に東北本線が全線復旧したことにより、鉄路での輸送が可能となったことから、同区間の船舶代行輸送は、近海航行が4月16日発、日本通運が上り18日発、下り19日発を最終便として終了した。

第10章　まとめと教訓Ⅰ

10-1「一言の合言葉」がマニュアルより効果

●その一言が人命と車両を救った

第３章で述べたように、岩手県交通大船渡営業所では、津波の情報を得るとともに、営業中のバスも車庫に待機中のバスも、一斉に高台の立根操車場に向けて避難した。すべての乗務員がほぼ同時に同じ判断をして動いたのである。そのことによって、多くの人命が救われ、バスは流失損壊を免れた。その原点は何だったかと言えば、「津波が来たら立根へ」という、一種の合言葉であった。

おそらくバスに限らず多くの企業、役所などでは災害時に対応するマニュアルを作成していると思われる。しかし実際に災害が起きた状態で、とっさの行動をとらなければならない時、細かなマニュアルはほとんど役に立たないだろう。過去の経験から１人１人の乗務員に浸透した「津波が来たら立根へ」の一言。これは危機管理の上で非常に大きなノウハウであった。

●いざというとき必要なこと

緊急時にはマニュアル通りには進まない。乗務員ら現場の個々の判断がすべてである。それだけに、個々の判断のための“抽斗”が必要なのだ。マニュアルは必要である。何もベースのないところで個々の判断に任せ、それぞれが無秩序な行動をとってしまったら、事態はさらに悪化する恐れがある。マニュアルに則って行動するためには何を考えて動けばいいのか。そのときに大切なのは、“頭の抽斗”を開けたらいちばん上に見えるもの、一瞬にして頭に浮かぶ「合言葉」なのである。

10-2「プロ意識」に支えられた交通現場

●バスを動かすことこそ自分の使命

上記の岩手県交通大船渡営業所をはじめ、地方のバス営業所ではその地域で生まれ育ったという乗務員が多い。それだけに、津波で家や家族を失った人、家族の行方がわからない人も多かった。だがバス会社には震災後すぐに行政から、"命を救う"輸送や避難輸送、海外からのレスキュー隊の輸送などの要請が入る。本当は連絡の取れていない家族の安否確認や行方不明の家族を探したかったに違いない。しかし乗務員たちは、苦渋の決断でバスを走らせてほしいと頼む管理者に、快く応じた。

「バスを必要としている人がいる以上、バスを動かすのが俺の仕事」・・当時を振り返って岩手県交通の乗務員がつぶやいた言葉だ。何もかも失って、仕事だけが残った。震災3日後から貸切バスのハンドルを握った。行方不明の家族を探しに、あるいは遺体の確認に行く人を乗せて‥自分の思いが重なった。バスを運転することが乗務員自身の"救い"だったのかもしれない。2011年6月。行方不明者を死亡と見なし、合同慰霊祭が行われた。別のある岩手県交通の乗務員は父親が行方不明のままだった。「納得はできないよ。だけどどこかで区切りをつけるしかないもんな」と語った。その日も慰霊祭の後営業所に戻り、校舎を失って遠方の学校に間借りする高校のスクールバス運行のため、貸切バスのハンドルを握った。

震災直後、道路混雑やスタンド渋滞などでまともに走れない状況の中、バス乗務員は大変な苦労をしつつ頑張った。当初は燃料不足や乗務員のやりくりがつかない中、休日ダイヤでの運行となったため、仙台都市圏では朝夕乗りきれない路線もあった。このため仙台市交通局、宮城交通では空いているバス、営業所に戻ってきたバスを常に輸送力の逼迫する路線に向かわせ、臨時運行を行った。乗務員たちも、苦言ひとつ言わず協力した。むしろ「俺、行って来るよ」と自ら申し出た乗務員が多かったという。乗務員自身、いちばん状況をわかっている中で、少しでもお客さんを運びたい、あるいは運ばなければ、という気持ちだったのだろう。

●プロだからわかる同業者間の協力

燃料事情が最悪だった2011年3月後半。何とかバスが運行を続けられたのは、多くの同業者間の協力があったからだと言っても過言ではあるまい。「まずは避難する人、病院に行く人、"人"を救うことが先決」と、運送業者が自社のストックするトラック用の燃料をバス事業者に融通してくれた。あまり報道もされなかったことだが、そんな事例を福島県でも宮城県でも聞くことができた。同じ自動車を動かして事業を行うプロだからこその、いざというときの連帯感だったのだろうと思う。

首都圏などではバス事業者間でも、たまたま震災直前に営業所の燃料タンクを満タンにしたばかりで余裕のあった事業者が、供給のタイミングの関係で燃料ストックが残り少なくなっていた事業者に一部を融通したという記録もある。こうした協力・連携が非常時の輸送を支えたのである。

10-3「人」と「絆」の公共交通

●バスが戻ってきたことの意味

2011年4月に岩手県山田町に立ち寄ったときのことである。やっと国道45号の旧道が通れるようになったものの、周囲はがれきに覆われていた。宮古へ戻る岩手県北自動車のバス停を探していると、道端に2人の高齢女性が立っている。「バスをお待ちなんですか？」と尋ねるとそうだと言い、「バス停も流されちゃったけど、前はこのあたりにバス停があったのよ」と、だからここで待っているのだという。岩手県北自動車では国道45号が通れるようになるとすぐに宮古～船越間の路線を再開した。その女性は言う。

「バスが戻ってきてくれたおかげで、私はこれからもここで生きていける」

震災直後の3月14日に、新常磐交通では安全が確認できた幹線ルートの路線バスを運行再開した。

「こんな時にバスを走らせてくれて、本当にありがとう」と、涙声での感謝の電話が会社に届いたそうだ。

2011年6月にミヤコーバス気仙沼営業所を訪ねた。市の美術館の駐車場を借りた仮設営業所のプレハブの事務室には、近隣の商店から「皆さんでどうぞ」と缶入りのお茶が10数本届けられていた。

バスが定期で走り、町とつないでいることの意味を凝縮したような言葉であった。もちろん、“バスがあるから安心”だけではバスは続けられないが、しかし公共交通にはその存在そのものに意味があるということも、地域のみんなで共有し、公共交通を育て、維持していく動きにつなげられればと思う。

近所からミヤコーバス営業所に届いた飲料
バスへの地域の期待の表れ（2011.6）

●結局頼りになったのはバス事業者のノウハウ

JR気仙沼線が壊滅的被害を受けた宮城県南三陸町は、震災後全く周辺地域を結ぶ公共交通機関がなくなってしまった。数年前にこの地域を運行していたミヤコーバス(当時宮交登米バス)が、町からの補助打ち切りを機に全面撤退したため、町内を最低限走る町民バス・タクシー以外の公共の足はなかったのである。高校が授業を再開するに至って、鉄道もバスもないこの町は、孤立に近い状態となった。そのとき地域の救いとなったのは、かつて撤退したミヤコーバスが臨時路線という形で戻ってきたことであった。

もし住民の気仙沼市への移動までを町が賄おうとしたら、相当な資金とマンパワーを必要としただろうし、安全確実な運行ができたかどうか。結局、基幹となる公共交通を安全確実に確保するノウハウを持っていたのは、地域に根ざし、地域の事情を知り尽くしたバス事業者であった。

実は過去にはいろいろあって、ミヤコーバスが撤退するころの会社と町の確執はかなり大きく、ミヤコーバスの担当者が町に打合せに行けば補助金をたかりに来たかのように言われ、実質町に追い出されたような形での撤退であった。おそらく当時を知るミヤコーバス社員の中には「何も出て行けと言われて撤収したところに走らせてやる義理はないじゃないか」という思いもあったと思う。しかも自社の路線の中にもまだ復旧できていない路線がある中で。

しかし、現実に足がなくて困っている町民がいて、救いの手を差し延べられずに見過ごすことは、地域のバス事業者としてできない。過去にいろいろあったとしても、もっと過去には地域にお世話になったからこそ今に至っているバス事業なのだ、恩返しのつもりで運行しようじゃないか、という思いが全社員の心の中にやはりあったのである。

支援譲渡車両を活用して南三陸町の足を確保したミヤコーバス(2011.6)

●普段から必要な地域のバスの維持育成

こうしてみると、ふだんから地域の公共交通ネットワークの確保に、地域ぐるみで取り組むことの重要性が見えてくる。いざなくなってみると、それを代行しようと素人が考えても、プロのノウハウには及ばない。岩手県田野畑村では過去に JR バスが撤退して以来、自家用村民バスを運行しているが、震災後三陸鉄道の駅を結ぶバスは同村内では初めて岩手県北自動車が運行している。村の担当者は言う。「やっぱりプロの県北さんに運行していただけると安心ですよ」

おそらく、見かけ上は自分たちで（または手近な小規模事業者が）やったほうが、既存事業者が運営するよりローコストになるかもしれないが、本当にプロに匹敵するサービスを提供し、安全性や非常時への対応力を備えた誰もが安心できる運営をするのにかかる費用は、プロ以上にかかってしまうに違いない。また、なくなったものを復活させようとすると、相当な労力とコストを必要とする。だからこそ、今ある公共交通の資源を十分に活かし、今後に持続させることが重要なのである。

財政負担の増加を理由に、バス事業者への補助を打ち切り、自主運行やデマンド交通などに切り替えた事例は全国に多数ある。しかしその財政負担をいかに有効な交通への投資として活かせるか、バス事業者や関係者、住民などと膝を割って議論した自治体がどれだけあるだろうか。そして多くの場合、財政負担は確かに減ったが、結果的に住民のモビリティは低下し、1 人あたりにかける財政負担はかえって増えてしまっているのだ。

現状のバス路線のあり方に問題があるのは事実であるし、それゆえに利用されていないのも確かである。しかしバス事業者のノウハウと行政の先を見据えた考え方、そして住民との協働態勢があれば、まだバスにできることは少なからずある。それに向けて意見交換の場をつくり、議論の結果住民・行政・事業者の間に信頼関係ができれば、必ず公共交通はよい方向にかじ取りできるはずである。

10-4「自動車での避難について」

●自家用車での避難の是非

東日本大震災では、津波から逃れようと自家用車で避難しようとした人たちが数多く犠牲になった。地震による道路の損壊やがれき、電柱・電線の倒壊などによる道路上の障害物や、停電にともなう信号消灯、踏切遮断などにより、自動車が進めず、道路の合流地点などを中心に渋滞が発生した。この渋滞ごと津波が呑み込んでしまった地区が少なからずあったようだ。

内閣府の調査によると、東日本大震災では 57% の人が車での避難を試みた。

その理由は「車でないと間に合わないと思った」「家族で避難しようと思った」というもの。さらに、おそらく「荷物も運びたい」「車そのものが財産」といった思いもあったに違いない。気持ちは誰しも同じだと思うが、みんながそれに従って行動すれば混乱は必至である。

こうした状況から考えると、多くの機関、グループが検討結果として提言しているように、津波からの避難は「原則徒歩」とするべきであると考えられる。しかし、海岸からだだっ広い平野が続いている地域もある。東日本大震災では仙台市から名取市にかけての沿岸部などがそうだった。徒歩で避難できる範囲に高台などがない場合、あるいは高齢者、障害者など徒歩に限度がある人や支援が必要な人たちの避難をどうするか、と考えたとき、一律に自動車禁止にすべきとは言い難い。また、走行中の自家用車が、その場で路外に駐車して徒歩で避難すべきなのか、少なくともその現場では渋滞していないとしたときに近くを歩いている人を拾って少しでも海岸から離れる行動をとるのが正しいのか、判断は難しいところであろう。そして現実に東日本大震災で助かった人の中にも、車で避難した人が多数いたのも事実である。

例えば福祉車両とバス、マイクロバス、8人乗り以上の自動車などになるべく多くの人を乗せた状態に限って通行可あるいはその時点で走行中の車に限り近く人を定員いっぱい乗せて通行可（新たに車を出すことはしない）といったルールを決めれば、かなり集約できるので大渋滞は回避できる可能性はある。しかし緊急時にそれをチェックすることは困難だから、日常からそれぞれの地域で、誰がどんな役割を担うかも含めて合意形成を図り、地域なりのルールをつくっておく必要がある。あわせて避難道路の指定やその道路に関して通行できない状況を回避するための環境づくりなども必要となってくる。

限られた店舗やスタンドにマイカーが集中し渋滞が発生（2011.4 水戸市）

●釜石市両石地区の自主的利用制限

釜石市両石地区では、2010年に発生したチリ地震の際の津波避難で国道45号が大渋滞したのを教訓に、自主防災組織が避難時の自家用車の利用を制限する方針を固めていた。地区をいくつかの班に分け、支援が必要な高齢者らを移送するための車両を各班1～2台登録させ、その車以外は指定の避難場所に徒歩で避難するというもので、具体的なガイドラインを示す前に東日本大震災が起きてしまったが、住民に考え方はすでに伝わっていた。支援が必要な高齢者らを緊急で乗せた軽トラック以外、住民約100人は自家用車の使用を控え、徒歩で高台の両石公園に避難した。残念ながら避難が遅れた人もいて、全員無事とはいかなかったものの、もしみんなが車で避難しようとしたら、もっと大きな被害になったであろうと住民は振り返る。むしろ、地区外の人たちが車で国道45号を避難していて（防潮堤が10mの高さがあって海の様子が見えなかったこともあり）両石地区で犠牲になったケースが多かったという。

●車での避難による大渋滞

2011年4月7日の最大余震の際も津波警報が発令された。仙台市や名取市の比較的海岸に近い地区の住民は、争うように車で避難を始めた。その結果、付近の道路は大混乱に陥り、車はほとんど進まなくなった。結果的にこのとき津波は観測されなかったが、もし来ていたら、被害はかなり大きくなったことが予想される。人口の多い地域での車による避難の危うさを訴えた出来事だった。

その後、比較的大きな余震等で津波注意報などが出された際の各地のテレビ映像を見ても、避難する車が限られた道路にあふれ、渋滞している光景があちこちで見られた。ある日の石巻市内の映像で、ずらりと並んで動かない渋滞の列に、7～8人が乗ったミヤコーバスがはまっていた。少なくとも画面に映っている範囲の乗用車に乗っている人ぐらいは、そのバスに十分乗せることができる。そうすればスイスイと避難ができるのである。

●情報提供と指揮系統

限られた道路を最大限により多くの人のために活用するには、緊急車・公共交通・緊急物資輸送車には、緊急時の道路使用に最優先権を与え、取締りの強化によってバックアップすることが必要であろう。これらの機能を確保した上で、さらに余裕がある部分を一般の自家用車に開放するという方策が最も順当である。だが、このことを理屈として納得してもらうことは可能でも、実際に一般の協力を得て機能させるのはなかなかむずかしい。なぜなら、地震発生時に市民は正確な情報を持ち合わせないため、個々人の判断にもとづいて無秩序に移動せざるをえないからである。この状態が一旦できてしまうと、通行可否に関わらず自家用車が入りこんで動けなくなり、道路全体がマヒ状態になってしまう。
　こうした状況を防ぐためには、まず的確な情報を市民に与えることと、地震発生直後スピーディーに一元的指揮系統による交通規制に移行することが重要である。これを実現するために、日常から多重な交通情報システムの構築と、災害時の道路の管理運営体制を整えて、いざというときにはひとつの司令により交通管制を、間髪を入れず行なって緊急輸送路を確保できるようにしておくことが必要であろう。また、緊急車・緊急物資輸送車・公共交通（バス・タクシー）を日常の都市活動に対応しかつ緊急時にはすぐ活用できるよう、行政主導で余裕を持って配置することも必要である。

10-5「インフォメーション」の大切さ

●わからないから混乱する

　東日本大震災の発生は３月 11 日と、大学入試などがあったり、すでに休みに入っている大学生の移動があったり、また東北新幹線の〈はやぶさ〉デビューなどがあって東北への観光客が多かった時期であった。仙台市などではそれに加え、東北の中での所用、週末を控えてのレジャーなど、多くの外来者を迎えていた。つまり、震災によって単なる帰宅困難者だけでなく、広域的に“帰れなくなった”人が相当数発生した。その人たちの多くは“右も左もわからない”状況下で不安な時間を過ごしたことと思う。いったいどのような方法で、いつになれば帰途に着けるのか、欲しい情報が得られないもどかしさがあったに違いない。
　問題は、いったいどこがどの程度の被害を受け、どのような運行状況になっているか、代替手段や迂回ルートがあるのかないのか、あればどのように利用できるのか、といった情報が、利用者にどの程度伝わっていたかということである。阪神・淡路大震災当時と違い、現在はネット社会であり、個別の情報は事業者や行政のホームページ、個人のサイトなどであふれるほど伝えられていたはずだ。しかし全体を見渡せる統一的・包括的な情報提供はごく一部であり、本当に利用者サイドの目線から使える情報には必ずしもなっていなかった。

●どんなインフォメーションが必要なのか

　利用者が知りたいのはまずネットワークとして交通機関がどのようにつながっ

ているかということである。一般的な利用者は事業者の別などは把握できない。すなわち個別の情報が入手できたとしても、それをつなげることができないのだ。そこで横断的な情報を、それもマップの形で表すのがベターということになってくる。震災直後に山形県が、県のホームページに山形県の公共交通の運行状況とつながりを示した模式的なマップを掲出した。これにより山形県を介して仙台や福島、新潟、首都圏方面の移動ルートが把握しやすくなった。これは非常によくできていて、のちに福島県も追随したが、「県」という枠があるため、広域的な移動の可能性をすべて網羅していたわけではなかった。また「輸送力」という観点の情報がなく〝行ってはみたものの本数が少ない、乗りきれない〟といった問題はあったようだ。

これをカバーするサイトを立ち上げたのは、著者の“バスマップ仲間”である小美野智紀氏で、県や事業者の枠にとらわれない広域のバス・鉄道運行図を 3 月 16 日からアップした。日々変わっていく運行状況をフォローしながらのリアルタイムのアップロードに向けた苦労は想像に余りあるが、1 日 3 万件を超えるアクセスを記録した時期もあり、広くボランティアセンターや各地の市民団体、NPO などにも活用された。本当に必要な情報を利用者目線でかつわかりやすい形で提供することの重要性が指摘されよう。

10-6「アナログ」が生きる場面

●電気系統がやられても列車が走れたのはなぜか

第 4 章で紹介したように、内陸と沿岸を結ぶ鉄道が、沿岸部のターミナル駅が被災したにもかかわらず早期に運転再開できたのは、スタフ閉塞という非常に原始的な方法を採用したおかげであった。IT 時代の現在、ほとんどのシステムは電子的に制御され、効率的かつスピーディーに処理されている。しかしそれを裏付けるのは電気が通じているからで、電気設備が被災してしまうとアウトである。

スタフ閉塞式は 1970 年代ごろまではどこでもあたりまえに見られたタブレット閉塞式と同様、1 閉塞区間に 1 列車しか入れないよう、人の目と手で確認して識別票を駅係員と列車乗務員の間で受け渡しを行うもので、地方私鉄や第三セクター鉄道でまだ残っているところがあるが、JR 東日本ではすでに 10 年来使われていなかったものを今回復活させたのである。

盛～吉浜間再開時点の三陸鉄道南リアス線では当初指導通信式で運転（2013.4）

三陸鉄道でも、指導通信式という代用閉塞を使用し、踏切には社員が立って安全確保をしつつ列車運転を再開した。いざというとき、電気・デジタルに頼らずにアナログで対応できる仕組みを保持しておくことの重要性を、今回示してくれたように思われる。

●昔ながらの手法が的確な動きに

東日本大震災で駅や駅間に停車したJR東日本の在来線の列車は全部で60本。その全列車に無線で連絡がつき、乗客の避難誘導に役立った。列車無線が運転中の列車への情報伝達に有効であった。

バスも業務無線（MCA無線など）を高速バスや貸切バス、一部の路線バスが搭載していたおかげで、業務連絡のみならず、災害の状況や人の命に係わる連絡などが、電話が通じない状況下でも無線を介して可能となった。本文でも述べたように、宮古市重茂半島の石浜地区では、バスの無線が孤立した地域の命綱となった。無線という昔からのシステムが、確実に機能したことにより、状況把握が確実にでき、その後の的確な対応につながったのである。もう少し踏み込むならば、鉄道の有人駅やバス営業所は災害時に地域の情報拠点として活用することができることを示唆している。

震災当日、貸切バスや高速バスの無線が使えたことがバスの位置や乗客・乗務員の安否確認に大きく寄与したことから、新常磐交通では2011～2013年度の3年計画で、海岸地区を走る可能性の高い車両から優先的に100台の路線バスに、傍受専用の無線をとりつけた。これも大きな防災対策である。

話は少し変わるが、現在のバス（自動車）は電子部品が多用されている。1980年代ぐらいまでのバスはいわば機械的な仕組みによって成り立っていた。だから、プロのバス運転士はバスのことをみんなきっちり把握していて、故障やトラブルがあってもどこが悪いかを瞬時に判断し、自分で修理することができた。ところが今のバスはプロの整備士でも、どこが悪いかまでは把握できても、修理は電子部品を交換するしかない。現場では何も対応できない、という場面が多い。こうしたことも広くリダンダンシーの観点から言うと課題である。

鈴木文彦（すずき・ふみひこ）
1956年（昭和31）　山梨県甲府市生。東北大学理学部地学科卒業（1981）。東京学芸大学大学院修士課程（地理学）終了（1984）。以後、フリーの交通ジャーナリスト。
月刊雑誌「鉄道ジャーナル」にレギュラーとしてバス・ローカル鉄道の記事を執筆するほか、交通専門誌などにバス・鉄道に関する論文・取材記事多数あり。
その他地方自治体・交通事業者・交通労働組合などのアドバイザーを務めるほか、バスマップ等のインフォメーション制作、公共交通アピールイベントのコーディネートも行う。

特定非営利活動法人日本バス文化保存振興委員会（NPOバス保存会）理事長
東北運輸局地域公共交通東北仕事人／中部運輸局地域交通マネージャー

〈主な著書〉
『日本のバス年代記』『路線バスの現在・未来』『バス車両の進化を辿る』（グランプリ出版）
『西鉄バス～最強経営の秘密』『高速バス大百科』（中央書院）
『岩手のバスいまむかし』（クラッセ）
『地域とともに～西武バス60年のあゆみ』（本文執筆担当／西武バス株式会社）
『日本のバス～100年のあゆみとこれから』（鉄道ジャーナル社・成美堂出版）

〈近年の委員歴等〉
国土交通省「地域公共交通の活性化及び再生の将来像を考える懇談会」委員（2016年度～）
国土交通省「バス運転者の確保及び育成に向けた検討委員会」委員（2013～14年度）
国土交通省「バス系統ナンバリング検討会」座長（2017～18年度）
東京都檜原村・八王子市・千葉県袖ケ浦市「地域公共交通活性化協議会」会長
さいたま市・清瀬市・小金井市・小平市・東村山市他2市「地域公共交通会議」会長
群馬県館林市外四町・三重県鈴鹿市「地域公共交通会議」アドバイザー
山口市「山口市公共交通委員会」副委員長（2008年度～）
日本バス協会「貸切バス事業者安全性評価認定委員会」委員（2011年度～）
京都府舞鶴市「舞鶴市公共交通ネットワーク会議」コーディネーター（2015年度～）
岩手県「JR山田線利用促進検討会議」委員（2013年度）
山梨県「山梨県交通政策会議」副委員長（2013年度～）

●本書中、特記以外の写真は著者撮影
●参考資料・取材先などについては後編IIに記載

東日本大震災と公共交通 I　―震災を乗り越え甦る鉄路とバス―

発行日　2018年4月30日　初版第1刷発行
著　者　鈴木文彦
発行人　富田康裕
発行所　株式会社 クラッセ
〒206-0002 東京都多摩市一ノ宮4-17-1
電話／042-310-1552
振替／00100-1-667994
ウェブサイト／http://www.klasse.co.jp/

ISBN978-902841-21-3 C0065

印刷・製本　モリモト印刷株式会社